Barış Pehlivan

İstanbul Üniversitesi Gazetecilik Bölümü'nden mezun oldu. Profesyonel gazeteciliğe 2004 yılında *Kaçak Yayın* adlı dergide başladı. *CNN Türk*'te yayınlanan, Türkiye'nin yakın tarihine yansıyan olayları tanıklarıyla ekrana getiren *Oradaydım* adlı belgesel programını hazırladı. Birçok dosya habere, belgesele ve kurumsal tanıtım filmine imza attı. Çeşitli kuruluşlarca ödüllere layık görüldü. *Odatv* davası kapsamında 19 ay tutuklu kaldı, 14 Eylül 2012'de tahliye oldu, 12 Nisan 2017'de beraat etti. Barış Terkoğlu ile birlikte *Sızıntı / Wikileaks'te Ünlü Türkler* ve *Gizli Belgelerde Türkiye'nin Sırları / Mahrem* adlı kitaplara imza attı. *Karşı* gazetesinde köşe yazarlığı yaptı. Nâzım Hikmet Kültür ve Sanat Vakfı'nın Yönetim Kurulu Üyeliği'ni yapıyor. 2007 yılından beri *Odatv.com* haber sitesinin Genel Yayın Yönetmenliği'ni sürdürüyor.

Barış Terkoğlu

İstanbul Teknik Üniversitesi Makina Mühendisliği Bölümü'nden mezun oldu. Marmara Üniversitesi Ortadoğu Siyasi Tarihi ve Uluslararası İlişkileri Bölümü'nde yüksek lisans yaptı. Aynı enstitüde Ortadoğu İktisadı Anabilim dalında doktora eğitimine başladı. *CNN Türk*'te yayınlanan *Oradaydım* adlı belgesel programında araştırmacı olarak çalıştı. *Bağımsız* dergisinde haber müdürlüğü, *Karşı* gazetesinde köşe yazarlığı yaptı. Çeşitli kuruluşlardan ödüllere layık görüldü. *Odatv* davası kapsamında 19 ay tutuklu kaldı, 14 Eylül 2012'de tahliye oldu, 12 Nisan 2017'de beraat etti. Barış Pehlivan ile birlikte *Sızıntı / Wikileaks'te Ünlü Türkler* ve *Gizli Belgelerde Türkiye'nin Sırları / Mahrem* adlı kitaplara imza attı. 2008 yılından beri *Odatv.com* haber sitesinin haber müdürlüğünü yapıyor. Halen *Cumhuriyet* gazetesinde Kör Nokta isimli köşenin yazarı.

KIRMIZIKEDİ

Kırmızı Kedi Yayınevi: 1066
Güncel: 48

Metastaz
Barış Pehlivan, Barış Terkoğlu

© Barış Pehlivan, Barış Terkoğlu, 2019
© Kırmızı Kedi Yayınevi, 2019

Yayın Yönetmeni: Enis Batur

Son Okuma: Masum Gök
Kapak Tasarımı: Cüneyt Çomoğlu
Sayfa Tasarımı: Taylan Polat

Birinci Basım: Şubat 2019, İstanbul
Üçüncü Basım: Şubat 2019, İstanbul
ISBN: 978-605-298-450-5
Kırmızı Kedi Sertifika No: 40620

Baskı: Optimum Basım
Tevfikbey Mah. Dr. Ali Demir Cad. No: 51/1 34295
Küçükçekmece/İSTANBUL
Tel: 0212 463 71 25 Sertifika No: 41707

Kırmızı Kedi Yayınevi
kirmizikedi@kirmizikedi.com / www.kirmizikedi.com
facebook.com: kirmizikediyayinevi / twitter.com: krmzkedikitap
instagram: kirmizikediyayinevi
Ömer Avni Mah. Emektar Sok. No: 18 Gümüşsuyu 34427 İSTANBUL
T: 0212 244 89 82 F: 0212 244 09 48

Barış Pehlivan
Barış Terkoğlu

METASTAZ

KIRMIZIKEDI

Adil bir gelecekte yaşamaları için
Arya'ya ve Ali Derya'ya...

İçindekiler

Önsöz

Tarih, baştan sona yaşanır. Öte yandan, sondan başa doğru yazılır. En zoru ise yaşarken yazmaktır. Zira yazan el, bakan göz, analiz eden akıl nesnesiyle hareket halindedir.

Çoğunlukla 10 yıllarla sınıflandırıyoruz. 2000'li yıllar FETÖ-AKP ittifakının eski sistemi yıkıp yenisini kurduğu dönemdi. 2010'larda ise yolların ayrıldığını görüyoruz. Üstüne çok söz söylendi, çok kitap yazıldı. Belki söylenmemiş olanı aramak beyhude bir çaba oldu. Ancak bugüne kadar pek az kişi, hali hazırda kurulmakta olan düzeni tarife girişti.

Zor olanı denemek çoğunlukla yaralar. Lakin zorun akıttığı kan, kapanan gözlere merhem olur. Biz bu kitapla bir zora kalkışıyoruz, bir perdeyi kaldırıyoruz.

Çünkü henüz tamamlanmadı. Zenginlerin suç işlediği ancak yoksulların yargılandığı bu düzeni tastamam nasıl anlatabiliriz? "İlk taşı en günahsız olan atsın" dendiğinde en günahkârın kürsüye oturduğu bu mahkemenin hükmünü şimdiden nasıl söyleyebiliriz?

Öte yandan yanlış yöne akan bu derenin denize hiç varamayacağını gösterebiliriz. Çünkü doğanın yasalarını keşfetmiş akıl, geleceğin hikmetini de çözebilir. Yerçekimini bilenler, düşüşü anlatabilir.

Bir sabah kapılarını çalıp çocuklarını almaya gelmeselerdi FETÖ'yle hiç hesaplaşmayacaklardı. "Hiç ibret alınsaydı, tekerrür mü ederdi" diyor ya Akif, haklı değil mi? "Paralel" diyorlardı; devletin içinden çıkan koca boşluğa FETÖ'nün gölgesindeki başka tarikatları doldurdular. "Tekerrür"ü başlatıyorlar.

Shakespeare'in anlattığı "en eski günahları en yeni yollardan işleyenler" bunlar değil mi? Devleti yüzeyi ekşi, ortası tuzlu, dibi acı bir çorbaya dönüştürdüler. Her bir parçasında ayrı bir egemenlik alanı var. Bir suç tamir edilirken, yenisi işleniyor.

FETÖ'yü en çok kansere benzetiyorlar. Organda kontrolsüz çoğalıyor. Bünyeyi esir alıyor. Tedavi için ise hastalıklı doku kuşatılıp büyümesi durduruluyor ve ortadan kaldırılıyor.

Ya kurtuluş beklenen el, hastalığın kaynağıysa?

Metastaz diyoruz, kanserli hücrenin sıçramasını anlatıyor. Durdurulamayan hastalıklı yapı kendisine yeni bir organ buluyor. Vücudu apansızca yakalıyor.

15 Temmuz, devletin içine yerleşmiş FETÖ tümörünün vücudu teslim alma girişimiydi. Neyse ki başaramadı. Ancak FETÖ'ye ilaç diye bu kez önümüze tarikat düzenini koydular. Örgüt hem bu yeni "paraleller"e tutunarak hayatta kaldı, hem de kanserli yapı kendisini yenileyerek eski hastalıkları başka biçimlerde üretti.

Biz bu filmi hatırlıyoruz!

Gözler tamamen kapanıyor, akıl teslim ediliyor. Bu sırada ise tarikatlar, rejimi çökertiyor.

Hukuk çürüyor, güvenlik çöküyor, bürokrasi kayboluyor.

Gavsların, mürşitlerin, hocaların sistemi, devletin ve kamunun üstüne iniyor.

"Kendi kaderini satın alanlar"ın, "ayrıcalıklılar"ın, "değerlere bedel biçenler"in düzeni başlıyor.

Cumhuriyet ayrıcalıkların reddidir. Yurttaşların eşitliğidir. Aklın yükselişidir.

"Çöküş"ü anlatıyoruz. Ancak bu kitabı, daha ileride yeniden kuruluş için yazdık. Bizi okutan, imtiyazların baskısından kurtaran, zihnimizdeki sınırları kaldıran Cumhuriyet'e borcumuz var. Bir borç ödüyoruz.

İnanıyoruz. Türkiye, mecbur olduğu yolu bulacak.

Bütün çiçeklerin tek renge mahkûm edildiği bir dönemde bu kitabı basmak zordu. Önce yayınevimize teşekkür ediyoruz. Sonra da bizi cesaretlendirenlere.

Düştüğümüz yerden kalkacağız.

Başlıyoruz.

Barış Pehlivan - Barış Terkoğlu
Ocak 2019
İstanbul

I. BÖLÜM

Zikr-i Hafi

Yıl: 2014.

Yer: Şükrü Balcı Polis Meslek Yüksek Okulu / İstanbul.

Emniyet'te 17 – 25 Aralık operasyonlarının travması henüz geçmiş değildi.

Polis olmak isteyen üniversite mezunu sivillerin mülakatı yapılacaktı.

O yıl yaklaşık 3 bin polis alınacaktı.

İstanbul'a, Ankara'ya ve İzmir'e biner kişilik kontenjan ayrılmıştı.

Gelin görün ki, mülakat için giden ekipler şaşkındı.

Zira, polis olmak için o mülakatta olanların büyük çoğunluğu Menzil, Kurdoğlu, Yazıcı, Okuyucu, Süleymancı ve İskenderpaşa tarikatlarının yönlendirmesiyle karşılarındaydı. Masaya oturan, müridi olduğu şeyhin adını veriyordu!

Daha Emniyet sürüyle Fethullahçı kaynıyorken, bir de yeni tarikatlara mı yer açılacaktı?

O gün heyette, buna izin vermemeye kararlı olanlar vardı.

Sonunda...

Görevli heyet, kontenjanın çok altında seçtiği 300 kişiyle geri döndü.

Yukarılarda, bu eleme büyük rahatsızlık yarattı. Bir kılıf bulunarak, kısa süre sonra yeniden yapıldı seçmeler.

Mülakat heyetinde bu kez, polis olmaya yönlendirilen o gençlerin bağlı olduğu tarikatların Emniyet'teki karşılıkları vardı. Sonuç; o müritler alındı, polis oldu.

Denir ki, 2014-2016 arasındaki, yani sadece 2 yıl içindeki polis alımı, tüm Cumhuriyet tarihinde görülmeyen büyüklükteydi. FETÖ tasfiyesinin ardından 20 yıllık polis alımına eşit kişi giriş yaptı Emniyet'e.

Ve onların büyük çoğunluğu, Menzilcilerden Süleymancılara, Kurdoğluculardan Yazıcılara kadar geniş bir ağa aitti. Emniyet, Fethullahçıların panzehrinin başka tarikatlar olduğunu sanıyordu.

Belki de 20 yıl sonra, teknik takipten istihbarata kadar Emniyet'teki tüm kritik birimlerin başında, işte bugünlerde alınan o müritler olacaktı...

Menzilci polislerin fotoğrafları

15 Temmuz darbe girişiminden kısa süre önce...

Yapısı baştan aşağı değiştirilen Polis Akademisi...

Akademi'nin mescidi...

Çok yakında polis olacak Menzilci gençler vird çekiyor.

Diyeceksiniz ki nedir bu vird?

Aslında düzenli olarak zikretmekten başka bir şey değil.

Araf suresinde geçen "Rabbini, içinden yalvararak ve korkarak ve yüksek olmayan bir sesle sabah-akşam zikret ve gafillerden olma" sözü, virdin kaynağını oluşturuyor.

Nakşi tarikatlar "zikr-i hafi", yani "gizli zikir" diye adlandırılan yöntemle "vird" çekerken, Kadiriler ve Rufailer "açık zikir" yapıyor.

"Gizli" deyince "kaçak" bir yöntemden bahsettiğimizi sanmayın. Daha çok kısık sesle, sözden çok kalple yapılan eylemi tarif etmek için kullanılıyor.

İlginçtir, her tarikatın ayrı bir vird ritüeli var. Hatta vird usulü ile diğerlerinden ayrışmak bir tarikatın olmazsa olmazı gibi.

Menzil Cemaati, bu konuda en keskin çizgiye sahip.

Müritlerin vird yapıp yapmayacaklarına, hangi sayıda ve ne zaman yapacaklarına mürşit karar veriyor. "Kendi başına hareket ederek, usulüne uygun davranmayan bazı müritlere şeytan musallat olmuş olabilir" diyerek, örgütsüz virdin zararlı olabileceğini dahi savunuyorlar.

Sanki doktor şeyh, hasta müride ilaç gibi vird yazıyor.

"Mürşit" dediklerinin tavsiyesiyle yapılan 5 bin zikirlik virdin, kendi başına yapılan 10 binden daha faydalı olduğuna inanıyorlar.

Haliyle vird, arınmak için biat etmeyi şart koşan bir sürecin parçası oluyor.

Vird sırasında dünya ile ilişkilerden kopmak için örtülerin altına girmek de, en çok Menzilcilerin kullandığı bir usul. Bunun için özel yapılmış "vird kıyafetleri"ni, internetten bulup satın alabiliyorsunuz.

Dönelim, Polis Akademisi'nin mescidine...

Menzilci usul gereği, vird çekenlerden biri Polis Akademisi üniformasının içine saklanmış, diğeri üstüne bir örtü örtmüştü. Sağ ellerinde kalplerine yakın tuttukları tespihle, dillerini damaklarına yapıştırarak zikir çekiyorlardı. Kolun nasıl duracağı dahi Menzilcilerin kitabında yazıyordu. Polisler, devletin hatta Allah'ın kurallarının yerine, Gavslarının kanunlarını koyuyorlardı.

Evet, Türkiye Cumhuriyeti'nin kılcal damarlarında yeniden başka tarikatlar örgütleniyordu. O tarikatların üniforma giymiş müritleri, devletin yeni sahibi olmak için sabırla, sessizce ve gizlice bekliyordu.

Bu fotoğraflar gelecekten haber veriyordu.

İşte bugün Emniyet teşkilatında sayıları oldukça kalabalık olan, Menzilci polislerin ilk kez göreceğiniz o zikir fotoğrafları...

2. BÖLÜM

AKP'li Bakandan
Menzil Şeyhine İstihare Ricası

Türkiye son dönemde, FETÖ'den sonra başka bir dini grubu yoğun olarak tartışıyor: Menzil.

Nakşibendiler'in Halidiyye kolundan olan cemaat, Şeyh Abdulhakim Hüseyni'den, Muhammed Raşid Erol'a ve son olarak bugünkü lideri olan Abdulbaki Erol'a uzanıyordu. Adıyaman'ın Kâhta ilçesindeki Menzil köyünü merkez almalarından dolayı "Menzilciler" olarak anılan cemaat, bugün en popüler dini yapılanmalardan birisi. Cemaat'in Kürt orjinli olmasına rağmen, Batı'da Türk-İslam sentezci siyasetçiler (örneğin Muhsin Yazıcıoğlu) arasında da taraftar bulması, AKP döneminde FETÖ'nün ardından öne çıkmalarını sağladı. Bugün Semerkand Yayınları da Beşir Derneği de TÜMSİAD isimli işadamları örgütü de Cemaat'e ait. Liderlerine "Gavs" diyerek adeta evliyalık atfeden grubu tartışmamıza neden olan ise, özellikle "devlet içindeki en güçlü yeni örgütlenme" oldukları iddiaları.

Üstelik bunu öne süren yalnız AKP muhalifleri değil.

Menzilciler, yandaşlar içinden de eleştiri alıyor.

Cumhurbaşkanı Erdoğan'ın belediye başkanlığı döneminden başbakanlığı dönemine dek uzun yıllar danışmanlığını yapan Hüseyin Besli, yandaş *Akşam* gazetesinde Menzil tehlikesine dikkat çekince okları üzerine çekmişti.[1] AKP'li eski Milletvekili Hüseyin Besli, "ismini palazlandığı şehirden, Adıyaman/Menzil'den alan bir yapının özellikle bir bakanlığımızda neredeyse bütün pozisyonları kendi mensuplarıyla doldurmasına dikkat çekmek istedim" demişti.

AKP'li Besli'nin dikkat çektiği "bakanlık", herkesin bildiği sır olan "Sağlık Bakanlığı" idi.

İlgili köşeye, *Yeni Şafak* yazarı Menzilci Serdar Tuncer'in "ahmak" diyerek gösterdiği tepki en hafif olanıydı. O kadar çok hakarete uğradı ki, Menzil Cemaati ile ilgili yazısında hatalar varsa özür dileyebileceğini de belirten Hüseyin Besli, "Ama görüldüğü kadarıyla hiç böyle bir durum yok. Varsa yoksa sövgü, varsa yoksa hakaret" diye ekledi.[2]

Hüseyin Besli yazısının devamında, Menzil Cemaati'nden önce devlette örgütlenen FETÖ'ye gönderme yaparak, "Bu bile söylediklerimiz açısından manidar değil mi? Bu bile bize, geçmişe dair bir şeyler hatırlatmıyor mu?" ifadelerini kullandı. Dönemin Sağlık Bakanı olan ve şüphesiz Menzilcilerle anılan Recep Akdağ, kendi partilerinden bir isim olan Besli'nin iddialarına "hayal mahsulü" dedi ama kimseyi tatmin edemedi.

Tartışma halen sürüyor.

AKP'ye hiç de uzak olmayan Sait Çamlıca gibi ilahiyatçılar "bizim Menzil diye bir dinimiz yok" derken[3], yabancı devletlerin Menzilcileri FETÖ'nün yerine desteklediğini dahi ifade ediyorlar.[4]

Recep Akdağ neden gitti, neden döndü

Bakmayın yeni tartışıldığına, aslında Menzilciler'in örgütlenmesi sadece bugünün konusu değil. Özellikle Sağlık

1 Hüseyin Besli, "'Bana ne?' demeden", Akşam, 10.11.2016, https://www.aksam.com.tr/huseyin-besli/yazarlar/bana-ne-demeden-c2/haber-565027

2 Hüseyin Besli, "'Bana ne?' demeden'e devam sadedinde...", Akşam, 17.11.2016, https://www.aksam.com.tr/huseyin-besli/yazarlar/-bana-ne-demedene-devam-sadedinde-e2-80-a6-c2/haber-567465

3 "Bizim 'Menzil' diye bir dinimiz yok ", Odatv, 28.11.2018, https://odatv.com/bizim-menzil-diye-bir-dinimiz-yok-28111853.html

4 "AKP'ye eğitim veren isim: Almanya Menzilcilere destek veriyor", Odatv, 24.11.2018, https://odatv.com/almanya-menzilcilere-destek-veriyor-24111842.html

Bakanlığı'nda Menzil Cemaati her şeyi belirlemesiyle biliniyordu. Öyle ki, 11 yıl bakanlık yapan Recep Akdağ gidip yerine Mehmet Müezzinoğlu gelince, "adım attırmadıklarından" görevi bırakmış, yerine yeniden Akdağ gelmişti.

Gazeteci Soner Yalçın, 15 Temmuz darbe girişiminden kısa süre sonra *Sözcü* gazetesindeki köşesinde bakın neler yazmıştı:

"(...) Sağlık Bakanlığı'nda Menzil Cemaati örgütlenmesi var!

Bir zamanlar Fethullah Gülen Cemaati'nin devlet kurumlarındaki örgütlenmelerini nasıl görmek istememişlerse, şimdi de benzerini Menzil Cemaati için yapıyorlar.

Yani...

O kadar görmüyorlar ki, sağlık bakanının kim olduğuna bile dikkat etmiyorlar!

Recep Akdağ 11 yıl sonra niye gitti?

Ve 15 ay sonra yeniden görevine niye döndü?

Bunun Menzilciler ile ilgisi var mı?

Bakanlığa hakim olan Menzil Cemaati, Mehmet Müezzinoğlu'nun çalışmasını engelledi mi?

AKP, Recep Akdağ'ı yeniden koltuğa bu nedenle mi oturttu? (...)"[5]

Panzehir İskenderpaşa'dan!

Ve bugün...

Hâlihazırda Başkanlık sistemiyle gelen yeni Sağlık Bakanı Fahrettin Koca'nın İskenderpaşa Cemaati'nden olduğu hatırlanırsa, bakanlık tarikat savaşlarına gebe gibi...

Nasıl olmasın?

Menzil şeyhinin torunlarının şatafatlı bir tahta oturduğu ve lüks Mercedes'le gezdiği görüntüler kamuoyunda çok konuşuldu.

Bu görüntülere tepkiler üzerine, Cemaat'in önde gelen hocalarından Fevzettin Erol "biz ve siz de ömrümüz boyunca

---

5 Soner Yalçın, "FETÖ tamam ya diğerleri?", Sözcü, 3.8.2016, https://www.sozcu.com.tr/2016/yazarlar/soner-yalcin/feto-tamam-ya-digerleri-1338040/

Gavs'ın evlatlarına kölelik yapacağız, yapmaya da mecburuz; üzerimizde farzdır, vaciptir" dedi.

Biatın geldiği hale bakın...

"Sofi" adı verilen Menzil müritlerinin, şeyhlerinin Mercedes'inin peşinden koştukları, torunlarının elini öptükleri bir fotoğrafla karşı karşıyayız.

Akıl almaz vaazlarla, Gavs'larını neredeyse peygamberin yerine koyuyorlar.

Öte yandan, her cemaat bir diğerinin liderliğini önemsiz buluyor.

Haliyle, kavga kaçınılmaz görünüyor.

Keza, Cumhurbaşkanı Erdoğan'ın da Fahrettin Koca'yı Menzilcileri dizginlemek için Sağlık Bakanı yaptığı kulislerde konuşuluyordu. Zira, Medipol Üniversitesi ve Hastanesi'nin kurucusu olan Koca, arkasındaki İskenderpaşa Cemaati ve personel desteğiyle "bunu becerebilecek" muhafazakar isimlerden biriydi.

Üstelik bu dizginleme niyeti yeni değildi. Recep Akdağ'dan sonra kısa süre bakanlık yapan Ahmet Demircan, Türkiye Halk Sağlığı Kurumu ve Kamu Hastaneleri Kurumu'nu kaldırmış, bu kurumları yeniden genel müdürlüğe dönüştürmüştü.

Personel rejiminde köklü bir değişikliğe gidilirken, bir dizi tasfiye de yaşanmıştı.

Madem Sağlık Bakanlığı'ndan başladık, oradan devam edelim...

Sanırız, durumun ne halde olduğunu ancak ilk kez okuyacağınız şu hikayeyle anlatabiliriz...

Bebek ölümlerinde Gavs tavsiyesi

2008 yazında yürek burkan haber Ankara'dan geldi.

Dr. Zekai Tahir Burak Kadın Sağlığı Eğitim ve Araştırma Hastanesi'nde 3 günde 27, bir ayda ise 49 bebeğin öldüğü ortaya çıktı.

Öyle vahim iddialar vardı ki, toplu ölümleri gizlemek için ölen bebeklere oksijen bağlandığı dahi konuşuluyordu.

Hastaneden her gün yeni bir bebek ölümü haberi geliyor, ancak bir türlü çözüm bulunamıyordu. Aileler, sivil toplum kuruluşları ve medya, bu ölümleri unutturmamaya çalışıyor, Sağlık Bakanlığı'nı sıkıştırıyordu.

Sonunda, Sağlık Bakanlığı bir açıklama yaptı.

Açıklamada, Sağlık Bakanı Recep Akdağ'ın talimatı ile konunun her boyutuyla araştırılması için bir inceleme heyeti oluşturulduğu belirtildi. Bilim heyetinde, üniversite ve eğitim araştırma hastanelerinden uzmanlar ile Sağlık Bakanlığı Teftiş Kurulu'ndan bir müfettişin yer alacağı kaydedildi. "İnceleme sonucunda varsa kusurlu olan ilgililer hakkında gerekli işlemlerin yapılacağı, konunun bütün detaylarının da kamuoyuyla paylaşılacağı" vurgulandı.

Ve...

O açıklamada bahsi geçen inceleme heyeti Sağlık Bakanı Recep Akdağ'ın makamında toplandı. Toplu bebek ölümleri saatlerce tartışıldı, çözüm için yol haritası çıkarıldı. Kapsamlı bir rapor oluşturulacaktı.

Günün sonunda...

İnceleme heyeti dağıldı, Bakan Recep Akdağ odasına çekildi.

Masasının üzerindeki telefonu aldı eline ve "köyü bağlayın" dedi.

"Köy" dediği Adıyaman'ın Menzil köyüydü.

Telefonun ucunda "Gavs" dediği Menzil Cemaati şeyhi Abdulbaki Erol vardı.

İddia o ki, o telefonda...

Türkiye Cumhuriyeti'nin, kendisi de çocuk hastalıkları uzmanı olan Sağlık Bakanı, bir cemaat liderine "bir istihareye yatar mısınız" ricasında bulundu!

Menzil şeyhinin "istihareye" yatarak, onlarca bebeğin toplu ölümüne dair rüyasında bir işaret görmesi bekleniyordu!

"Gavs" ne yaptı, nasıl bir talimat verdi; bilinmez...

Bildiğimiz şu ki:

Ankara Cumhuriyet Başsavcılığı, onlarca bebeğin ölüm dosyasını, hastane başhekimi ve ilgili doktorlar hakkında soruşturma izni verilmediği için kapattı.

Menzil'in ilaç patentleri ve ihaleler

Düşünün...

Akdağ döneminde Sağlık Bakanlığı "GVS" plakalı uçaklar kullanmaya başladı.

Tesadüf demeyin, Menzil liderleri bile "gavs" kelimesinin kısaltılmış hali olan "gvs" plakalı arabalarla geziyordu.

Tedavi için gittikleri kurumlarda, alkol ve uyuşturucu bağımlılarına Adıyaman'ın Menzil köyüne ziyaret tavsiyesinde bulunuluyordu. Bu nedenle, her hafta ziyaretçilerle dolup taşan "günahkâr Menzil kulları" içinde, bağımlılar ciddi yer tutuyordu.

Ve sahi...

Menzilciler kaç ilaç patentini elinde bulunduruyordu?

SGK'nın ilaç alımlarında Menzilciler'in önü nasıl açılıyordu?

Sağlık Bakanlığı'ndaki bürokratları aracılığıyla kaç milyarlık kaç ihaleyi kapmışlardı?

Abartmıyoruz, "paralel sağlık bakanı" olduğunu gizlemeyen bir cemaat lideriyle karşı karşıyayız.

Öyle ki, Sağlık Bakanı Recep Akdağ'ın uluslararası bir toplantıda karar almak için araya çıkıp, Gavs'ına danıştığı dahi iddia ediliyordu!

O Gavs ki, yaşadığı Menzil köyünde ameliyathanesi bile vardı!

Ve keza bazı hastanelerin doğrudan ona bağlı olduğu da sır değildi.

Örneğin...

FETÖ ile burun buruna gelinen 7 Şubat 2012'deki MİT krizinden kısa süre sonra...

Recep Tayyip Erdoğan gitti, Menzilcilerin hastanesini açtı!

İstanbul Pendik'te açılan Emsey Hospital için, *Cumhuriyet* gazetesi yazarı Tayfun Atay'ın köşesinde kaleme aldığı satırları hatırlayalım:

"Emsey Hospital ve Menzil bağlantısı sır değil. Hasta odasındaki televizyonu açtığınızda karşınıza çıkan ilk kanal, yine Menzil'in en önde gelen, belki 'amiral gemisi' de denilebilecek kuruluşlarından olan *Semerkand TV*. Tabii en ilginci, 'Emsey' adının kökeni ve açılımına ilişkin ortalıkta dolaşan görüşler-iddialar. 'Emsey'in 'Emret Seydam'dan geldiğine, bu iki sözcüğün bileşiminden çıktığına dair söylentiler ve özellikle de internet ortamına girdiğinizde karşınıza çıkan sayısız not var. 'Seyda', Menzil Nakşibendi çevresinin kurucusu olarak kaydedilen, Seyitlik (Peygamber soyundan gelme) atfına da sahip Şeyh Muhammed Raşid Erol'un lâkabı; 'Seyyid'in bir diğer telaffuz biçimi denilebilir."[6]

Tabii, "şifa dağıttığı" iddiasındaki Menzil şeyhi için bir hastane sahibi olmak ironik de görünüyordu![7]

MİT Müsteşarı şeyh için devrede

Menzil'e dair en dikkat çekici itiraflardan biri, FETÖ davalarında verilen ifadedeydi.

Evet... FETÖ üyeliğinden 6 yıl 3 ay hapis cezasına çarptırılan, eski Başbakan Ahmet Davutoğlu'nun "oğlu" olarak bilinen, Cumhurbaşkanlığı döneminde Abdullah Gül'ün dış politika baş danışmanlığını yapan eski büyükelçi Gürcan Balık'ın anlattıkları, devlet ve Menzilciler konusunda tarihi bir itiraf gibiydi. Gazeteci Müyesser Yıldız o duruşmayı izlemese, *Odatv*'de yazmasa, bu ayrıntıdan kimsenin haberi olmayacaktı.[8]

6 Tayfun Atay, "'Küyerel'leşen Nakşilik: Menzil Cemaati", Cumhuriyet, 28.5.2015, http://www.cumhuriyet.com.tr/koseyazisi/287019/_Kuyerel_lesen_Naksilik__Menzil_Cemaati.html

7 Bir hastane sahibi de, AKP'li eski TBMM Başkanı İsmail Kahraman'ın damadıydı. Damat Sinan Yıldırım'ın sahibi olduğu Central Hospital'e FETÖ soruşturması kapsamında el konulmasının ardından, kayyım olarak TMSF Fon Kurulu Üyesi Yılmaz Şener atanmıştı. Kayyım olarak görevlendirilen Yılmaz Şener kimdi peki? İsmail Kahraman'ın ağabeyi Rüştü Kahraman'ın damadıydı! Hastanenin bir damattan başka bir damada el değiştirmesini Odatv'de haber yaptıktan bir süre sonra, kayyım Yılmaz Şener Central Hospital'deki görevinden alındı. İsmail Kahraman 14 Mayıs 2018'de gazetecilerin "Damadınız FETÖ firarisi mi" sorusuna, "Onu ben bilemem. Şahıslara ait keyfiliktir" diye yanıt verdi. Firari damadın ani bir baskından kurtularak, acil bir vizeyle yurt dışına kaçtığı iddia ediliyor.

8 Müyesser Yıldız, "Menzil şeyhi için MİT mi devreye girdi", Odatv, 19.10.2018, https://odatv.com/menzil-seyhi-icin-mit-mi-devreye-girdi-19101842.html

Gürcan Balık, firari FETÖ'cü işadamı Akın İpek'in annesi Melek İpek'in organize ettiği, eski TBMM Başkanı Cemil Çiçek ile eski Milli Eğitim Bakanı Hüseyin Çelik'in eşinin ve çocuklarının da içinde yer aldığı, 600 kişilik Umre programının vize sorununu halletmesi konusunu anlatırken...

Bunu sadece Melek İpek için yapmadıklarını, başkaları için de devreye girdiklerini belirtip, "Menzil şeyhi" örneğini verdi. Balık, şunları söyledi:

> "Örneğin bir avukatlık bürosunun yetkilileri, müntesibi (bağlı) oldukları Menzil şeyhinin Almanya'ya seyahat ettiğini, ancak kendisinin geçerli vizesi olmasına rağmen Alman sınır polisinin havaalanında ülkeye girişine izin vermeyerek, vizesini iptal ettiğini ve Türkiye'ye geri gönderdiklerini Bakan Davutoğlu'na arz ederek yardım talep etmiştir. Bu sorunu Bakan Davutoğlu'nun talimatıyla, konunun Alman İstihbarat Servisini ilgilendiren boyutu da olması itibariyle bizzat MİT Müsteşarı Sayın Hakan Fidan ile eşgüdüm yaparak yine ben çözdüm."

MİT Müsteşarı Fidan'ın da devreye girmesiyle vize sorunu çözülen bizzat Menzil şeyhinin kendisiydi. Yanlış okumadınız; Menzil şeyhi için devletin zirvesi seferber ediliyordu.

Davutoğlu-Menzil Şeyhi görüşmesi
Davutoğlu'nun Menzilcilerle sıcak ilişkisi de sır değildi.

1 Kasım 2015 seçimlerine günler vardı...

Başbakan Davutoğlu, Menzil Tarikatı'nın İstanbul Tuzla'daki "Kasr-ı Arifan" olarak adlandırdıkları merkezlerine ziyarette bulundu.

Davutoğlu, Menzil şeyhi Abdulbaki Erol'la başbaşa görüştü.

Keza, Adıyaman'ın yerel siteleri Davutoğlu'nun Menzil köyüne de giderek şeyhi ziyaret ettiği görüntüleri dahi yayımladı.

Davutoğlu'nun Menzilci olmasa da, Menzil'le sıcak ilişki kurmasını sağlayan ise yalnız Recep Akdağ değildi.

Adıyaman'daki ziyaret sırasında, yanında eski AKP'li Bakan Taner Yıldız da vardı.

Taner Yıldız'ın Menzilciliği ise Wikileaks'in yayımladığı ABD kriptolarına dahi girdi. 28 Temmuz 2009 tarihinde eski ABD Büyükelçisi James Jeffrey imzalı kriptoda "Yıldız, daha spiritüel bir yönelimi olan Menzil tarikatından" ifadeleri dikkat çekiyordu.

Jandarma'nın Menzil itirafı

Bakınız...

Gazeteci Saygı Öztürk, Jandarma'nın yıllar önce yaptığı bir Menzil baskınını anlattığı yazısında bir şaşkınlığı aktardı:

"Çünkü gözaltına alınanlardan 35'i kamu görevlisiydi. Aralarında polis, öğretmen, müdür düzeyinde kişiler vardı. 7 kişinin durumu ise daha bir başka özellik taşıyordu. Çünkü bunlar, irticai faaliyetleri nedeniyle Türk Silahlı Kuvvetleri'nden 'ihraç' edilmiş askerlerdi. Üstelik bunlardan A.D. 'erkekler dergâhı'nın sorumluluğunu yapıyordu."

Bugün ise, o baskınlardan farklı bir atmosfer vardı.

Menzilcilerin adeta devletin en resmi cemaati olma adaylığına talipliği, onları kamu görevlileri için cazip hale getiriyordu. FETÖ'cü olmadıklarını kanıtlamak için verdikleri ifadelerde, Menzilci olduklarını söylüyorlardı. "Ben Menzil'denim" diyerek kendisini tanıtanlara, kimse başka soru sormuyordu.

Örneğin...

12 Haziran 2017'de...

Güneydoğu'da bir ilde, darbe davasında...

İl Jandarma Alay Komutanlığı Harekât Merkezi'nde Uzman Jandarma olarak görev yapan bir asker, tanık olarak dinlendi. Darbe gecesi yaşadıklarını, gördüklerini, duyduklarını anlattı.

Avukat, tanığa son olarak herhangi bir cemaate üye olup, olmadığını sordu. Tanık, mahkeme tutanaklarına da geçen şu cevabı verdi:

"Evet, Menzil tarikatına tabiyim."

Söz konusu tanık ifade verirken ve alenen bunu söylerken, amiri konumundaki İl Jandarma Komutanı da duruşma salonundaydı.

İddialara göre, Komutan bu kişi hakkında işlem yapılıp yapılmaması hususunu Ankara'ya Jandarma Genel Komutanlığı'na sordu. Komutanlıktan, "İşlem yapmayın" emri geldi.

Özetle, hiçbir işlem yapılmadı.

"Menzilciyim" diyen tanık aynı ilde görevine devam ederken, buna göz yumdurulan Komutan terfien önemli bir makama atandı.[9]

9 Müyesser Yıldız, "Jandarma bunu söyledi: 'Menzil tarikatına tabiyim!'", Odatv, 21.01.2018, https://odatv.com/jandarma-bunu-soyledi-menzil-tarika-

AKP'li belediyelerin dağıttığı kitap

Evet...

15 Temmuz'dan sonra, zaman zaman tüm cemaatler geniş kamuoyunda soru işaretlerine neden oldu. Olmalıydı da...

Menzilciler de bu şüphelerden nasibini aldı. Ancak her seferinde önlerinde biriken duvarı yıkmayı başardılar.

Örneğin...

Birçok AKP'li belediye, evlenenlere *"Aile Saadeti"* isimli kitabı veriyordu.

Kimdi yazarı? Menzil Cemaati liderlerinden Muhammed Saki Erol!

Kitapta kadınların nasıl dövüleceği anlatılıyordu. "Sopa, demir gibi tehlikeli bir alet kullanılmayacak" ya da "dövme halkın içinde değil, gizli ve kendi evinde olacak" şeklinde, açıkça dayağın usulleri bir dizi kuralla anlatılıyordu. Menzilci şeyhlerin kadınlara dayak tavsiyelerine, bizzat devlet eliyle uymaya çağrılıyordu. Menzilciler bir tür cemaat misyonerliği ile devletin her kademesine, özellikle FETÖ'den doğan boşluktan faydalanarak yerleşiyordu.

Cumhur ittifakına desteğin karşılığını aldılar

Habertürk yazarı Fatih Altaylı, 12 Eylül 2017'de Menzilcilerin okulunda çalışan başı açık bir öğretmenin mektubunu yayımladı. Şöyle diyordu öğretmen:

> "Benim çalıştığım kurumun 5 okulu var. 6'ncıyı açmak istedikleri zaman Milli Eğitim izin vermedi ve '5 yeter' dendi. Keza üniversite açma girişimleri de YÖK ve bakanlık tarafından kabul görmedi. Benim anladığım kadarıyla devlet bu yapının güçlenmesini istemiyor. Yani devlet bir anlamda bu konularda artık daha hassas. Tabii bu benim izlenimim ve çevremde konuşulanlardan anladığım."

Ancak o engel de 24 Haziran 2018 seçimleriyle aşıldı.

tina-tabiyim-2101181200.html

Zira... Cumhur ittifakına destek verme kararını açıklayan Menzilcilerin Beşir Derneği, Cumhurbaşkanlığı seçiminin ardından İçişleri Bakanlığı'nın ilan ettiği "izin almadan yardım toplayabilen dernekler" listesinde yer aldı.

Öte yandan, Cemaat'e üniversite kurma izni veren yasa 18 Mayıs 2018'de Resmi Gazete'de yayımlandı. Adı Semerkand Bilim ve Medeniyet Üniversitesi olan okulda kurulacak fakülteler şöyle sıralanıyordu: "Tıp Fakültesi, Sağlık Bilimleri Fakültesi, Diş Hekimliği Fakültesi, Eczacılık Fakültesi, Sağlık Meslek Yüksekokulu, Sağlık Bilimleri Enstitüsü."

Özetle, Menzilciler için "her işin başı sağlıktı!"

3. BÖLÜM

Her Taşın Altından Çıkan Menzilci Hakim

"Ben Robin Hood'um, zenginden alıp fakire veriyorum. Bizim cemaatimiz bu tür iyi işler yapıyor."

"Dünyanın en büyük adliyesi" olarak tanıtılan İstanbul Anadolu Adalet Sarayı'nda bir hâkimin odasında yankılandı bu söz. Sulh Ceza Hâkimi Hasan Akdemir, almak istediği rüşveti böyle gerekçelendirdi.

Neyin karşılığında para istiyordu, "bizim" dediği cemaat de neydi, bu söz nasıl bir cerahati patlattı?

İşte öyküsü...

"Hani tutuklamayacaktınız"
Tarih: 26 Ağustos 2016.

Fİ Yapı adlı inşaat şirketinin patronu Fikret İnan, FETÖ'nün finans ayağına yönelik soruşturma kapsamında hâkim karşısındaydı. Savcı tutuklanmasını talep ediyordu. 5. Sulh Ceza Hâkimi Hasan Akdemir sorguya ara verdi ve odasına çekildi. Orada, birazdan hakkında karar vereceği İnan'ın "FETÖ'cü olmadığını" ve bu nedenle serbest bırakacağını, iş adamının avukatı Halil Canbolat'a söyledi.

Gelin görün ki...

Sorgu bittiğinde Fikret İnan "Terörizmin finansmanının önlenmesi hakkındaki kanun", "Suçtan kaynaklanan malvarlığı değerlerini aklama" ve "Silahlı terör örgütüne üye olma" suçlarından tutuklandı.

Hemen ardından, İnan'ın avukatı tekrar hâkimin odasına girdi ve "hani tutuklamayacaktınız" diye sordu.

Hâkim Akdemir de "Polis ve savcı 15 gün içinde yeni delil sunacak, eğer olmazsa bizzat ben bırakacağım" diye vaatte bulundu.

Neler oluyordu? Bir hâkim ve avukat nasıl böyle bir diyaloğa girebilirdi?

"Misafirinizi gidin Silivri'den alın"

İş adamı Fikret İnan artık cezaevindeydi. Avukatları itiraz üstüne itiraz ediyor, ancak haftalar geçmesine rağmen tahliye olmuyordu.

Bir gün...

Serap Bindal adlı bir avukat, tutuklu iş adamının avukatlarından Nihat Eşref Dargı'nın yanına geldi ve şöyle dedi:

> "Fikret'i bizden başka kimse çıkaramaz, siz istediğiniz yere itirazınızı düşürün, biz gerisini hallederiz."

İddia o ki, Hakim Hasan Akdemir tutukladığı Fikret İnan'ı 2 milyon 100 bin TL karşılığında cezaevinden çıkaracaktı! Bu paranın bir bölümünü de, aracı avukat Serap Bindal alacaktı!

Tutuklamaların üstünden 3 ay geçmişti ki...

İşadamı İnan'ın da cezaevinde olduğu AKFA Holding soruşturması kapsamındaki şüphelilere ilişkin aylık tutukluluk incelemesi yapıldı.

Savcılık, soruşturma kapsamında tutuklanan 7 şüphelinin adli kontrol şartıyla tahliye edilmesini, diğer şüphelilerin ise tutukluluk halinin devamını talep etti.

Maalesef, Türkiye'deki böylesi davalarda, iddianame daha hazırlanmadan savcının tahliye talebi ve mahkemenin tahliye kararı şüphe uyandırıyordu.

Bir de konu, FETÖ'nün finans ayağının soruşturması oldu mu, daha bir dikkat kesilmek gerekiyordu.

Keza...

İstanbul Anadolu 3. Sulh Ceza Hâkimliği, savcının "tahliye edin" dediği 7 kişiyle kalmadı, "tutuklulukları devam etsin" denilen 4 şüpheliyi daha tahliye etti. Mahkeme tahliye ettiği bu isimlere "yurtdışına çıkış yasağı, haftada 2 gün ikametlerine en yakın polis merkezine giderek imza atma ve İstanbul il sınırlarını terk etmeme"den oluşan adli kontrol hükümlerinin uygulanmasına karar verdi. Bu yasaklara rağmen, cezaevinden çıkar çıkmaz kaçıp, Amerika'ya iltica talebinde bulunanlar oldu ama, konumuz şimdilik bu değil!

Mahkemenin tahliye ettiği isimlerden biri de Fi Yapı Yönetim Kurulu Başkanı Fikret İnan'dı. Karar çıkınca, tahliye için rüşvet isteyen avukat Serap Bindal "Misafirinizi gidin Silivri'den alın" diyerek, İnan'ın avukatı Nihat Eşref Dargı'ya haber gönderdi.

İnan gece yarısına doğru cezaevinden çıktı.

"Bizden günah gitti"

Aradan birkaç gün geçti...

Serap Bindal, avukat Nihat Eşref Dargı'nın ofisine gitti. İddia o ki, Fikret İnan'ın tahliyesindeki hizmetlerinden dolayı Hakim Hasan Akdemir'in 1 milyon dolar (o zamanki kurla yaklaşık 3.5 milyon lira) istediğini, ancak aracı olarak kendisinin bu rakamı 2 milyon liraya indirdiğini söyledi. Böyle de insaflıydılar!

(Bu arada, istenilen rüşvetin miktarı konusunda kafalar karışıktı; farklı rakamlar ve iddialar havada uçuşuyordu. Peki, tahliye kararı çıkmadan önce hiç mi para alınmamıştı, orası da berrak değildi!)

Avukat Bindal, Hâkim Hasan Akdemir'in bir ses kaydını da yanında getirdiğini söyledi. İnan'ın avukatının dinlediği kayıttaki ses, "bizim yumurtalar nerede kaldı, bir ay oldu neden ödenmedi" diyordu. O görüşmede, istenilen para verilmezse, Fikret İnan yeniden tutuklanmayla tehdit ediliyordu.

İnan'ın bu yaşananları anlatan avukatına tepkisi, "Ben kimseye para vermem, benim böyle verecek bir param yok, ne suçum var ise evimde bekliyorum, gelsin tutuklasınlar" oldu.

Bununla birlikte, Hakim Akdemir'in aracısı Serap Bindal'a da randevu verdi Fikret İnan. O buluşmada neler yaşandığını İnan'ın ağzından dinleyelim:

> "Bana 'bu konu çok hassas. Hasan Akdemir'in mutlaka bir hafta içinde 1 milyon lira alması gerekiyor. Aksi takdirde yapacak bir şey yok' dedi. Yani hapse atılacağımı ima etti. Hasan Akdemir'e vereceğim parayı, avukatlarıma vereceğimi belirttim. Bunun üzerine avukat Serap Bindal da 'siz bilirsiniz, bizden günah gitti' diyerek ofisten ayrıldı."

Menzil bu tür iyi işler yapıyormuş!

Fikret İnan rest çekse de endişeliydi. Avukatlarından Halil Canbolat'ı Hâkim Hasan Akdemir'e gönderdi.

Avukat Canbolat, rüşveti alacağı öne sürülen hâkime "iddiaları" sordu. Hâkim Akdemir önce küfretti, "öyle şey mi olur" dedi.

Ama ne zaman ki...

Madem öyle...

Rüşvette aracı olan Avukat Serap Bindal'a "suçüstü" yapma teklifini duydu...

Hâkim Akdemir odasının kapısını kapadı, televizyonun sesini açtı ve duyulan o ki, şöyle dedi:

> "Ben aslında 1 milyon lira istedim. Avukat haberim olmadan miktarı 2 milyon 100 bin liraya çıkardı. İstediğim 1 milyon lirayı kendim için almayacağım. Hayır işleriyle uğraşan birisine vereceğim. 4 fakire 250 bin liralık birer daire aldırtacağım."

Avukat Canbolat itiraz edince ise şöyle dedi Hâkim Akdemir:

"Ben Robin Hood'um, zenginden alıp fakire veriyorum. Bizim cemaatimiz bu tür iyi işler yapıyor."

Evet, adalet dağıtmakla görevli bir hâkim, cübbesinin gücünü kullanarak rüşvet almaya çalışıyordu. Bunu da, "cemaatimiz" dediği Menzil Cemaati'nin bir "sofi"si, yani müridi olarak yapıyordu.

Ve bu tablo, Türkiye tarihinin en tehlikeli örgütlerinden FETÖ ile mücadelenin perde arkasında yaşanıyordu.

İlk rüşvet

Aradan yaklaşık 15 gün geçti.

Daha önce "Ben kimseye para vermem, gelsin tutuklasınlar" diyen Fikret İnan bakın ne yapacaktı, kendi ağzından dinleyelim:

> "Üstümde bulunan elektronik kelepçenin geceleyin şarjı bitti. Adli kontrolü ihlal ettiğim gerekçesiyle dosyam tekrar savcılık makamına gitti ve tutuklanma riskim doğdu. Bu işte Hâkim Hasan Akdemir'in parmağının olacağını düşündüm. Avukat Halil Canbolat'ı aradım ve 'Halil Bey, bu adam bizim peşimizi bırakmayacak, beni tekrar hapse attıracak. Git bu adamla görüş, bir para verelim ve bu adamdan kurtulalım' dedim."

Bunun üzerine avukat Canbolat, Hâkim Akdemir'in kapısını yeniden çaldı.

Fikret İnan bu kirli iş için avukatına 100 bin dolar vermişti. Ancak o, 45 bin doları (o zamanki kurla yaklaşık 165 bin lira) hazır ettiklerini, kalanını da sonra vereceklerini hâkime söyledi.

Paranın teslimi için buluşma yeri olarak İstanbul Pendik'teki bir dönerci seçildi.

Ve o gün...

Dönercide, Hâkim Hasan Akdemir'in yanında iki kişi daha vardı. Avukat Canbolat 45 bin doları hâkime vereceği sırada, Hâkim Akdemir yanındaki kişiye döndü ve "parayı al ve mescitte say" diye görev verdi.

Menzilci Hâkim Hasan Akdemir rüşvetin bir bölümünü aldıktan sonra, avukata "Fikret İnan'ın FETÖ'cü olmadığını biliyorum. Ben tutukladım ama hata yaptım, onu yine ben kurtaracağım" dedi.

Yaptığı "hatayı" para alarak "düzeltme" yoluna giden Hâkim Akdemir, bu görüşmeden bir hafta sonra da, adliyedeki odasında yine İnan'ın avukatından 5 bin dolar aldı.

Para koparma meselesi öyle bir raddeye gelmişti ki, Fikret İnan'ın iş arkadaşlarından Yusuf Ateş ile Hâkim Hasan Akdemir'in arkadaşı Talip Ünal da işin içine girdi. Hâkim Akdemir, Ateş aracılığıyla "Fikret İnan'a söyle; bana bir taahhüt borcu vardı, onu yerine getirsin" diye haber gönderiyordu.

Hâkim Akdemir bu süreçte bir de terfi alıyor, Sulh Ceza Hâkimliğinden Ağır Ceza Başkanlığına atanıyordu. İstediği paranın tamamını vermeyen Fikret İnan'ın avukatlarına ise, "Bu dava 2. Ağır Ceza Mahkemesi'ne açılacak, sonuçta tüm itirazlara 3. Ağır Ceza Mahkemesi olarak ben bakacağım. Yine benim elimde, şimdi olmasa da yine bana geleceksiniz" diye şantaj uyguluyordu.

Pantolonun içinde ses kayıt cihazı

Fikret İnan artık bunalmıştı. Avukatı Halil Canbolat aracılığıyla Hâkimler ve Savcılar Kuruluna (HSK), Hâkim Hasan Akdemir'i şikayet etti.

Artık suçüstü yapılmalıydı. HSK'nın ve İstanbul Anadolu Cumhuriyet Başsavcılığının bilgisi dâhilinde operasyon için düğmeye basıldı. İlk amaç, Hâkim Akdemir'in para talebinin devam edip etmediğinin tespitiydi.

Avukat Canbolat ile Hâkim Akdemir 14 Nisan 2017 günü görüşmek üzere randevulaştı. İstanbul Emniyeti Mali Suçlarla Mücadele Şube Müdürlüğünden ses kayıt cihazları temin edildi ve avukat Canbolat'ın üzerine konuldu.

Avukat, kayıt altına almak için hâkimi konuşturdu.

Elde edilen ses kayıtlarında özetle, Hâkim Akdemir önceden bir miktar para aldığını ve tahliyeyi yaptırttığını kabul ediyordu. Ama kızgındı hâkim avukata, zira daha önceden verdikleri sözleri tutmamışlardı. Hatta gerekirse önceden aldığı 50 bin doları dahi iade edebilirdi.

HSK'ya sunulan fezlekede "sesin tam olarak anlaşılmadığı" belirtilen bir bölümde ise, parayı artık Halil Canbolat'tan almayacaklarını, bizzat Fikret İnan'ın avukat Serap Bindal'a vermesini istiyordu.

Avukat Canbolat ile Hâkim Akdemir'in ses kaydı hızlıca kâğıda döküldü ve gizlice HSK'ya gönderildi. Beklenen talimat sözlü geldi; FETÖ şüphelisi Fikret İnan Hâkim Hasan Akdemir'le buluşturulacaktı.

Takvim yaprakları 18 Nisan 2017'yi gösteriyordu.

Fikret İnan, Başsavcılığın gözetiminde hâkimin aracı avukatı Serap Bindal'ı aradı, randevu talep etti. Akşam saat 18.00'de, avukat Bindal'ın Pendik'teki ofisinde buluşma kararı alındı.

Vakıfbank'tan temin edilen ve seri numaraları bilinen 50 bin dolar, Mali Şubede görevli polis memurları nezaretinde Fikret İnan'a verildi. Ayrıca, İnan'ın pantolonunun içine 2 ayrı ses kaydedici cihaz yerleştirildi.

Her şey o kadar trajikti ki...

Düşünün...

Devletin yargısı ve polisi, halen Fethullahçı Terör Örgütü'ne üye olmakla ve örgütü finanse etmekle suçlanan bir işadamıyla işbirliği yapıp, başka bir tarikatın müridi olan görevdeki bir yargı mensubuna suçüstü yapmak durumuna düşmüştü. Evet, çok acıydı!

"Karı kız atacak halimiz yok"

Ve işadamı İnan, avukat Bindal'ın ofisindeydi. Aradan 40 dakika geçtikten sonra Hâkim Hasan Akdemir cipiyle ofisin olduğu binanın önüne geldi. Hâkim Akdemir önce etrafı kolaçan etti, sonra binanın normal giriş kapısını kullanmayarak özel bir kapıdan 6. kata çıktı. Bundan sonrasını, tutanağa alınan kayıtlardan aktaralım. İşte o kritik buluşmada yapılan konuşmalardan çarpıcı bölümler:

"F. İNAN: Şimdi ben 50 bin doları takdim ediyorum. Ondan sonra 10-15 gün içerisinde geri kalanı da ben alacağım.

H. AKDEMİR: Eyvallah.

F. İNAN: Ve şu işi artık bir tam gaz şey yapalım.

H. AKDEMİR: İnşallah inşallah... Ben de elimden geleni yapacağım. Ben sadece 'şu şu şu belgeleri istiyorum' dediğimde, siz Serap Hanım'a bırakın. Ben burada çalışıyorum zaten.

F. İNAN: Tamam.

H. AKDEMİR: Buranın anahtarı var zaten.

F. İNAN: Öyle mi?

H. AKDEMİR: Evet.

F. İNAN: Ben şu şöyle zarfı vereyim...

H. AKDEMİR: Yanlış anlamayın; bende zamparalık yoktur. Yani böyle karı kız atacak halimiz yok yani.

(...)

S. BİNDAL: Başkanım bu imza işi kalkar mı?

H. AKDEMİR: Zorlayacağız.

S. BİNDAL: Şimdi, anne Antalya'da yaşıyor; hasta, yaşlı...

H. AKDEMİR: Hizbullah davalarına bakan hâkimim. Muhsin Yazıcıoğlu'nun dosyasına bakan hâkimim. Yazıcıoğlu'nun dosyasından dolayı beni ölümle tehdit ettiler.

S. BİNDAL: Kapısında tek özel güvenliği olan hâkim, başka yok.

H. AKDEMİR: Bir de İbrahim Okur, HSYK'nın bir numaralı adamı... Onu ben tutukladıktan bir gün sonra arabamın frenlerini boşalttılar. Soruşturması örgütlü suçlarda...

F. İNAN: Anlatmayın, psikolojim zaten bozuk yani... Ben artık ne yapacağımı şaşırdım. Kiminle ne yapacağımı şaşırdım. Ya inanın böyle, ne duymak istiyorum, ne bilmek istiyorum. Benim tek derdim şu işleri...

S. BİNDAL: Fatih... Devam etsin

F. İNAN: Ediyor ediyor, o şey, düzgün bir çocuk.

S. BİNDAL: Her şey benim üstümden takip edilecek, tamam.

F. İNAN: Tamam

H. AKDEMİR: Fatih de benim yanıma gelsin, sıkıntı yok, şey nasıl olsa...

S. BİNDAL: Tamam"

Bu konuşmaları pantolonunun içindeki cihazlara kaydeden Fikret İnan, 50 bin doları verdikten yaklaşık 4 dakika sonra odadan ayrıldı. İnan 6. kattan aşağı inerken, polisler yukarı baskına çıktı. Hâkim Hasan Akdemir ve avukat Serap Bindal artık gözaltındaydılar.

"Kendileri bana 1 milyon lira teklif etti"

Hâkim Hasan Akdemir Emniyet'te verdiği ifadede, rüşvet suçlamalarını kabul etmedi. "Sofi" dediği Menzil Cemaati mensuplarına yardım ettiğini saklamayan Hâkim Akdemir'in ifadeleri özetle şöyleydi:

"Ofisinde buluştuğum avukat Serap Bindal ile sık sık görüşürüz. Benim parada pulda gözüm yok. Aynur Çepni Cami altında ve Taşlıbayır'daki vakıfta bulunan sofilere ara sıra kurban kestirip, yemekler veririm. Ofise, haksız yere tutukladığım ve vicdanen rahatsız olduğum işadamı Fikret İnan'a durumu anlatmaya gittim. Kendileri bana 1 milyon TL teklif etti. 'Ben duymamış olayım, gidin fakirlere yardım edin' demişimdir.

Olay günü, işadamı Fikret İnan ile avukat hanımın ofisinde buluştuk, kayıtlarda vardır. Daha girer girmez 'seni suçsuz yere tutukladım, hakkını helal et' diye üç kez helallik aldım.

Masanın üzerine bahse konu parayı bırakıp, hızlıca çıktı gitti. Ben onu, avukat hanıma bırakılan vekâlet ücreti sandım. Avukat hanıma sordum; 'vekâlet ücreti değil' dedi. Mal mal birbirimize baktık. Sonra hemen polisler ve savcılar girdi içeriye. İşadamı Fikret İnan'ı ben tutukladım ama serbest bırakılmasında bir katkım olması mümkün değildir.

Benim eşim kadın doğum uzmanıdır. Onun kazancı ile benim maaşım ortalama 45 bin TL'dir. İstanbul'a geleli 4 yıl 8 ay oldu. Yani 56 ay... 56 ayı 45 ile çarptığımızda, 2 milyon 500 bin TL yapar. Ben 2009 yılından beri Maraş ve İstanbul'da maketten, temelden ev alıp satarım. Yani bunlardan da para kazanmaktayım. Şu anda Talip Ünal'a sattığım daire haricinde, satılık iki dairem vardır. Bunlar yaklaşık 1 milyon 200 bin TL'den aşağı etmez. Benim yaptığım ticarettir. Fazla para kazanmam bu nedendendir. Şu anki mal varlığımdan, biraz daha fazla gelirim olduğu ortadadır. Bu fazla gelirimle fakir fukara sofi kardeşlerime yardım ederim. Gerektiğinde 3-5, 50-60 bin TL borç veririm ya da hibe ederim. Sofi kardeşlerime sorabilirsiniz."

"Bekâr ve bayan bir avukatın ofisinde..."

Suçüstü yapılan Menzilci Hâkim Hasan Akdemir'in savunmasına devam edeceğiz. Ama önce, hakkında hazırlanan dosyada, savcılığın yaptığı değerlendirmelerden bir bölüme yer verelim:

"Her ne kadar Hâkim Hasan Akdemir, Fikret İnan'ı kendisinin dosyada delil olmadan tutukladığını, bu nedenle vicdan azabı çektiğini, helalleşmek amacıyla görüşmek istediğini, bu amaçla gittiğini, beyan etse de... Vicdan azabı çekse bile, haksız tutukladığını ve birini mağdur ettiğini düşünen bir kişinin tepkisi, para karşılığında o kişiyi tahliye etmek veya tahliye ettikten sonra tekrar tekrar para almak değil; aksine, vicdan azabının etkisiyle koşulsuz ve derhal tahliye etmesidir. Yine böyle bir durumda, bir hâkimden olağan beklenen durum, eğer vicdan azabı varsa, odasına çağırıp odasında görüşebilecegidir."

Soruşturmayı yürüten İstanbul Cumhuriyet Başsavcı Vekili Selamettin Celep'in, suçüstü yapılan hâkim ve avukatın ilişkisine dair de değerlendirmeleri vardı:

"Helalleşmek için bir şüpheliyle bir hâkimin, kendi mahkemesinde şüpheli sıfatıyla yargılanan, bekâr, bayan bir avukatın ofisinde akşam saatlerinde görüşmesi inandırıcı ve makul olmaz. Bayan bir avukatın ofisinin anahtarının şüpheli hâkimde sürekli bulunmasının makul bir izahı olmaz. Hâkimin, eviyle aynı mahalledeki bir avukatlık bürosunda zaman zaman dinlenmek için ofis anahtarını bulundurmasının, meslek etiğiyle ve de ahlaki değerlerle bağdaşmadığı değerlendirilmiştir."

Cezaevinden itiraflar

Devam edelim... Ofisinde baskın yiyen avukat Serap Bindal ise 30 yıllık meslek hayatında sicilinde en ufak nokta bile olmadığını hatırlatıp, suçüstü haline dair özetle şunları dedi:

"Fikret İnan'ın bana komplo yaptığını düşünüyorum. Hâkim Hasan Akdemir ile uzun zamandır görüşmüyordum. Olay sırasında, Fikret İnan 50 bin doları çıkartıp ofisteki masasının üstüne koydu ve vekâlet ücreti olduğunu söyledi. Bu duruma şaşırdım. Ayrıca, kalan vekâlet ücretinin de tamamlanacağını söylediğini çok iyi hatırlıyorum. Bu hususların kayıtlara geçmediğini düşünüyorum. Hasan Akdemir aynı siteden komşum, tapelerde geçen anahtar benim ofisime ait değil. Yine tapelerde geçen 'Başkanım bu imza işi kalkar mı' sorusunu, Hasan Akdemir'in hâkim olması ve ceza hâkimi olması nedeni ile, usulü kendisinden daha iyi bildiği için ona sordum."

Hakim Hasan Akdemir de Avukat Serap Bindal da tutuklandı.

Birkaç hafta sonra...

Tutuklu Avukat Serap Bindal, ek ifade vermek istediğine dair bir dilekçeyi 22 Mayıs 2017 tarihinde savcılığa gönderdi. Bindal'ın itiraflarında söyledikleri, yenilir yutulur gibi değildi:

"Aleyhimde ifade veren Fikret İnan ve Avukat Nihat Eşref Dargı'nın beyanları doğru değil. Fikret İnan'ın tahliyesini adı geçen iki kişiyle, Fikret İnan'ın kayınbiraderi ve Avukat Nihat Eşref Dargı'nın tanıdığı bir grup rüşvetle sağladı. 200 bin lira avukat Nihat'ın yanında çalışan Avukat Hüseyin Müslüm'ün hesabından aktarıldığını duydum. Adı geçenin banka hesaplarının incelenmesi halinde bu tespit edilebilir. 1 milyon dolar tahliye parası konusunda, Avukat Nihat Eşref Dargı'nın Silivri Cezaevi'ne giderek şifreli şekilde Fikret İnan ile görüştüğünü ve ödenen 200 bin lira için anlaşma yaptığını duydum. 200 bin liranın Hâkim Hasan Akdemir'le bir ilgisi yok.

Kayyımı kaldır, daireyi kap!

Talip Ünal adlı şahıs bir yıldır benim müvekkilimdir. Talip Ünal'ın bana anlattığına göre Avukat Halil Canbolat ve Fikret İnan'ın kasası olan ismini bilmediğim kayınbiraderi naylon poşet içerisinde 1 milyon lirayı 17 Şubat 2017 tarihinde Kurtköy'e mescide götürmüşler. Fikret İnan'ın kayınbiraderi arabada beklediği sırada, Avukat Canbolat içeri girerek Hâkim Hasan Akdemir'e parayı poşet içerisinde rüşvet olarak verdiğini Yusuf Ateş, Talip Ünal'a söylemiş. Ben durumu bizzat Talip Ünal'dan duydum. Fikret İnan'ın 1 milyon lira rüşvet parasını Hâkim Hasan Akdemir'e, yargılama sırasında itirazlara bakacak mahkemenin hâkimi olması sebebiyle verdiğini düşünüyorum.

Yine Azim Gayrimenkul sahibi Halit Keleş'i de tanıyorum. Azim Gayrimenkul hakkında FETÖ soruşturmaları kapsamında tedbir kararı olduğunu da biliyorum. Hatta Hâkim Hasan Akdemir'in Azim Gayrimenkul hakkında verilen kayyım kararının kaldırılması karşılığında, Hâkim Hasan ile sık görüşen Talip Ünal'ın Azim Gayrimenkul'den 6 daireyi her biri 150 bin lira olmak üzere devir aldığını da biliyorum. Hatta Talip Ünal dışında kardeşi Bilal Ünal'ın da aynı yerden daire aldığını öğrendim.

Paksoy bombası

Cahit Paksoy isimli şahsı İhlas Holding'in eski CEO'su olması sebebiyle tanırım. Cahit Paksoy'u tahliye eden hâkimin de Hasan Akdemir olduğunu biliyorum. Bildiğim kadarıyla Cahit Paksoy'un kız kardeşi ile Akdemir'in doğum uzmanı olan eşi arkadaştırlar. Hatta Paksoy'un kız kardeşinin de bir yerde avukatlık yapıp, baro başkanı olduğunu da hatırlıyorum. Bildiğim kadarıyla, nöbet çizelgesinde Hâkim Akdemir'in nöbetinin olduğu gün Akdemir'e ulaşılarak, Paksoy'un tahliyesi sağlanmıştır. Paksoy'un tahliyesi için rüşvet alınıp alınmadığını bilmiyorum."

Nefesiniz kesildi değil mi?
Evet, Avukat Serap Bindal özetle diyordu ki...

- Fikret İnan daha tutukluyken 200 bin lira rüşvet vermiş. Ama bu paranın Hâkim Hasan Akdemir'le ilgisi yokmuş. Peki, kime verildi bu rüşvet, muammaydı! Herhalde, savcılık bu iddiayı da soruşturuyordur!

- Hâkim Hasan Akdemir'e bir mescitte 1 milyon lira verilmiş. Bu rüşvetin gerekçesi ise, ağır ceza mahkemesi başkanı olduğundan, itiraz başvurularında Fikret İnan'ın lehinde karar verebilecek olmasıymış!

- Yetmemiş. Hâkim Hasan Akdemir'in, FETÖ'den soruşturulan Azim Gayrimenkul adlı şirket hakkında verilen kayyım kararını kaldırması karşılığında daireler alınmış!

- Bitmemiş. Meğer, İhlas Holding'in CEO'su Cahit Paksoy'un tahliyesi de usulsüzce, yine Hâkim Hasan Akdemir tarafından yapılmış!

Paksoy – Yıldırım ilişkisi

Cahit Paksoy, İTÜ Denizcilik Fakültesi Gemi Makineleri İşletme Mühendisliği mezunuydu. Ardından, İsveç'in Malmö şehrinde teknik yöneticilik master programını tamamladı. Kendisi gibi İTÜ mezunu olan Binali Yıldırım da, o yıllarda İsveç'te Dünya Denizcilik Üniversitesi'nde eğitim alıyordu.

Tanışıklıkları İsveç'e mi dayanır, bilinmez. Ama Paksoy'u bürokrasiye Yıldırım'ın soktuğu bilinir. Cahit Paksoy, Binali Yıldırım'ın AKP'den Bakan olmasıyla birlikte sırasıyla Aycell'de, Türk Telekom'da ve Avea'da CEO olarak görev yaptı.

18 Nisan 2016 tarihinde ise, Işıkçılar Tarikatı'na bağlı İhlas Holding'in CEO'su olarak göreve başladı.

Ve darbe girişiminden kısa süre sonra...

Tarih: 17 Ağustos 2016.

İhlas Holding'in CEO'su Cahit Paksoy, Anadolu Cumhuriyet Başsavcısı Fehmi Tosun'un yönettiği FETÖ soruşturması kapsamında gözaltına alındı.

İhlas Holding bu gözaltıya dair yaptığı açıklamada, üst düzey yöneticisi Paksoy ile arasına hafif mesafe koymaya çalıştı:

> "Cahit Paksoy şirketimizde 18.04.2016 tarihinde çalışmaya başlamıştır ve haberdeki iddia da bu dönemi kapsamamaktadır. Kendisinin avukatından şifahen aldığımız beyana göre, 2013 yılında, 5 aylık bir süre, gözaltı işlemi yapılan şirkette yönetici olarak bulunmasından dolayı, bilgisine müracaat için davet edilmiştir. Bunun dışında bir durum söz konusu değildir."

Kesin tesadüftür:

Bu gözaltıdan 4 gün sonra, Paksoy'un yöneticisi olduğu *Türkiye* gazetesi, Paksoy'un yakın olduğu Başbakan Binali Yıldırım'a övgüler dizen bir manşetle okurunun karşısına çıktı. Haberde Yıldırım için "İsmi açıklandıktan sonra 'düşük profilli Başbakan' diye kendisini hafife alanları kısa sürede sergilediği yüksek performansıyla utandırdı" gibi ifadelere yer verildi.

Gelin görün ki, bu "yağ" işe yaramamış olacak ki, Cahit Paksoy tutuklandı.

İhlas Holding'in CEO'su Cahit Paksoy'un da aralarında bulunduğu 18 kişi "Terör örgütüne üye olmak", "Terör örgütüne finansman sağlamak" ve "Suçtan kaynaklı mal varlığı değerlerini aklamak" suçlarından cezaevine gönderildi.

"Hakkımda söylentiler var"

İşte o gün bugündür...

Menzilci Hâkim Hasan Akdemir, Cahit Paksoy'u kurtarmak için kolları sıvadı.

İşadamı Paksoy'un avukatları tahliye talep ediyor, Hâkim Akdemir de tahliye kararı vermek için soruşturma dosyasını Başsavcılıktan istiyordu.

Ancak Başsavcılık direniyordu ve dosyayı Akdemir'e vermiyordu.

Devamını İstanbul Anadolu 2. Sulh Ceza Hâkimi olan Burak Kılıç'tan dinleyelim:

> "2016 yılı Ekim ya da Kasım ayı sıralarında, Hâkim Hasan'ın odasının önünden geçerken, kapısı açık iken, beni odaya çağırdı. İçerde iki avukat vardı. Bana, 'hâkim bey, iyi ki geldin. Bunlar Cahit Paksoy'un avukatları. Ben Cahit'i Maraş'tan da dolaylı olarak öğrendim, bu kişinin FETÖ ile bir alakası yok. Bana tutukluluğa itirazı geldi, 1. Sulh Ceza Hâkimliğine de tahliye talebi geldi. Ben serbest bırakırsam, hakkımda söylentiler olduğu için sorun yaşarım. 1. Sulh Ceza Hâkimi serbest bırakmazsa, itiraz üzerine sen dosyayı iyi oku, ben de sana anlatırım. Bu FETÖ'cü değil, serbest bırakılabilir' dedi. Bu sırada odada avukatlar da bulunuyordu. Ben bu ortamdan ve konuşmalardan rahatsız oldum. Zaten çok oturmadan kalktım."

Her ne kadar Hâkim Burak Kılıç, hukuki olmayan bu diyaloglardan kaçmaya çalışsa da, aynı gün yine benzerine tanık olacaktı:

> "O gün öğleden sonra yeni başlamış olan 1. Sulh Ceza Hâkimi Mehmet Özakar'ı ziyarete gittiğimde, Hasan Akdemir de oradaydı. Ben Mehmet Özakar'a 'hayırlı olsun' diyerek, memleketi, ev tutup tutmadığı gibi konularda konuşmaya çalışırken, Hasan Akdemir ısrarla Mehmet Özakar'a Cahit Paksoy dosyasını anlatıyordu. Mehmet Özakar ise bu duruma şaşırmıştı ve dosyayla ilgili bir şey söylemedi. Sonrasında benimle

birlikte kendisi de kalktı. Ben o gün kendi söylemine kadar, Hasan Akdemir hakkında söylenti olduğunu duymamıştım. Bu olaydan yaklaşık 20-25 gün sonra Cahit Paksoy'u kendisi bıraktı..."

FETÖ ile mücadele sekteye uğrar

Evet...

Menzilci Hâkim Akdemir, 1. Sulh Ceza Mahkemesinin yeni hâkimi Mehmet Özakar'dan dosyayı katakulliyle almış ve FETÖ tutuklusu Cahit Paksoy'u tahliye etmişti.

Bununla da kalmamış, adeta beraat kararı verir gibi 6 sayfalık tahliye gerekçesi yazmıştı.

İstanbul Anadolu Cumhuriyet Başsavcılığı Örgütlü Kaçakçılık ve Mali Suçlar Bürosu Savcısı Hüseyin Önelge bu tahliyeye itiraz etti ve Cahit Paksoy için yeniden yakalama kararı çıkarılmasını istedi.

"Şüphelinin geçmişi, ekonomik ve sosyal durumu dikkate alındığında, söz konusu para hareketlerinin hayatın olağan akışına uygun düştüğü" şeklinde tahliye kararının verildiğinin hatırlatıldığı itiraz yazısında, bu şekilde çok zengin işadamlarının mal varlıklarına göre cüzi sayılabilecek miktardaki para akışlarının aklanmış olacağı, bu durumun da devletin tüm kurum ve kuruluşlarıyla mücadele etmekte olduğu FETÖ/PDY ile mücadeleyi sekteye uğratacağı aktarıldı.

Özetle...

Cahit Paksoy gibi işadamlarında FETÖ'nün finans ayağını soruşturan savcı, "eğer bu gerekçelerle ve bu yöntemle tahliye ederseniz, FETÖ ile mücadele edemeyiz" diyordu.

Diyordu da, ne oluyordu!

Kayyım yolsuzlukları

Menzilci hâkimin suç dosyası çok kabarıktı.

Gelin görün ki...

O da...

Rüşvetle tahliyeden suçüstü yakalandığında, kendisine komplo kurulduğunu söylüyordu. Komplonun ardında ise, görev yaptığı İstanbul Anadolu Adliyesinin Başsavcısı Fehmi Tosun'un olduğunu öne sürüyordu.

Hâkim Hasan Akdemir polise verdiği ifadesinde, şu çarpıcı iddialarda bulunuyordu:

"İlk operasyon yapıldığında, Kaynak Holding'e bağlı 80 kadar şirket üzerinde kayyımlık kararı vardı. 80 şirketten sadece bir tanesinde 10 tane naylon şirkete, onlarca naylon fatura kesilerek 2 milyon 608 bin lira yolsuzluk yapılıyorsa, mal varlığı çok yüksek olan diğer şirketlerde ne kadar yolsuzluk yapıldığını tahmin edemiyorum. - Kaynak Holding'e atanan İmran Okumuş'un, bu atamadan 1 yıl sonra başkası üzerinden yahut naylon şirketler üzerinden 30 tane otobüs satın aldığını öğrendim. Bu ciddi bir şekilde araştırılması gereken bir husustur.

"Bir çökme operasyonu"

- Başsavcı Fehmi Tosun'a bu yolsuzluk iddialarını ve belgelerini gösterdim. Başsavcım bu yolsuzluk raporu milletin eline geçerse, FETÖ/PDY soruşturmalarının temelini çökertmeye çalışırlar, herkes kendini kurtarmak için rapora sarılır dedim. Kendisi de bana, bizzat kayyımların kendisi tarafından seçildiğini, böyle bir işlem yapıldığını, ancak bu işlemin Vatan Emniyet Müdürlüğü'nün ihtiyaçlarını karşılamak için kullanıldığını söyledi. Ben de bunun yalan olduğunu anladım. 15 Temmuz'da kardeşlerim şehit olurken, onların kanını kullanarak, kanını emerek, birinin yolsuzluk yapmasına vicdanım el vermez. Arkasında siz olsanız bile bu işin peşini bırakmayacağım. FETÖ soruşturmaları neticeleninceye kadar bu raporu asla gündeme getirmeyeceğim dedim.

- Bundan sonra başsavcı ile aramızda husumet başladı. Başsavcının bu yolsuzluk raporunun gereğini yapacağına ümidim kalmadı. Soruşturmayı yöneten Cumhuriyet Başsavcısı'nın, benim aleyhime kurdukları senaryoyu basamak basamak icra edip, beni bir yerden kıstırıp, yolsuzluk raporunu da bir şekilde bertaraf etmek için beni etkisiz hale getirme niyetinde olduğu aşikârdır.

- Sulh Ceza Hâkimliklerinin FETÖ /PDY soruşturması bahane edilerek kullanıldığını, bu soruşturmalar altında, açık ve net söylüyorum, bir çökme operasyonu yapıldığını anladım.

Savcılara "FETÖ'cü" suçlaması

- Anadolu Adliyesi Başsavcısı'nın kripto FETÖ'cü olduğunu düşünüyorum. Başsavcının yazıişleri müdürü olan, soyadını hatırlayamadığım Emir isimli kişi Zekeriya Öz'ün Çağlayan'daki yazıişleri müdürüydü. Başsavcının özellikle bu yazı işleri müdürü Emir'i kendi emrine aldığını, hatta kendisine adliyede özel oda yaptığını, özel odaya banyo ilave ettirdiğini, ne hikmetse kendisine her türlü konforu sağladığını öğrendim.

- Kripto FETÖ'cü olduğunu düşündüğüm Anadolu Adliyesi Başsavcısı Fehmi Tosun'un, Zekeriya Öz'ü uğurlama töreninde bulunurken gösterdiği saygı Youtube'deki görüntülerde açıkça ortadır.

- Anadolu Adliyesi Örgütlü Suçlar Savcısı, Selçuk Üniversitesi'nde okurken FETÖ'cülerle aynı evde kalmış. Örgütlü Suçlar Savcısının idari hâkim olan kardeşinin de Bylock kullanıcısı olmaktan tutuklandığını, yine idari hâkim olan yengesinin de yoğun ByLock kullancısı olmaktan tutuklandığını öğrendim.

- Tüm bu öğrendiklerimden sonra artık şundan emin olmaya başladım: FETÖ/PDY dosyalarının, ileride mahkemede beraatle sonuçlanacak şekilde etkin soruşturma yapmadan, içlerinin boş olarak neden soruşturma yapıldığını anladım. Kardeşi ve yengesi Bylock kullanıcısı olmaktan tutuklanan bir savcının, adliyede 250-300 savcı olmasına rağmen neden seçildiğini anladım.

Kafanız mı karıştı, özetleyelim...

Menzilci Hâkim Hasan Akdemir, hakkındaki ağır suçlamalara karşı şu iddialarda bulunuyordu:

- FETÖ'nün en önemli kuruluşlarından olan Kaynak Holding'le bağlantılı Azim Gayrimenkul'de kayyımlar tarafından yolsuzluk yapılmış.

- Kaynak Holding'e kayyım olarak atanan, Uluslararası ve Yurtiçi Otobüsçüler Federasyonu Başkanı İmran Okumuş'un finansal faaliyetleri ve malvarlığı araştırılmalıymış.

- "Kripto FETÖ'cü" diye nitelendirdiği Başsavcı Fehmi Tosun'un da bu yolsuzluğun arkasında olduğuna dair şüphesi varmış. Yolsuzluk raporunu bertaraf etmek için Hâkim Hasan Akdemir'i etkisiz hale getirmek niyetindelermiş.

- Hâkim Akdemir'in usülsüzce tahliye ettiği ileri sürülen şüphelileri FETÖ'den soruşturan savcı, öğrenciyken FETÖ'cülerle aynı evde kalmış. Yine o savcının hâkim olan kardeşi ve yengesi de FETÖ'nün iletişim ağı ByLock'tan tutuklanmış.

Bitti mi, bitmedi...

Tartışmalı bilirkişi raporu

FETÖ bağlantılı Azim Gayrimenkul'deki kayyım yolsuzlukları raporunun hazırlanma sürecine ve o şirketteki kayyım kararının kaldırılmasına dair, Hâkim Hasan Akdemir'e yine ciddi suçlamalar vardı.

İstanbul Cumhuriyet Başsavcı Vekili Hacı Hasan Bölükbaşı'nın kaleme aldığı, 25 Haziran 2018 tarihli iddianameden özetle okuyalım:

"Hasan Akdemir, kendisine bir kısım dairelerin verilmesi karşılığında Azim Gayrimenkul A.Ş.'ye atanan kayyım kararını 06/06/2016 tarihinde ve 2016/2824 D. İş sayılı karar ile kaldırdı. Daha sonra, arkadaşı olan ve rüşvet suçunda aracılık yapan şüpheli Talip Ünal'a, Azim Gayrimenkul A.Ş.'den 6 adet daireyi değerinin çok altında, 27/06/2016 tarihinde satış göstermek suretiyle devir yaptı. Talip Ünal, rüşvet olarak alınan dairelerin bedelini, yine şüpheli Hasan Çakıllı'dan aldığı villa parası olarak, 600.000 TL parayı 25/07/2016 ödedi. Böylece, şüpheli Hasan Akdemir olayı gizlemek için yapılan işleme nitelik kazandırdı. Rüşvet olarak alınan 6 adet daireyi, önce suç ortağı Talip Ünal'a bedelsiz veya çok düşük bedelle devir yaptırdı. Bunun karşılığında, satın aldığı villanın 600.000 TL'lik bedelini Talip Ünal'a ödetti."

Yani...

Yanisi şu:

Menzilci hâkim, FETÖ'cülükle suçlanan bir şirket üzerindeki kayyım kararını kaldırmak karşılığında da rüşvet almakla suçlanıyordu.

Bu kayyım kararını kaldırmasına kılıf olarak da, Hâkim Akdemir'in "kayyımlar yolsuzluk yapıyor" tespitinde bulunan şüpheli bir bilirkişi raporu yazdırdığı iddia ediliyordu.

Hatta...

Asıl yolsuzluğun ve şirketin içini boşaltmanın, Hâkim Hasan Akdemir'in kayyım kararını kaldırmasından sonra yaşandığı öne sürülüyordu.

Yani, Menzilci hâkimin yolsuzluk iddialarıyla asıl yolsuzluğu perdelediği suçlaması vardı:

"Şüpheli Akdemir tarafından usül ve yasalara aykırı olarak yapılan söz konusu işlemin ortaya çıkmasını önlemek maksadıyla, bilirkişi ve mahkemeyi önceden ayarlayarak gerçeğe aykırı bilirkişi raporu oluşturuldu. Bilirkişi olan şüpheli Nurdan Ülkü Vanlıoğlu tarafından Azim Gayrimenkul A.Ş kayıtları üzerinden inceleme yapılırken, özellikle Hasan Akdemir'in kayyım kararını kaldırarak şirketin teslim edildiği Halit Keleş döneminde, 30-40 daire değerinin 1/5 gibi çok düşük rakamlara satıldı. Ve evraklar incelenirken, bunlar mevcut olduğu halde ve bu dairelerin 6 tanesi Hasan Akdemir'in suç ortağına devredilmesine ve daire başına 300.000-400.000 TL düşük fiyata satılıp, tahminen 5-10 milyon TL şirket zarara uğratılmasına rağmen, bu husus ve satışlardan raporda bahsedilmedi."

WhatsApp grubundaki yazı

Yukarıda da yazdık: En çarpıcı taraflardan biri de, İstanbul Anadolu Adliyesinde görevli olan hâkim ile başsavcı, yani

Hasan Akdemir ile Fehmi Tosun arasındaki mücadeleydi. Dahası, iki tarafın da birbirlerine karşı çok ağır suçlamalarıydı.

Hasan Akdemir'in FETÖ bağlantılı Azim Gayrimenkul'e dair "sipariş" hazırlattığı iddia edilen bilirkişi raporunu eline alıp, Başsavcı'nın karşısına çıkmasına dair yaşananlar, bakın nasıl resmi belgeye döküldü:

> "Şüpheli Hasan Akdemir, daha önce kayyımlık kararını kaldırdığı Azim Gayrimenkul A.Ş.'nin yetkilisi Halit Keleş'in, İstanbul Anadolu 23. Asliye Hukuk Mahkemesinden kayyımların şirkete verdiği zararın tespitine yönelik olarak açılan dava sonucunda Bilirkişi Nurdan Ülkü Vanlıoğlu tarafından hazırlanan 17/11/2016 tarihli bilirkişi raporu, henüz İstanbul Anadolu 23. Asliye Hukuk Mahkemesi Hâkimine sunulmadan ve havalesi de yapılmadan, 18/11/2016 günü kendisine verilen raporu inceleyerek aynı yer Cumhuriyet Başsavcısı Fehmi Tosun'a, 'Başsavcım, kayyımlar 2 milyon 600 bin TL yolsuzluk yapmış, bu kayyımları görevden alalım, benden talep edin ben hemen değiştireyim, yine soruşturma açalım; bana gönder, bunları tutuklayayım' şeklinde sözler söyledi. Başsavcı tarafından rapor okunduğunda, raporun tamamıyla hukuki bir tespit raporu olduğu, zarar varsa bile hukuki olarak gereğinin yapılabileceği, yaklaşık 131 şirket, 17.000 çalışan ve aylık 200-300 milyon TL cirosu ve yaklaşık 35 milyon TL aylık maaş ödemelerinin olduğu, normal işleyen bir düzende henüz mahkemesine sunulmayan ve tebligatları çıkarılmayan hukuki bir tespit raporuyla kayyım değiştirmenin mümkün olmadığı, mahkemesine sunulmayan bir raporun düzenlendiği günün hemen ertesi günü, şirketin kayyımlık kararını kaldıran, hiç alakası olmayan bir hâkimin elinde olması hususunun şaibeli olduğu söylendi.
>
> (...) (Hasan Akdemir) Havalesiz raporu Başsavcıya vermedi ve birkaç gün sonra asıl hâkiminin havale ettiği raporun fotokopisini gönderdi. Nitekim, 18/04/2017 tarihinde şüpheli, Av. Serap Bindal'ın ofisinde suçüstü olarak alındığı sırada yapılan ses kaydında özetle; bu raporu rüşvet aldığı Fikret İnan'a gösterip, en sonunda da bu raporu 'önce milliyetçi

ülkücü mali müşavir bir bayan bulduğunu, akabinde de saf bir asliye hukuk hâkimi seçip kendisinin hazırlattığını' beyan etti. Söz konusu havalesiz olarak gönderilen rapor sureti, yakalandığı sırada çantasında bulundu."

Bir not daha...

Menzilci Hâkim Akdemir'in kayyım kararını kaldırdığı FETÖ bağlantılı Azim Gayrimenkul'e yeniden kayyım atanması Ocak 2017'de gündeme geldi...

Bunun haberini alan Hasan Akdemir elbette ki boş durmadı: İstanbul Anadolu Sulh Ceza Hâkimlerinin oluşturduğu WhatsApp grubuna, bu şirkete kayyım atamamaları yönünde yazı yazdı!

"Odanızı gelip toplamazsanız..."

Sona geliyoruz...

Hasan Akdemir tutuklandı.

Hakkındaki suçlamaları toparlarsak, şöyleydi:

- Rüşvet almak,
- Gerçeğe aykırı bilirkişi suçuna azmettirmek,
- Yargı görevi yapanı etkilemeye teşebbüs,
- Görevi kötüye kullanma.

Peki...

Hâkim Hasan Akdemir'i "rüşvetten suçüstü" yakalatan, İstanbul Anadolu Adliyesi Başsavcısı Fehmi Tosun'a ne oldu biliyor musunuz?

Suçüstünden yaklaşık 2,5 ay sonra, 3 Temmuz 2017'de görevinden alındı ve Yargıtay'a gönderildi.

Yargıçlar Sendikası Başkan Yardımcısı, Hâkim Nuh Hüseyin Köse'nin bu sürgüne dair yazdığı satırları okuyalım:

"(...) Yazının temasını en iyi anlatan atamalardan biri de, İstanbul Anadolu Başsavcısı Sn. Fehmi Tosun'un, isteği dışında bu görevden alınarak, Yargıtay Savcılığı'na atanmasıdır. Sayın Tosun'un da İstanbul'da öğrenim gören çocukları var. Eşi de talep dışında Ankara'ya atanmış durumda.

İstanbul'da kalabilmek için daha alt görev olan Bölge Adliye savcılığını talep edeceği söyleniyor. Haberi tatilde öğrenen başsavcıya, 'odanızı gelip toplamazsanız, eşyalar depoya kaldırılacak' dendiği biliniyor. Oysa Fehmi Bey, YBP'nin (Yargıda Birlik Platformu) kurucu yönetim kurulunda saymanlık görevi alacak kadar aktif çalışmış bir üyesi. 15 Temmuz darbe kalkışmasının bastırılması ve sonrasındaki süreçte yaptığı hukuki katkıları biliniyor. Ne yazık ki, onun durumuna ilişkin olarak kendi derneği olan YBD'den henüz bir açıklama duymadık."[10]

Şimdi sormasak olmaz:

Başsavcı Tosun'un Yargıtay'a sürgün edilmesinde, Hâkim Hasan Akdemir'in Tosun hakkındaki rüşvet iddialarının payı var mıydı?

Eğer vardı ise, Akdemir'e yapılan rüşvet operasyonuna da şüpheli yaklaşmak gerekir miydi?

Ya da aslında, birbirini suçlayan her iki taraf da doğru mu söylüyordu?

Ve o da FETÖ'den tutuklandı

Bağlıyoruz...

Menzilci Hâkim Hasan Akdemir'i tutuklayan hâkim kimdi biliyor musunuz? Hâkim Akdemir'in, FETÖ tutuklusu Cahit Paksoy'u tahliye etmek için elindeki dosyayı katakulliyle aldığı 1. Sulh Ceza Mahkemesi'nin yeni hâkimi Mehmet Özakar!

Peki...

Mehmet Özakar'a ne oldu dersiniz?

Bir duruşma sırasında, o da gözaltına alındı!

Ve...

FETÖ üyeliğinden tutuklandı, hâkimlikten ihraç edildi, itirafçı oldu!

Tüm bu bölümü özetlersek:

---

10 Nuh Hüseyin Köse, "Yargıda son sürgünler", odatv, 7.7.2017, https://odatv.com/akpnin-son-surgunleri-0707171200.html

Tahliye ettiği FETÖ şüphelisi işadamlarını tutuklatan savcıya "FETÖ'cü" diyen hâkimi, FETÖ soruşturmasında rüşvet aldığını ortaya çıkaran başsavcının "rüşvet alan bir FETÖ'cü" olduğunu iddia ettikten sonra tutuklayan hâkim, FETÖ'den tutuklandı.

4. BÖLÜM

Tarikatlara Teslim Edilen Devlet

Bu salt bir "tarikatlar kitabı" değil.

Peki buna rağmen neden tarikatlardan bahsetmek zorunda kalıyoruz? Sebebini anlatalım...

Ankara Cumhuriyet Başsavcılığının talimatıyla, Emniyet bir rapor hazırladı. 2017 yılına ait rapor, "FETÖ Silahlı Terör Örgütü Emniyet Mahrem Yapılanması" adını taşıyordu.

Emniyet Genel Müdürlüğü Kaçakçılık ve Organize Suçlarla Mücadele Daire Başkanlığı, raporun yazılış gerekçesini şöyle açıklıyordu:

"Ankara Cumhuriyet Başsavcılığı Anayasal Düzene Karşı İşlenen Suçlar Soruşturma Bürosunun 2017/68532 sayılı soruşturması kapsamında Daire Başkanlığımıza gönderilen 18.04.2017 ve 19.04.2017 tarihli talimatlara istinaden, Fetullahçı Terör Örgütünün, Emniyet Teşkilatında mahrem yapılanma faaliyetleri ile ilgili olarak; söz konusu soruşturma kapsamında elde edilen dijital materyallerin incelenmesi ve devamında yapılan çalışmalar neticesinde tespit edilen hususlar aşağıda başlıklar altında sunularak, işbu rapor tanzim edilmiştir."

Yani talep eden savcılıktı. Dijital delilleri inceleyerek FETÖ'nün mahrem yapılanma haritasını çıkaran da polisti. "Mahrem" kelimesini duyunca, aklınıza magazin haberleri gelmesin. Bu ifade FETÖ'nün TSK'dan Emniyet'e,

Yargıdan MİT'e gizli örgütlenmesini anlatmak için kullanılıyordu.

Sabrınız yeter de tamamı 383 sayfa olan raporu okursanız, bir gizli örgütün çalışma ilkelerine dair çok şey öğrenebilirsiniz.

Rapor, ele geçen belgelerin önemli bir derlemesini içeriyordu. Dinlemeye takılmadan haberleşmenin incelikleri de, saklanılan evlerde yakalanmadan yaşama yolları da üyelerine öğretilmişti. Öyle ki, ödenen para dikkat çekmesin diye "son dakikada uçak bileti almamaları" bile talimatlar arasında vardı. ATM dedikleri "arama-tarama mesulleri", Işık Evleri'nde düzenli olarak delil arıyor ve olası bir operasyona karşı temizlik dahi yapıyordu.

Bu ilginç raporun özellikle tarikat ve cemaat bölümlerine, yandaş medya pek de ilgi göstermedi. Hatta bazı bölümlerinin tahrif edildiğini gördük. "Cumhur İttifakı'nı bozmamak" için olacak, haberlerde rapordan aktarılan kısımdan MHP'nin gazetesi *Ortadoğu*'nun adı çıkarılmıştı!

Gülencilerin devletin resmi belgesine giren "Bilindiği üzere, 2002'den 2011'e kadar ilkeler üzerinden bir sorun yaşanmadığı dönemlerde bizler de AKP'ye destek verdik" ifadesini de gören olmamıştı!

Fethullahçıların "Bülent Arınç'ın açıklamalarının kısa videolar şeklinde hazırlanıp, Youtube'dan Facebook'tan Twitter'dan WhatsApp'dan paylaşılarak tabana yayılmaya çalışılması" tavsiyesini de haberleştiren olmadı!

Raporda yer alan ve FETÖ'cülerden çıkan şu satırlar da kimsenin dikkatini çekmedi:

"Erkan Akçay, MHP Grup Başkan Vekili, bir arkadaşımızla direkt mesajla irtibatları vardı. Bizim yönlendirmemizle Meclis'te bir soru önergesi verdi."

"Tek Adam'ın menfaatçi ekibinin kontrolündeki AKP, tek başına iktidar sayısını yakalayamazsa AKP içindeki ve dışındaki temiz kadrolardan yeni ve umut veren bir oluşum için müsait zemin oluşacak" sözlerinin, aslında AKP içindeki yapılanmaya dair verdiği ipucunda da kimse haber değeri görmedi!

Nihayetinde tüm bunlar, FETÖ ile mücadelenin iktidara dokunmadan yapıldığının göstergeleriydi. Haliyle "renklendirme" denilen, rapordaki en can alıcı nokta da yandaş medyada hak ettiği yeri bulmadı.

"Nedir bu renklendirme" diyeceksiniz, anlatalım.

Fethullahçılar, son yıllarda deşifre olmamak adına gizlenmenin yeni bir yolunu bulmuştu. Polisin "diğer oluşumlar içine sızma" ifadeleriyle özetlediği yöntemde; "diğer oluşumlar"a da "renk" deniyordu. Örgüt belgelerinde "neler renktir" sorusuna Fethullahçıların yanıtı şöyleydi:

"Tarikatlar (Nakşi- Kadri- Halveti vs.), Cemaatler (Nur Cemaatleri- Erenköy- Çarşamba- İslamoğlu Cemaati vs.), Partiler (AKP)"

Kısacası, yakalanmamak için başka tarikatların toplantılarına katılıyorlar, onlara himmet veriyorlar, başka gruplara karışarak "hizmet" dedikleri asıl yapılanmayı renklendiriyorlardı. AKP'deki üyeleri "en Reisçi", muhalif görünenleri ise "Atatürkçülük kisvesinde" olabiliyordu.

Evet, Emniyet'in, öncelikle kendi içindeki yapılanmayı tanımlamak için yazılan rapora, yandaşların ilgisiz kalmasının nedeni belliydi. Bugün, devlet içerisinde "Okuyucular"dan "Yazıcılar"a sadece Nur kökenli 10'un üzerinden gruptan söz ediliyor. Nakşibendiliğin kollarını eklediğinizde her cemaatin kendi havuzunu oluşturduğu bir devlet yapılanması ortaya çıkıyor. İşte son dönemde FETÖ'nün yerine "birilerinin" panzehir olarak gördüğü tarikatlar / cemaatler, aslında yeni FETÖ darbelerine hazırlanmak için kundakta bekliyordu.

Unutmamalı ki, devletin bu tehlikeye karşı bir hafızası vardı. Emniyet, MİT ve Jandarma bu tarikatları takip eder, kamu güvenliğine aykırı gelişmeleri de raporlardı.

Bu satırları yazarken MİT'in bir dönem mensuplarına okuttuğu "İrticai Faaliyetler" ders kitabına bir kez daha baktık. O kitapta FETÖ dahil teker teker tarikatlar inceleniyor, devlet içinde örgütlenme tehlikesine dikkat çekiliyordu.

Ancak özellikle AKP iktidarı döneminde devlet tarikatlara, İslamcı örgütlenmelere karşı bağışıklık sistemini kaybetti. FETÖ darbesi aslında bunun sonucuydu. 2004 MGK'sında askerin FETÖ'ye karşı eylem tekliflerini uygulamadıklarını itiraf eden AKP yönetimi, 12 yıl sonra 15 Temmuz'a zemin hazırlayan ortamı yarattı.

Bugün FETÖ'nün boşluğuna karşı başka tarikatları destekleyenler de, yarınki darbelere hazırlık yapıyordu.

Tahliye yolu hüsn-ü şehadet

Kitabı yazarken FETÖ davalarını yakından takip eden kritik bir hukukçuyla görüştük. İşadamı olan müvekkili FETÖ'den soruşturuluyordu ve savcıya kendisini başka bir cemaate üye olduğu iddiasıyla savunuyordu. Bize "Müvekkilim hüsn-ü şehadetle kurtuldu" dedi.

Nedir bu, "hüsn-ü şehadet" dedik...

İyi olduğuna şahit ve kefil olmak anlamına geliyordu. Özetle, mensubu olduğu cemaatin hocalarından biri savcıya gitmiş ve "benim sohbetlerime gelir, bize maddi yardımda bulunur" demişti. Bunun üzerine savcı, şüphelinin FETÖ'cü olmadığına, başka bir cemaate üye olduğuna ikna olmuş ve soruşturma dosyasını kapatmıştı.

Sanırız...

Türk yargısında artık delilin yerine hoca şahitliklerinin geçtiği bu sürecin, yukarıda açıkladığımız "renklendirme" ile birlikte nasıl bir tehlike doğurduğunu söylememize gerek yok.

Bugün tarikat gerçeği çok acı FETÖ deneyimine rağmen önümüzde duruyordu. Üstelik 15 Temmuz'un ardından FETÖ dışında her tarikat / cemaat kendisini çözüm olarak daha da ortaya seriyordu. Doğan boşluğa yerleşmek için birbirleriyle yarışıyorlardı.

Hâlbuki siyasi kavgadan önce neredeyse tamamının

FETÖ'nün kanatları altında faaliyet yürüttüğü unutuluyor. En FETÖ'den uzak olduğunu iddia eden Cübbeli Ahmet Hoca lakabıyla bilinen Ahmet Mahmut Ünlü'nün hapisteki ziyaretçisinin Adil Öksüz olduğunu kaçımız hatırlıyor? Cübbeli Ahmet'in Öksüz aracılığıyla Gülen'e gönderdiği mesajlar ne kadar biliniyor? Sahi bu ziyaretin kayıtları nasıl ortadan kayboldu?

Gelin, tarikatların geçit töreninin nerelere vardığını çarpıcı bir örnekle yazalım...

Nurs Köyü'nde üniformalı askerler

2018 yılının Ocak ayı...

Bitlis Valisi İsmail Ustaoğlu, İl Jandarma Komutanı Albay Erhan Demir ve Emniyet Müdürü Yaman Ağırlar ile birlikte Said Nursi'nin doğduğu Hizan ilçesine bağlı Nurs Köyü'nü ziyaret etti.

Burada köylüler tarafından karşılanan Vali Ustaoğlu, Said Nursi'nin doğduğu evi ve camiyi inceledi. Vali Ustaoğlu, Nurs köyüne dair gazetecilere yaptığı açıklamada "İki yıl öncesine kadar ülkemizin her yerinden yüz binlerce kişinin gelerek, Eylül'ün ilk haftasında Said Nursi'yi anma ekinliklerine katıldığı yerdi. Tekrar o eski günlerine dönmesi adına, elimizden gelen her türlü gayreti göstereceğiz. 2018 yılında buranın turizm merkezi olacağına inanıyoruz" dedi.

Sadece Vali mi?

Said Nursi'nin köyünü, kısa süre önce İçişleri Bakanı Süleyman Soylu da ziyaret etmişti.

Devletin, Fethullah Gülen'e kaynaklık eden Nurculuğu Fethullahçı darbe girişiminden sonra bu şekilde meşrulaştırması, Nurs Köyü'nde askerlerin katıldığı "sohbet" toplantılarına da sebep oldu. Askerlerin üniformayla katıldığı o toplantının fotoğrafları, Nurs Köyü'nün sosyal medya hesabından "An itibariyle Nurs Köyü, medresede Türk Silahlı Kuvvetleri asker kardeşlerimizle oturmuş sohbet ediyor. Rabbim devletimizi, milletimizi, bayrağımızı, ordumuzu ve hükümetimizi korusun. Allah yar ve yardımcıları olsun inşallah" mesajıyla paylaşıldı.

Oysa FETÖ tam da bu şekilde devlete sızmış, sohbet adı verdikleri toplantılarla yeşererek paralel devlet kurmuştu. 1988'de daha önce yakalanan bir grup Nurcu askerle ilgili, mahkeme kararında Nurculuk şöyle anlatılıyordu:

"Nurculuk akımının yaratıcısı olan Said-i Nursi (Kürdi) adlı şahsın yazdığı ve Nurculuğun ilke ve prensiplerini açıkladığı Nur risaleleri, münhasıran İslâm dininin tefsir ve izahından ibaret değildir. Türk milliyetçiliği reddedilmekte, hatta zararlı ve tehlikeli olduğu, Türkiye'nin de dahil olacağı tamamen şeriat hükümlerine ve İslami esaslara göre düzenlenmiş ve merkezi Mekke olmak üzere bir İslâm devleti kurulması ve bu devlette Arapların hakim bir unsur haline getirilmesi lüzumu önerilmekte, yine T.C.'nin tamamen şeriat esaslarına ve İslâmi siyasi prensiplere göre teşekkül etmesi gerektiği, hilafet ve saltanatın geri getirilmesi lâzım geldiği, devrim kanunlarının geçici olduğu, Kur'an dışında bir Anayasaya ihtiyaç bulunmadığı, İslâmlığın düsturlarına uymayan devrimlerin meşru olmadığı belirtilmektedir. Ayrıca Said-i Nursi laik bir cumhuriyet rejimi kurduğu için Atatürk'e düşman kesilerek, onu Ebusüfyan ve Deccal'e benzetmiş, ona 'Tek gözlü Deccal, ya iman et, yahut bütün dünyanın maskarası olacaksın' diye ağır tecavüzlerde bulunmuştur. Yine risalelerde, çok kadınla evlenmenin propagandası yapılmakta, boşanma ve miras meselelerinin tamamen şeriat hükümlerine tabi olması istenmekte, faizin yasak olduğu, bankaların kapatılmasının gerektiği belirtilmekte, bugünkü modern mahkemelerin kaldırılarak yerlerine şer'i mahkemeler açılması teklif edilmekte, Parlamento üyeleri Kur'an hükümlerine göre hareket etmeye davet edilmektedir."

Devlet bir dönem tehlike saydığı Nurculuğu şimdi kutsayınca, diğer cemaatlerin de kafasını çıkarması kaçınılmazdı.

Bakın o görüntü ardından nelere yol açtı...

Operasyondaki silah arkadaşlarını etrafına toplayan bir askerin, Menzil Cemaatine ait "Benim Gavsım Kasrevidir" ilahisini söylediği görüntüler sosyal medyaya düştü. Böylece, cemaatlerin ve tarikatların ordu içerisindeki rekabeti kamuoyu önünde de görünür hale geldi. Mesele o denli vahimdi ki, İYİ Parti Genel Başkan Yardımcısı Ümit Özdağ "Kara Harp Okulu'nda cuma namazını hangi tarikatın imamı kıldıracak, diye öğrenciler arasında kavga çıkmış ve konu Genelkurmay'a kadar gitmiş" ifadelerini kullanıyordu.

TSK, bu kez de FETÖ sonrası başka tarikatlar ve cemaatler tarafından kuşatılıyordu.

Devlet arşivlerinde Okuyucular için tasfiye

Hatırlayın...

2018 yılının yaz aylarında Türkiye, Devlet Arşivlerinde yıllarca çalışmış 300 personelin tasfiyesini tartıştı. Yıllardır kurumda çalışmış, alanında uzman birçok tarihçi başka kurumlara gönderilmiş, kamuoyunda yükselen tepkilerin ardından bu karardan geri dönülmüştü.

İşte bu tasfiyenin altından bir Cemaat örgütlenmesi çıktı. Nurcuların Okuyucular kolu, Said-i Nursi'nin Risalelerini okumaktaki birikimini arşivlerde kadrolaşmak için kullanmak istemişti! Gelin görün ki bu olay, devletin hafızasına da liyakata da ve nihayetinde kamunun kendisine de zarar veriyordu.

Askerde ya da uzmanlık isteyen devlet arşivlerinde böyleyse, poliste ya da yargıda nasıldır, değil mi?

Milli Damar mı, KÖZ'cüler mi?

Tarikatların her zaman yuvalanma alanı olan polis teşkilatında, Nurcu 10 civarında gruptan söz edildiğini söylemiştik. Risale-i Nurları nasıl dağıtacakları konusunda bile ayrışan Okuyucular ve Yazıcılar bir yana, bir süre önce Milli Damarcılar ve KÖZ'cüler arasında da bir savaş yaşanmıştı.

İddianın hedefinde, FETÖ'nün kumpaslarıyla yıllarca hapis yatırılan eski emniyet müdürü Hanefi Avcı vardı. FETÖ'yü deşifre ettiği için hedef alınan Avcı, bu kez devletin içinde "Milli Damar" isimli bir oluşumun olduğunu söylüyordu.

Avcı, 18 Nisan 2016 tarihinde Ankara Cumhuriyet Başsavcılığına bir suç duyurusunda bulundu. 7 sayfalık dilekçesine ek olarak, "Milli Damar"ın liderinin, yöneticilerinin, üyelerinin ve örgüt ile irtibatta olan teyide muhtaç kişilerin isim listesini "kapalı zarf" içerisinde savcılığa sunmuştu.

İddia edilen örgüt mensuplarının isimleri, tanıkların beyanı ve diğer araştırmalarla belirlensin, haksız yere kimse suçlanmasın diye dilekçeye isimler yazılmamıştı. Keza kapalı zarf içinde, iddia edilen bu örgütün yapısı hakkında tanıklık yapabilecek kişilerin adları da vardı.

Tanıklar arasında konuyu bir dönem medyada en çok dile getiren *Sabah* Gazetesi Özel İstihbarat Servisindeki gazeteciler dikkat çekiyordu. *Sabah* Gazetesi Özel İstihbarat Müdürü Abdurrahman Şimşek tanık olarak ifadesi alınınca, daha önce bu konuda bir ifade verdiğini söyleyip, yeni bir bilgi veremeyeceğini belirtmişti.

Konuyu ilk kez ve ayrıntılı şekilde gündeme getiren *Sabah* gazetesi yazarı Ferhat Ünlü de, köşesinde anlattıklarından başka bir ekleme yapmayacağını söylemişti.

Hanefi Avcı'ya konuyu sorduğumuzda ise bize şu bilgileri verdi:

"Çok önceden duymuştum, Gülen Cemaati'nin içindeydiler. Ta ki 2000'lerin ortalarına kadar... İddia o ki, Cemaat'te bir bölünme yaşandı ve bugün kendilerine 'Milli Damar' diyen küçük bir ekip ayrıldı. Cemaat onlara ciddi bir operasyon yapmadı ama izlemeyi de bırakmadı. Cemaat'in güçlü olduğu süreçte bir nevi sessizdiler, ama ne zaman ki özellikle Emniyet'te tasfiye başladı, bunlar yeniden ayağa kalktı. 'Kozanlı Ömer' diye bilinen Emniyet İmamı'nın yardımcılığını yapan ve eskiden Cemaat'in içinde olan bir polis itirafçı oldu. Kendi içlerinden ayrılan 'Milli Damar' ekibinin neler yaptığını takip etme görevi ona verilmişti. O polis şimdi yurtdışında bir görevde."

"Peki, kim bu 'Milli Damar'ın lideri? Etkin bir şekilde örgütlüler mi?" sorumuza ise Avcı şöyle yanıt verdi:

"Liderleri C.A. adlı biri. Eski bir istihbaratçı olduğu söyleniyor. Sorsan, Türkiye'yi aslında o yönetiyormuş. Hatta Erdoğan bile onu dinliyormuş. Yeni Türkiye'yi onlar kuruyormuş. Böyle konuşuluyor devlet içinde. Hem birebir üyeleri, hem de onlarla dirsek teması içinde olanlar başta İstihbarat Daire Başkanlığı olmak üzere Emniyet'in kritik noktalarında görevli. Hatta Cumhurbaşkanı'nın çok yakınında bile adamları var"[11]

Hanefi Avcı'nın iddialarına en büyük tepkiyi *Yeni Şafak*'ın vermesi dikkat çekmişti. Zira gazetenin Genel Yayın Yönetmeni İbrahim Karagül de bu yapıyla ilişkili olmakla suçlanıyordu. *Yeni Şafak* "Ortalığı karıştırdı / Örgüt uydurdu" manşetiyle Avcı'yı hedef alıyordu.[12]

Daha da çarpıcısı, *Yeni Şafak*'taki haberde, Hanefi Avcı'nın Anayasal Düzene Karşı İşlenen Suçlar Bürosu Savcısı Tekin

11 Barış Pehlivan, "Hanefi Avcı 'Milli Damar'ı Odatv'ye anlattı", Odatv, 17.06.2016, https://odatv.com/hanefi-avci-milli-damari-odatvye-anlatti-1706161200.html
12 "Örgüt uydurdu", Yeni Şafak, 14.06.2016, https://www.yenisafak.com/gundem/orgut-uydurdu-2480128

Küçük'e "kapalı zarfla" verdiği şüpheli ve tanık listesinin de açık şekilde yayımlanmasıydı. Bu ne anlama geliyordu?

Hanefi Avcı şöyle yanıt verdi:

> "Bu, Milli Damar soruşturmasının kapatılacağı anlamına geliyor. Artık hem şüpheliler hem de tanıkların ismi deşifre oldu. Şüpheliler önlemini aldı, tanıklar da artık konuşmaz. Dosya kapatılacak ve benim 'suç uydurduğumu' söyleyecekler."

Milli Damar dosyası, 15 Temmuz darbe girişiminden sadece 3 hafta sonra kapanırken, bu kez karşı suçlamalar başladı. Kemalettin Özdemir ismi bu suçlamalar için kritikti. FETÖ'nün polis içinde örgütlenmesini sağlayan imamlardan biriydi. "1980'de 'emniyet imamlığım' başladı denebilir" ifadeleriyle örgütte ne kadar eski olduğunu itiraf eden Özdemir, AKP ile kavga başlamadan önce FETÖ'den ayrılmıştı. İddiası bu yöndeydi. Hatta MİT ile işbirliği yaparak FETÖ operasyonlarına yön verenlerden biri olduğu da söyleniyordu. Kendisine yapılan suçlamalara göre, FETÖ'den bir grupla birlikte ayrıldı. Ve bu eski FETÖ'cü gruba "KÖZ'cüler" dendi. Suçlayanlar, bu grubun hâlâ örgütlü olduğunu iddia ediyordu. Bu kesim, devlet içinde eski FETÖ'cülerden oluşan ve KÖZ'cü denilen ekibe operasyon çağrısı yapıyordu. Hanefi Avcı'nın da KÖZ'cü olduğunu, önlerinde engel olarak gördükleri kişilere "Milli Damar iftirası" attıklarını söylüyorlardı.

Nitekim Kemalettin Özdemir, FETÖ soruşturmaları kapsamında 2018'de gözaltına alındı, adli kontrol şartıyla bırakıldı. Bu gözaltının devlet içi kliklerin savaşının bir ürünü olduğu iddia edildi.

Ve Özdemir'in tanık mı, sanık mı, operasyonların akıl hocası mı olduğu hep tartışıldı.

Hanefi Avcı'nın avukatlığını yapan ve kendisi de KÖZ'cülükle suçlanan Fidel Okan, "Hanefi Avcı, Emin Arslan gibi kumpaslara maruz kalıp cezaevine atılan isimleri, Cemaat yapılanmasının bir parçası gibi gösterip tekrar içeri almaya çalışacak kadar gözü dönmüş karanlık yeni bir yapıdan bahsediyorum" ifadelerini kullanarak, "Milli Damar" dediği kişilerin kendilerini hedef aldığını iddia ediyordu.[13]

Tüm bu gelişmeler yaşanırken...

Milli Damar iddialarını ilk kez gündeme getiren *Sabah Gazetesi Özel İstihbarat Servisi'nin*[14] fikir değiştirmesi ve "FETÖ, Emniyet'teki 'Milli Damar' yapılanması iddialarını kullanarak Emniyet ve yargı içindeki darbe karşıtı kadroları 15 Temmuz öncesi tasfiye etmeyi amaçladı" ifadeleriyle, daha önceki yazdıklarının aksini savunması dikkat çekti.[15]

Evet...

Kimi Said Nursi'yi yorumlama ve yayma farklılıklarıyla (Yazıcılar ya da Okuyucular), kimi eski FETÖ'cü olarak kendine özgü hamleleriyle, kimi de alternatif hocalardan feyz alarak (Kırkıncı, Meşveret, Kurdoğlu) örgütlenen Nurcuların, devletin ve özellikle Emniyet Teşkilatının içindeki varlığı herkesin bildiği sırdı.

FETÖ'den başka Yeni Asya gibi bazı Nurcu gruplar ise bu dönem dışlandıkları gibi, seçimlerde Millet İttifakı'na girerek muhalefette yer aldı. Haliyle, devlet içerisinde kaybettiler.

Devletin resmi cemaati: İskenderpaşa ve Hakyol

Ancak devlet ve tarikatlar denilince bugünlerde en önde gelen grup, kuşkusuz İskenderpaşa Cemaati idi. Cumhurbaşkanı Erdoğan'ın ve Milli Görüş'ün tarihi lideri Necmettin Erbakan'ın da takip ettiği Cemaat, bugünlerin en çok kazananları arasında.

---

13 "Nedir bu 'milli damar'", Odatv, 7.10.2015, https://odatv.com/kim-bu-milli-damarcilar-0710151200.html

14 Sabah Gazetesi Özel İstihbarat Müdürü Abdurrahman Şimşek, 23 Mart 2015 tarihinde verdiği ifadesini şöyle bitirmişti: "İllegal olarak kurulu 'Yeni Türkiye' ve 'Milli Damar' isimli devlet içine sızmış kozmik örgütün bir an önce deşifre edilerek üyeleri ve yöneticileri belirlenerek, Ankara ve İstanbul Cumhuriyet Başsavcılığı tarafından gerekli eş güdümlü tahkikatın hızla yapılmasını ve devlet içindeki uzantılarının tespit edilerek cezalandırılmalarını talep ediyorum. Ayrıca Milli Damar adlı devlet içine sızmış gizli yapının liderinin ismini ve belgeleri Cumhuriyet Başsavcılığına götürerek suç duyurusunda bulunacağım."

15 "'Milli Damar' üzerinden tasfiye tuzağı", Sabah, 27.7.2016, https://www.sabah.com.tr/gundem/2016/07/27/milli-damar-uzerinden-tasfiye-tuzagi

Turgut Özal'ın da aynı grupla iyi ilişkileri nedeniyle devletteki varlığı eski olan, kravatlı duruşu sayesinde bürokrasi içinde örgütlenebilen, daha esnek ilişkileri nedeniyle FETÖ gibi örgüt sayılmayan oluşum, mensubu oldukları Hakyol Vakfı nedeniyle "Hakyolcular" olarak da anılıyordu.

Hakyolcuların en örgütlü oldukları yer tartışmasız FETÖ sonrası yargıydı. Tıpkı daha önce anlattığımız, "Menzilciyim" demek gibi; FETÖ'cülükle itham edilen pekçok savcı ve hâkim de aksini kanıtlayabilmek için, "ben Hakyolcuyum" diye savunma yapıyordu. Cemaat, Özal-Erbakan-Erdoğan sayesinde sayıları az da olsa, bugün devletin, özellikle yargının resmi tarikatına dönüşmüş durumdaydı.

Örnek olsun...

Gazeteci Can Dündar'a tahliye yolu açan kararı nedeniyle, Anayasa Mahkemesi (AYM) Başkanı Zühtü Arslan'la ilgili olarak "paralelci" suçlaması yapılmıştı. İşte bu dönemde Arslan'ın Fethullah Gülen Cemaati mensubu değil, İskenderpaşa Cemaati üyesi olduğunu eski *Akit* yazarı Faruk Köse açıkladı.[16]

Köse, "Zühtü Abiyi Siyasal Bilgiler Fakültesi'nden tanırım. Milli Görüş / İskenderpaşa çizgisinden gelir. Zühtü Bey'le Hak Yol Vakfı'na bağlı evlerde bir yıl kaldık. O mezun oldu, biz devam ettik. Paralel iması gerçeği yansıtmıyor" demişti.

Arslan hakkındaki Hakyol tezini eski Akitçi Serdar Arseven sürdürdü.[17] "Siz benim Zühtü Arslan kardeşim olmasaydınız, bu vahim hukuk ihlali karşısında yazdıklarım bu kadar ölçülü olmazdı" diye başlayan Arseven, "'İmam Hatiplidir.' 'Hak Yol evlerinde kalmıştır.' 'Ensar ruhludur, Ensar camiasına destek vermiştir.' 'Birçok ortak dostumuz bunu söyledi" satırlarını kaleme aldı. Arslan, Hakyolculuğu sayesinde, hem dershaneler kapatılırken hem de Can Dündar'ın tahliyesinde AKP ile ters düştüğü halde, tasfiyeden kurtuldu.

---

16 Ahmet Hakan, "Cemaat'in Türkiye'ye yaptığı en büyük kötülük", Hürriyet, 3.3.2016, http://www.hurriyet.com.tr/yazarlar/ahmet-hakan/cemaatin-turkiyeye-yaptigi-en-buyuk-kotuluk-40062936
17 Serdar Arseven, "AYM Başkanı pek Muhterem Zühtü Arslan kardeşime!", Yeni Akit, 11.3.2016, https://www.yeniakit.com.tr/yazarlar/serdar-arseven/aym-baskani-pek-muhterem-zuhtu-arslan-kardesime-14184.html

Erdoğan'ın itirafçılardan rahatsızlığı

Yalnız Anayasa Mahkemesi'nin zirvesi değildi. Yargıtay'da da ağırlıklı bir kesim Hakyolcular'dan oluşuyordu.

Dedik ya; FETÖ'cü ithamlarına karşı "hayır, o Hakyolcu" en çok yapılan karşı çıkışlardandı.

Peki, gerçekte bunlar ne kadar ayrıydı? Öyle anlaşılıyor ki 15 Temmuz'a kadar pek de ayrı dünyalardan değillerdi.

Size iki örnekle bu tespiti açıklayalım. Biri, Hâkimler ve Savcılar Yüksek Kurulu (HSYK) 1. Daire eski Başkanı İbrahim Okur'un "etkin pişmanlıktan" yararlandığı ifadesiydi. Bakın ne diyordu Okur ifadesinde:

> "Öğrencilik dönemimde İzmir'de muhafazakâr kesim olarak iki grup biliniyordu. Bunlardan biri Fetullah Gülen cemaati mensupları, diğeri ise Hakyol grubu olarak bilinen İslam Mecmuası etrafından toplanan gruptu. Bu grupta arkadaşlar beni evlerine yemek yemek ve sohbet etmek için çağırırlardı. Ben her iki gruba da giderdim. Bu evlere dört yıllık öğrencilik hayatım boyunca toplam on defa gitmişimdir."

Hükümete yakın *Sabah* gazetesi yazarı Ferhat Ünlü de dediğimiz gibi düşünüyordu. Bu ifadeyi şöyle yorumluyordu:

> "Pek samimi görünmüyor. Çünkü aslında öyle değilken 'Hakyolcu' görünmek, 17-25 Aralık'tan sonra FETÖ'nün maskesi haline geldi."[18]

Bir başka örnek, eski Başbakan ve AKP Konya Milletvekili Ahmet Davutoğlu'nun Başmüşaviri ve eski Adalet Bakanlığı Müsteşarı Birol Erdem...

"FETÖ yöneticisi olmak" suçundan eşiyle birlikte yargılanan Erdem, liseden mezun olduktan sonra Ankara Hukuk Fakültesi'ni kazandığını, Ankara'da Milli Gençlik Vakfı'nın

---

18 Ferhat Ünlü, "Bir kriptonun itirafları", Sabah, 15.1.2017, https://www.sabah.com.tr/yazarlar/pazar/ferhat-unlu/2017/01/15/her-seyi-bilen-ama-hicbir-sey-soylemeyen-kripto

yurdunun bulunmaması nedeniyle Hakyol Vakfı'nın finanse ettiği evlerde kaldığını anlattı. Erdem, hâkimlik sınavını kazanana kadar bu evlerde yaşadığını ifade etti. Özetle, FETÖ ile birçok bağlantısı çıkan Erdem de "Hakyolcuyum" diyordu.

Bir parantez açmalıyız.

Cumhurbaşkanı Erdoğan'ın, İbrahim Okur ve Birol Erdem gibi isimlerin "itiraflarından" hiç memnun olmadığı iddia edildi. Zira, iki isim de "yaptıklarımızdan Erdoğan'ın haberi vardı" diye özetleyebileceğimiz ifadeler veriyordu.

Erdoğan bu rahatsızlığını, Yargıda Birlik Derneği'ne Cumhurbaşkanlığı Sarayı'nda 18 Ocak 2017'de verdiği yemekte şu sözlerle dile getirecekti:

> "Şu anda içerde olanlardan çok iyi tanıdıklarım var. 'İtirafçı' namıyla ortaya çıkıyorlar. Fakat bunlar doğru konuşmuyor, bakın bunu açık söylüyorum. 'İtirafçı' diyerek ortaya çıkarken bunlar gayet iyi aldatmacayı oynuyorlar, en tehlikeli olan da bu. Çünkü bunların bir kısmıyla başbakanlığım zamanında başa baş görüşmelerim olmuştur. Şimdi itirafçı olarak söyledikleriyle, başbakan olduğum zaman bana söylediklerine baktığım zaman tamamen aykırı ifadeler. Bu oyuna asla gelmemek gerekiyor."[19]

Bardağı taşıran gizli kayıt

O gün, o konuşmayı Saray'da dinleyen davetliler arasında Ankara Cumhuriyet Başsavcısı Harun Kodalak da vardı. Kodalak da, tıpkı "ev arkadaşı" olduğu öne sürülen "itirafçı" FETÖ şüphelisi Birol Erdem gibi "Hakyolcu" olarak biliniyordu. Gelin görün ki, "dayanışma" da bir yere kadardı!

FETÖ borsası iddiaları ve akçeli işlerle gündeme gelen o günkü Ankara Adliyesi'ndeki en zirvedeki isim olan Kodalak, o yemekten birkaç gün sonra görevinden alındı.

FETÖ'ye dair çok kritik operasyonlara da imza atan Baş-

---

19 Yayınlayan: Yargıda Birlik Derneği, "Cumhurbaşkanı Sayın Recep Tayyip Erdoğan'ın Yargıda Birlik Derneği'ni Kabulü", Youtube, 18.1.2017, https://www.youtube.com/watch?v=ZbdfHcP5RWE

savcı Kodalak'ın görevden alınmasında o kadar çok iddia ortaya atıldı ki...

MİT Müsteşarı Hakan Fidan'ın15 Temmuz'a dair dinlenmek istenmesi, soruşturma ifadelerinde Genelkurmay Başkanı Hulusi Akar'a ilişkin ağır ithamların bulunması, Erdoğan'ın da şikayetçi olduğu "itiraflar" ve en son olarak da...

İddia o ki:

Bir hukuk profesörü, FETÖ'ye dair bir soruşturmayla ilgili Adalet Bakanı Bekir Bozdağ'ın kapısını çaldı. Bakan Bozdağ da, güvendiği o ismi Ankara Cumhuriyet Başsavcısı Harun Kodalak'a gönderdi.

Kodalak'ın ise "seni buraya gönderen iradeye rağmen" diyerek, zaten aralarının sorunlu olduğu Bakan Bozdağ'a dair sert bir konuşma yaptığı ve daha da vahimi, o hukuk profesörünün Başsavcı ile görüşmesini gizlice kaydettiği ileri sürülüyordu.

Sonuç: Bardak taştı, Kodalak Yargıtay'a sürüldü, yerine ise Cumhurbaşkanı Erdoğan'ın Pınarhisar Kapalı Cezaevi'nde kaldığı dönemde, cezaevinin savcısı olan Yüksel Kocaman getirildi.

Zehir zemberek mesajlar

Bakınız...

"Hakyolcuyum" meselesi o denli kullanılır oldu ki, çarpıcı bir örnek daha vermeliyiz. Cumhurbaşkanı Erdoğan, Hak-İş'e bağlı Öz Büro-İş Sendikası Genel Başkanı olarak görev yapan Muharrem Özkaya'yı 2014 yılında HSYK üyesi olarak seçmişti.

Özkaya, görev süresinin dolması üzerine 2017'de Danıştay üyeliğine atandı. Doların 7 lirayı aştığı kriz patlayınca Özkaya mesajını şöyle verecekti:

> "İlim ve irfan sahibi Rahmetli Prof. Dr. Esad Coşan Hocamızın Haziran 1994 tarihli İslam mecmuasındaki başmakalesi, geçen haftadan bu tarafa ayrı bir gözle yeniden yeniden okunuyor... Çok mühim bir savaşın içerisindeyiz. Asla ümitsiz olmayınız."

Esad Coşan'ın İskenderpaşa'nın ya da popüler ifadeyle Hakyolcuların önderi olduğunu bilmeyen yoktur. Özkaya, merak edenlere "Hakyolcuyum" mesajını veriyordu.

Hakyolculuk nelere kadirdi?

Abdullah Yaman, bir Yargıtay Hâkimi idi. Türkiye onu Atatürkçülere sövdüğü ifadelerle tanıdı. Devletin yargı makamının tepesine taşınan Yaman, "Kemalist'lerin, yontma Kemalizm çağından, cilalı Kemalizm sürecine evrileceklerine dair en ufak bir umut ışığı dahi görülmediğini" söylüyordu. Yaman'a birçok Atatürkçü isim ve yayın tepki gösterdi.

Ancak Yaman'ın nefretinin Atatürkçülerden ibaret olmadığı da zaman geçtikçe anlaşıldı. Zira Abdullah Yaman, İçişleri Bakanı Süleyman Soylu'yu FETÖ'cülükle itham ediyor, "FETÖ'den ihraçlar kurayla belirlensin" diyerek alay ediyordu.

Yaman'ın rahatsızlığının nedeni sonradan anlaşıldı. İki polis oğlu vardı. İkisi de FETÖ gerekçesiyle görevden alınmıştı. Geri döndürmek için yapılan yargı mücadelesini ikisi de kaybetmişti. Üstelik Yaman'ın da evi aranmıştı. Bu nedenle Yaman, AKP yönetimine ağzına geleni söylüyordu. Bu kitap hazırlanırken sosyal medya hesabından ilginç bir mesaj paylaştı:

"Sağ olsun bazı dostların 'çocuklarının durumunu devletin tepesine iletelim, orası halleder' teklifleriyle karşılaşmadım değil... Sıradan bir polis memuru işinin bile Cumhurbaşkanlığı üzerinden halledilmesine prensip olarak karşı çıktığım için, 'evet' diyemedim... Kaldı ki, adaletsizlik selinin önünden bir iki kütük kapmışsın, ne fayda..."

Yargıtay Hâkimi Yaman, mesajının son bölümlerinde oldukça sertleşiyordu:

"Gelinen aşamada FETÖ'cüler ya da FETÖ'cü sepetine attığınız insanlarla benzer bir akıbeti paylaşmamak için önünüzde yalnızca iki seçenek kaldı: Ya hayat boyu iktidarda kalarak dokunulmazlık zırhını ilelebet devam ettirecek, ya da FETÖ'ye yardım yataklıkta bulunanlara toplu af çıkarıp bizzat kendi istikbalinizi garanti altına alacaksınız... İlkinin elinizde olmadığını biliyorum... İkincisini nasıl ve ne yüzle gerçekleştirirsiniz, akıldanenizlere sorarsınız..."

Abdullah Yaman, çocuklarını vuran bu bozuk düzende hâkimliği bırakmayı da düşündüğünü söylerken, şu çarpıcı ifadeleri kullanıyordu:

"İstişarede bulunduğum aile efradının 'iyi ama, emekli olursan seni bir gün bile dışarda tutmazlar' motivasyonuyla devam demekten başka çıkar yol bulamadık, maalesef..."

Düşünün, Yargıtay'da bir hâkim, 2 polis oğlu FETÖ'den açığa alınan bir hâkim, evi aranan bir hâkim "görevi bırakırsam tutuklanırım" diyordu.

Yargı kulislerinde şöyle söyleniyordu: Yaman'ın cesaretinin kaynağı, "Hakyolcu bilinmesidir!"

HAVELSAN da o tarikata mı verildi

Mesele keşke yargıdan ibaret olsaydı!

Türkiye'nin her seçimde tartıştığı SEÇSİS sisteminin teknolojik alt yapısını, Türk Silahlı Kuvvetlerini Güçlendirme Vakfı'nın kuruluşlarından olan HAVELSAN yapıyordu. Kurum son dönemde FETÖ örgütlenmesi iddialarıyla, kaybolan kriptolu telefonlarla gündeme geliyordu.

Durum öyle ki; Askeri Casusluk, Poyrazköy, Balyoz, Odatv, Kafes gibi davalarda FETÖ'nün istediği türden bilirkişi raporları yazan Ünal Tatar, TÜBİTAK'ta işten çıkarıldıktan sonra HAVELSAN'da Siber Güvenlik Direktörlüğü'nde kıdemli mühendis olarak işe başlamıştı.

Gazeteci Müyesser Yıldız konuyu yazınca, Tatar'ın işten çıkarıldığını öğrendik. Kurumun bu halini temize çekmek için bir sürü isim denendi. Sonunda, 3 Mayıs 2018'de yapılan Genel Kurul'da Prof. Dr. Hacı Ali Mantar Yönetim Kurulu Başkanı oldu.

Kurumda bu dönemde en çok konuşulan ise Profesör Mantar'ın İskenderpaşa Cemaati, yani Hakyol grubuna bağlı olduğuydu. İddia o ki, kritik kurumda da bundan sonraki dönemde Hakyolcuların önü açılmıştı.

Öz Elif Sitesi'nin müdavimleri

Çok mu yargıdan, bürokrasiden bahsettik?

Biraz da siyasi magazine girelim mi?

Sahi İskenderpaşa Grubu birbirini nasıl tanıyordu? FETÖ gibi üst akıl yönetimi mi vardı? Yoksa her şey çok daha fazla kendiliğinden mi işliyordu?

Sizi Ankara'da bir siteye götürelim.

1970'lerde Ankara Demetevler'de İskenderpaşa Cemaati'nin önderi Mehmet Zahid Kotku, Milli Görüş lideri Necmettin Erbakan, sonraki lideri Recai Kutan gibi isimler öncülüğünde kurulan Öz Elif Sitesi'nden bahsediyoruz.

Ankara'da İskenderpaşacılar için bir tür "kurtarılmış bölge" yaratmak için kurulan site, o günden bugüne sürpriz isimleri ağırladı. Site sayesinde pek çok İskenderpaşacı çocuğuna "Elif" adını verdi

Yeni Şafak grubunun çıkardığı *Gerçek Hayat* dergisi söz konusu sitenin 32 yıl kapıcılığını yapan Mehmet Emin Ateş'le 2016 yılının Ocak ayında bir röportaj yaptı. Kapıcı Ateş, Kotku ve Esad Coşan gibi İskenderpaşa liderlerinden, Erbakan ya da Kutan gibi Milli Görüş önderlerinden başka, yolu siteden geçenleri dergiye isim isim şöyle anlatıyordu:

"Cumhurbaşkanı Recep Tayyip Erdoğan, eski Diyanet İşleri Başkanı Mehmet Görmez, MİT Müsteşarı Hakan Fidan (kızkardeşi nedeniyle), eski Kültür Bakanı şimdinin AKP sözcüsü Ömer Çelik, yıllarca Tayyip Erdoğan'ın danışmanlığını yapan milletvekili Mücahit Arslan, *Kanal 7*'nin en üst düzey yöneticisi Zekeriya Karaman ile eski RTÜK Başkanı Zahit Akman, AKP'li bakanlar Fikri Işık, Numan Kurtulmuş, Emrullah İşler..."

"Böyle VIP görülmemiştir", denilen listede bir dönemlerin FETÖ imamı Kemalettin Özdemir'in de adını görmenin şaşırtıcı olduğunu belirtelim...

Ya da şaşırmamalı mı?

Kısacası, İskenderpaşa, yeni dönemin tam anlamıyla "makbul cemaati" olarak önümüzde duruyor. Yargıda "Milli Görüşçüyüm" diyenler de aslında "Hakyolcuyum-İskenderpaşacıyım" demek istiyor.

Yıldız'ı dinleyen yargı

Öte yandan, devletin içindeki irili ufaklı cemaatler bir ansiklopedi bile olabilir.

Evet, Erenköy Cemaati de, İsmailağa Cemaati de, Zehracılar da bugün devletin içerisinde.

Geçen yıl hayatını kaybeden İsmailağa'nın Hocası Metin Balkanlıoğlu'nu ve taraftarlarını kâh bir askeri karakolda, kâh kardeşinin vali olduğu bir binada görmek mümkündü.

Erenköy Cemaati'ni daha çok dev şirketlerinden ya da Kadir Topbaş gibi siyasetçilerden biliyorduk. Eğitim alanındaki örgütlenmeleriyle bilinen Zehracılar, yakın dönemde FETÖ'den tutuklanan Uluslararası Af Örgütü'nün Türkiye Başkanı Taner Kılıç'a sahip çıkmalarıyla dikkat çekti. Bize ulaşan Cemaat üyeleri, Kılıç'ın FETÖ'cü değil Nurcu Zehra Grubu'ndan olduğunu söyleyerek, onu savundular.

Medyada bu ara Demirören'in kapıyı açması sayesinde Işıkçıların ağırlığı vardı. *CNN Türk* bile Işıkçı kadrolarla donatılıyordu. AKP'yi destekleyen kimi yazarlar Savunma Sanayii'nde Rıfai örgütlenmesinden şikâyet ediyordu. Magazin konusu olan pop isimler ise, ABD'deki Cemaat lideri Ahmet Hulusi'nin etrafında toplaşıyordu.

Her cemaatin sabah uyanıp akşam örgütlendiği bu düzen "nerelere ulaştı" derseniz, bir örnek daha verelim...

Nurettin Yıldız'ı bilmeyeniniz yoktur.

"Altı yaşındaki kızlar evlenebilir", "Kız çocukları 7-8 yaşından itibaren tesettür şekli almalı", "3 yaşında kız çocukları amcalarının yanına külotla çıkmamalı", "Kız çocukları cehennem kadar risktir", "Çalışan kadın fuhuşa hazırlık yapan sürece destek oluyor" gibi fetvalarıyla tanınıyordu.

Asansörde yabancı bir erkek ile kadının bir arada olması halvet şartını oluşturduğu ve yatak, yorgan ile battaniyenin şehvet uyandırabileceği şeklindeki sözleriyle, birçok kişiye "yok artık" dedirten hocadan bahsediyoruz.

Baharat, ketçap, kahve, çay ve etin şehveti arttırdığını ifade ederek, özellikle gençlerin bu gıdaları tüketmemesi gerektiğini söyleyen dinciyi anlatıyoruz.

Siz böyle bir şahsın devlette taraftarlarının olabileceğini düşünür müydünüz?

Hele yargıda örgütlenebileceği aklınıza gelir miydi?

Sizi 2016 yılına götürelim...

Adalet ve Medeniyet Derneği, 3 ve 4 Aralık 2016 tarihinde Alanya Bera Otel'de, "Hukuk Öğrencileri Türkiye Buluşması" adıyla bir buluşma gerçekleştirdi.[20]

Buluşmaya, açılışta bir konuşma yapan o dönemin Adalet Bakanlığı Müsteşar Yardımcısı Selahaddin Menteş, İstanbul Cumhuriyet Başsavcı Vekili Fuzuli Aydoğdu, Yargıtay Üyeleri Yusuf Kuzu'nun ve Mustafa Çavuş'un yanı sıra Nurettin Yıldız da davetliydi.

Diyanet İşleri Başkanlığı'nda çalışan ve "Yani kızın şu sokaktan geçip de okula pantolonla giderken yüreğin parçalanmıyor mu senin? 18 yaşında kaşını aldıran kızın üniversiteye giderken o halde, yüreğin parçalanmıyorsa vallahi kıyamet günü cehennem seni parçalayacak" diye açıklama yapan İhsan Şenocak da Yıldız'ın yanında yerini alıyordu.

Hatta Yıldız ve Şenocak bu etkinlikte bir de konuşma yaptı. Adalet ve hukuk dersi verdi. Savcılar, hâkimler dinledi.

Ne hikmetse Nurettin Yıldız, kendisi aleyhinde yazanlara, yani "6 yaşında çocukla evlenilmez" diyenlere karşı açtığı tüm davaları kazanıyordu.

Yargıdaki "Yıldızcılar"ın haberlere erişim engelleme getirmedeki hızı, *Hürriyet* gazetesinin okur temsilcisini bile isyan ettiriyordu.[21]

---

20 "Hukuk Öğrencileri Türkiye Buluşması gerçekleştirildi", 14.1.2018, http://adaletvemedeniyet.org/hukuk-ogrencileri-turkiye-bulusmasi-gerceklestirildi/
21 Faruk Bildirici, "Kabahatin büyüğü PR'cılarda", Hürriyet, 25.12.2017, http://www.hurriyet.com.tr/yazarlar/faruk-bildirici/kabahatin-buyugu-prcilar-

Herkesin bildiği sır, yargıda çok yukarılarda dahi Yıldız'ın sohbetlerinden istifade edenlerin olmasıydı. Cumhurbaşkanı Erdoğan'ın çıkıp Yıldız'ı isim vermeden eleştirmesi, kadınlara karşı sözlerini reddetmesi, hatta Diyanet'i göreve çağırması Yıldız'ın devlet içindeki fiyakasını bozdu.[22]

Yıldızcılar gibi yıldızları sönüşe doğru giden başkaları da vardı.

AKP ile son dönemde ters düşen, yıllarca merkez sağı beslemesi sayesinde bürokraside örgütlü Süleymancılar "operasyon sırası bize gelir mi" diye dertliydi. Yıllar yıllar önce açtıkları öğrenci yurtlarında, skandal üzerine skandal patlıyordu. Eski Diyanet İşleri Başkanı Mehmet Görmez Süleymancıları şu sözlerle hedef alıyordu:

> "Bir cemaatin başındaki zatı ben davet ettim. Dedim ki, siz iki peygamber yetkisine sahip misiniz? 'Haşa' dedi. Ama bakın, sizin bulunduğunuz bir yerde deniyor ki; hem Hz. Peygamberin, hem de Ahir zamanda gelecek Hz. İsa'nın yetkisi, bizim efendimize verilmiştir, deniyor. Ve siz orada bunu dinliyorsunuz. Niye bunu reddetmiyorsunuz? Valla hocam, dedi; ben mühendis bir adamım, hocalar öyle, dedi. Ben de bir şey diyemedim, dedi."

Süleymancıların AKP-MHP'nin Cumhur İttifakı'nı destekler göründüğü halde, alttan alta Millet İttifakı'na destek veren ses kayıtlarının sızması, onları da hedefe koydu.

Özetlersek...

Yandaş veya karşıt, operasyon yapan ya da operasyona uğrayan, devlette FETÖ'den sonra yeni FETÖ adaları gizlenemiyor. Ve FETÖ'ye panzehir olarak sunuluyor, ama aslında FETÖ'yü yaratan sistemden beslenmeleri sayesinde her biri birer FETÖ potansiyeli taşıyor. FETÖ'nün ne kadar sızdığını bilmediğimiz bu yapılar, birbirinden nefret eden gruplardan oluşuyor.

22 Erdoğan'ın sözlerinin ardından yargıçlardan üniversitelere ardı ardına Yıldız karşıtı açıklamalar gelirken; bu kitabın yazarları da, ilk kez Nurettin Yıldız'ın açtığı bir davadan ceza almadan kurtulanlar olacaktı.

Düşünün, sadece İsmailağa grubu içinde başlayan fraksiyon kavgaları Mekke'de taşlı sopalı çatışmaya dönüştü. Fatih'te İsmailağacı başka iki grup birbirine saldırdı. İç çatışmalarda, liderleri Mahmut Ustaosmanoğlu'nun da kaldığı Beykoz Çavuşbaşı'ndaki külliyeyi kaçak olduğu gerekçesiyle şikâyet ederek, bir bölümünü yıktırdılar.

Türkiye, birbirine düşman tarikatlarla hücrelerine kadar bölünürken, devlet de bu yapılarla bütünlüğünü yitiriyor.

Şu yaşanana bakın...

Adnan Oktar liderliğindeki kediciklerle meşhur cemaate yönelik operasyonda, İstanbul Bölge Adliye Mahkemesi Başsavcısı Hadi Salihoğlu görevi bırakmak zorunda kaldı.

Zira, koruması aracılığıyla Oktarcılarla bağlantılı olmakla itham ediliyordu. Savcılar, başsavcılarına operasyonun eşiğine gelmiş, koruması Özdemir Uygun gözaltına alınmıştı. Devlette her türlü tarikata kapı açan bu tuhaf durum, aslında FETÖ'den gerekli dersin alınmadığını da gösteriyordu.

İslamcılar devleti sıtmadan kurtarırken, başka virüsleri davet ediyordu.

Aldous Huxley demiş ya; "Tarihten alınması gereken en önemli ders, insanların tarihten pek fazla ders almadıklarıdır."

Haksız mı?

5. BÖLÜM

Yazıcılar'ın Mektubu

"Adı geçen arkadaşımızın mukaddesatına, vatanına, milletine ve zât-ı âlîlerinize sadık dürüst bir vatanperver olduğuna, kendisine yapılan bu muamelenin bir iftira olduğu ve FETÖ ile mücadele edenleri yıldırmak gayesiyle yapıldığını düşünmekteyiz. Bu hüsn-ü şehadetimizi bu dünyada arz ettiğimiz gibi mahkeme-i kübrâ olan ahirette Huzur-u îlahîde de arz etmeye hazırız."

Cumhurbaşkanı Erdoğan'a hitaben yazılan bu satırların altında Hayrat Vakfı Ankara Temsilcisi Sait Yavuz'un imzası vardı. Yavuz'un hüsn-ü şehaddette bulunduğu, yani kefil olduğu "arkadaşı" ise bir emniyet müdürüydü.

Adı Cihangir Ulusoy'du.

Peki, Nur Cemaati'nin Yazıcılar koluna ait bir vakıf neden bu mektubu yazmıştı?

Neydi "yapılan bu muamele" dedikleri?

Yanıt için NATEK dosyasını açalım.

Devlette derin bağlantılar

Necati Ertuğrul ve Ahmet Timuçin Erpolat, ODTÜ'den arkadaştılar.

2005 yılında bir yazılım şirketi kurdular, adını NATEK koydular.

Kafaya takmışlardı; bir kurumdaki bilgisayarların tüm hareketleri yani LOG kayıtları tek merkezde nasıl toplanabilirdi? İlk iş, bunun yazılımını yaptılar.

Gelin görün ki, devletten pek iş alamıyorlardı.

Ahmet Timuçin Erpolat'ın ağabeyi Muhammet Tolga Erpolat'ın kapısını çaldılar. Ağabey Erpolat, Enerji Bakanlığında danışmandı ve bürokraside önemli ilişkileri vardı. Onun da NATEK'e ortak olmasıyla işler büyüdü, kamunun kapıları ardı ardına açılmaya başladı. Aralarında Türk Silahlı Kuvvetlerinin de olduğu, devletin yüzde 80'ini oluşturan "müşteriler" bilişim güvenliğini NATEK'in kucağına emanet etti.

O günlerde devlet demek, Fethullahçılar demekti. Devletin içinden gelen ağabey Erpolat, bu gerçeği ortağı Necati Ertuğrul'a da aktardı. İddia o ki, Fethullahçıların sohbetlerine katılmasını tavsiye etti, ortak da "kaz gelecek yerden" kendisini esirgemedi.

Erpolat kardeşler zaten yabancı değildi Fethullahçılara. Ahmet Timuçin Erpolat Fethullahçıların güzide okulu Yamanlar Fen Lisesi'nden çıkmaydı. Muhammet Tolga Erpolat ise 2011'de AKP'den aday adayı olduğunda, FETÖ'nün tepe yöneticilerinden Hüseyin Kara'yı kendisine referans göstermişti. İddia o ki, ağabey Erpolat, Fethullah Gülen'in Recep Tayyip Erdoğan'a "milletvekili yap" dediği, ama veto yiyen isimler arasındaydı.

Hacettepe Üniversitesi'ne bağlı Teknokent'ten milyonlarca lirayı FETÖ'ye aktarmakla suçlanan, Fethullah Gülen'in özel doktoru Tuncay Delibaş'la ilişkilerinden tutun da, FETÖ'ye yardım iddiasıyla özel organizasyonlar yapmasına kadar birçok suçlama vardı ağabey Erpolat'a dair.

Keza, FETÖ'nün en önemli kurumlarından Bank Asya'ya 17-25 Aralık 2013 operasyonlarından sonra para yatıranlar ve hükümetin açık çağrılarına rağmen çekmeyenler arasında NATEK de vardı.

Kaçınılmaz sondu; NATEK'in büyümesi de, sonunun yaklaşması da hızlıca oluyordu. Zira, ana finans kaynağı devlette kılıçlar çekilmiş, AKP-FETÖ savaşı başlamıştı. Belli ki, bu savaşta kazanan AKP olursa, onlar kaybedecekti.

Çemberin daralmakta olduğunu gören ortak Muhammet Tolga Erpolat, emniyetteki ve yargıdaki çok yakın bağlantılarının kapısını aşındırıyordu: Dönemin Emniyet İstihbarat Daire Başkanı Engin Dinç, Emniyet Terörle Mücadele Daire Başkanı Turgut Aslan, İstihbarat Dairesi Şube Müdürü Koray Öner, Ankara Emniyet Müdür Yardımcısı Erdinç Elpe, Ankara Emniyet Müdür Yardımcısı Hami Güney, Ankara Organize Şube Müdürü Necati Çevik, Ankara İstihbarat Şube Müdürü Cihangir Ulusoy ve Ankara Cumhuriyet Başsavcılığı Anayasal Suçlar Bürosu Savcıları...

Yani, emniyet ile yargı o günlerde daha 40 yaşında bile olmayan Erpolat'tan soruluyordu, desek yeriydi! Erpolat da haliyle bu kaynaklarına soruyordu; "bize operasyon yapacak mısınız?"

Hukukun olduğu bir ülkede elbette bu soru da sorulamazdı, karşılığı da verilmezdi.

Peki, Türkiye'de ne oluyordu?

Filmi biraz ileriye saralım...

FETÖ'nün vurduğu Emniyet Müdürü'nün oğlu

Tarih: 2 Nisan 2018.

Ankara Cumhuriyet Başsavcılığı'nın yürüttüğü FETÖ soruşturması kapsamında NATEK'in ortakları Ahmet Timuçin Erpolat ve Muhammet Tolga Erpolat gözaltına alındı. Operasyon yapılan isimler arasında Adana Polis Okulunda öğretmenlik yapan Emniyet Müdürü Cihangir Ulusoy da vardı.

Gözaltına alınan Ulusoy'a yapılan suçlama, FETÖ'ye yardımdı. Cihangir Ulusoy'un, Ankara Emniyeti İstihbarat Şube Müdürü olduğu dönemde Erpolat kardeşlerin FETÖ ile irtibatlarını gösteren bilgileri yok ederek, onları akladığı ileri sürülüyordu.

Savcı Zafer Ergün sordu, Cihangir Ulusoy yanıtladı:

"Savcı: NATEK yazılım firması sahibi Muhammet Tolga Erpolat ile ne zaman ne şekilde tanıştınız?

Cihangir Ulusoy:17/25 Aralık 2013 tarihinden sonra Terör Daire Başkanı Turgut Aslan ve İstihbarat Daire Başkanlığında ismini hatırlamadığım bilişimle uğraşan personel vasıtasıyla bu şahısla makamımda tanıştım. O dönemde 17/25 sonrasında söz konusu şahıs İstihbarat Daire Başkanlığına ücretsiz eğitim verdiği söyleniyordu. Terör Daire Başkanı Turgut Aslan'ın oğlu da bu firmada çalışmaktadır. Bu şahsın geliş amacı kendisine Ankara Emniyet Müdürlüğünde FETÖ/PDY terör örgütüyle irtibatlı bir algı olduğunu, ticari rakipleri tarafından böyle bir algı oluşturulduğunu, Ankara Emniyet Müdürlüğü tarafından kendi şirketine operasyon düzenlenerek mallarına el kondurulacağı kaygısıyla gelip benimle konuştu. Ben de kendisine böyle bir şeyin mümkün olmayacağını, Ankara Emniyet Müdürlüğü personeli olarak böyle bir kumpas kuramayacağımızı belirttim. Şahıs daha sonra da yanıma aynı gerekçe ile Ankara Cumhuriyet Başsavcılığı Anayasal Suçlar Bürosu C. Savcıları, bazı meslektaşlarım vasıtasıyla geldi. Aynı kaygılarını dile getirdi, ben de kendisiyle ilgili böyle bir şeyin olamayacağını anlattım. 2016 yılı içerisinde tekrar göreve geldiğimde bu kez kendi Daire Başkanım Engin Dinç aracılığıyla bana geldi."

Şimdi...

Emniyet Müdürü Cihangir Ulusoy'un, NATEK'in sahibi Erpolat ile ilişkisini anlatırken işaret ettiği adresler önemliydi, dilinin altında başka bir şey vardı. Zira, tanışmalarına Turgut Aslan'ın vesile olduğunu vurgulaması ve "Aslan'ın oğlu da bu firmada çalışmaktadır" sözü boşa değildi.

Diğer yandan Muhammet Tolga Erpolat da Cihangir Ulusoy ile tanışıklığını şöyle aktarıyordu:

"Terör Daire Başkanı aile dostumuz, oğlu da bizde çalışan Turgut Aslan aracılığıyla tanıdım."

Ne demek istiyorlardı?
Şu sorunun yanıtında gizliydi: Kimdi Turgut Aslan?

Aslan, 15 Temmuz darbe girişimi sırasında FETÖ'cüler tarafından başından vurulan Emniyet Terörle Mücadele Daire Başkanıydı. FETÖ'cülerin saldırısıyla gazi olan, 15 Temmuz'un sembol isimlerindendi.

Yani...

Hem Cihangir Ulusoy hem de Muhammet Tolga Erpolat tanışıklıklarına dair şunu demek istiyordu:

"Bizim FETÖ ile ne işimiz olur, bizi tanıştıran kişi FETÖ'nün azılı düşmanı!"

Ve evet:

Dönemin TEM Daire Başkanı Turgut Aslan'ın oğlu Tuna Aslan NATEK'te çalışıyordu. Edindiğimiz bilgiye göre, Tuna Aslan NATEK'e 15 Temmuz darbesinden bir ay önce, Haziran 2016'da girdi; operasyon yapılmadan 7 ay önce, yani Eylül 2017'de NATEK'ten çıktı. Oğul Aslan NATEK'te Bilgi Güvenliği Mühendisi olarak 16 ay boyunca görev yaptı. Baba Aslan neden oğlunu NATEK'te çalıştırdı, oğul Aslan neden bir süre sonra ayrıldı? İddia edildiği gibi aile dostluğu muydu tüm bu ilişkiye neden? Turgut Aslan gibi deneyimli bir isim, Erpolat kardeşlerin FETÖ ile ilişkilerini bilmiyor muydu?

Bu soruların yanıtı muammaydı.

"İrtibatları sildi, temiz raporu verdi"

Devam edelim...

Savcı Zafer Ergün Emniyet Müdürü Cihangir Ulusoy'a ısrarla, "haklarında ihbar geldiğinde NATEK'in yöneticileriyle iletişime geçtin mi" diye soruyordu. Cihangir Ulusoy ise "Hatırlamıyorum" ya da "Görüşmüş olabilirim" diye yanıtlıyordu. Ve en kritik soruya da, yine mesaj dolu bir yanıt verecekti şüpheli Ulusoy:

"Savcı: İstihbarat Şube Müdürü olarak şahıslarla, şikayet edilen kişilerle, hakkında ihbar yapılan kişilerle görüşme göreviniz bulunmakta mıdır?

Cihangir Ulusoy: Benim böyle bir görevim yoktur. Ancak ben İstihbarat Şube Müdürü olarak bilgi almak için herkesle görüşebilirim. Ancak bu şahısla ilgili herhangi bir istihbari bilgi almıyordum. Bu kişinin gelme sebebi tamamen üstlerimden ve adliyenin yönlendirmesiyle görüşmüş olabilirim. Adliyeden Anayasal Suçlar Savcılarından biridir ya da farklı şahısların yönlendirmesiyle bu şahsın endişesiyle ilgili görüşmüş olabilirim."

Özünde...

Cihangir Ulusoy, 31 Ağustos 2016 tarihli ve 348 numaralı resmi evrakta NATEK'in ve yöneticilerinin FETÖ ile irtibatlarını sildirmekle ve "FETÖ/PDY ilişkisine rastlanılmadığı" şeklinde yazdırmakla suçlanıyordu. Her ne kadar Emniyet Müdürü Ulusoy bu suçlamaları reddetse de, savcıyı ve hâkimi ikna edemedi.

Ankara Sulh Ceza Hakimliği, kuvvetli suç şüphesi bulunduğu gerekçesiyle Cihangir Ulusoy hakkında tutuklama kararı verdi.

Aydın Doğan'ın damadı devreye girdi

Peki...

NATEK'in ortaklarından Erpolat kardeşlerin akıbeti ne oldu? Savcıya ve hâkime neler anlattılar? Dahası, anlattıkları ne anlama geliyordu?

Bakın, Muhammet Tolga Erpolat "başına gelenlerin" nedeni ve sonucu olarak kimleri işaret ediyordu? İfadelerini özetleyelim:

> "Özellikle bu dönemde Serdar Kasırga ile yoğun bir rekabet içerisine girdik. Bizim verdiğimiz fiyatlar düşük olduğu için, biz işleri alıyorduk, Serdar Kasırga ve şirketi bu işleri alamıyordu. Özellikle SGK ihalesini aldıktan sonra, Serdar Kasırga'nın firması alamayınca beni tehdit etti, 'burada 2 milyon dolar vereceksin, vermezsen seni bitiririm' dedi. Sonra benimle ilgili adliyelerde soruşturmalar başladı. Ben bunlarla boğuşurken, ortağım Necati Ertuğrul Doğan Holding Yönetim Kurulu Üyesi Mehmet Ali Yalçındağ'ın bize destek olacağını

söyledi. Yüzde 30'luk hisseyi yüzde 20 bedelle sattık. Şirketin yönetim kurulu başkanlığını Mehmet Ali Yalçındağ'a bıraktık. 'Sizin şirkette FETÖ algısı var, bu tamamen ticari rekabetten kaynaklı, şirketinizin hisselerini bana bedelsiz devredin' dedi. Ancak biz bunu kabul etmedik. Üzerimizdeki baskılar arttıktan sonra vadeli senetlerle şirketi satın aldı.

Bu süreçte Necati Ertuğrul'un bizim üzerimizde çok büyük bir baskısı oldu; 'şirketi bedava verelim' şeklinde telkinde bulundu. Ancak ben Necati'yi dinlemedim. Daha sonra anladık ki; Necati, Mehmet Ali Yalçındağ ile birlikte en baştan bize karşı bir operasyon planlıyordu. Daha sonra şirketi Mehmet Ali Yalçındağ'a satmak zorunda kaldık. Daha sonra Mehmet Ali Bey Bilgikent firmasını da ücretsiz benden istedi. Beni 'Siteler'de kanepecilik yap, bilişim işinden çık' diye tehdit etti; buna ilişkin mesajlar da vardır, ispat edebilirim.

Çankaya Köşkü iddiası

Mehmet Ali Yalçındağ'ı, bize yardımcı olur, elimizden tutar şeklinde bir düşünce ile şirkete ortak aldık. Şirketin %20 'sini kendisine devrettik. Buna karşılık da cüzi bir miktar bedel biçtik. Ödeme günü geldiğinde bana telefon açtı. Çankaya Köşkü'ne çağırdı. Bir araç içerisinde benimle görüştü. Bana Başbakan ile görüştüğünü ifade etti. Şirketime el konulacağını söyledi. Kendisinin de bu nedenle çok kötü durumda olduğunu söyledi. Ben de ona, 'patron ben ne yaptım ki, benim başıma böyle şeyler gelecek' dedim. Bana, 'şirketteki hissemin karşılığına denk gelen parayı vereceksin ya da yarın İstanbul'a geleceksiniz ve şirketi bana hülle yapacaksınız' dedi. 'Yoksa hapse gireceksin, her şeyin elinden gidecek' dedi. Ben de mecburen inandım. Ve İstanbul'a gittiğimde kendisiyle pazarlık edemeyeceğimi, ayrıca başımıza gelebilecek olanlardan korkaraktan evine gitmedim.

İstanbul'a gittim. Oradan Necati'yi aldım ve Frankfurt'a, oradan da Münih'e gittim. Frankfurt havaalanında Mehmet Ali Bey ile telefonda görüştüm. Bizim Münih'te şirketlerimiz var. Almanya'ya gitme sebebim odur. Ayrıca ilgili şahsın bana baskı kurmasından korktum. Orada daha güvenli olacağımı düşündüm. Can güvenliğimden endişe ettiğimden dolayı yurt dışına gittim.

Bir gün sonra yardımcısı Almanya'ya yanımıza geldi. Yine bize hülle sözleşmesini imzalatmaya çalıştı. Ancak kabul etmedim.

Sonraki süreçte yaptığımız araştırmada Çankaya Köşkü'nde Mehmet Ali Bey'in bahsettiği şekilde bir görüşme olmadığını öğrendik. Yine bu süreçte şahıs ve yardımcıları tarafından tarafımıza devir konusunda baskı gördük. Ancak kabul etmedik. Bana 'o zaman sen al' dedi. Oturduk, ona ait olan hisse kısmını almak için görüştük. Biz o dönem de parayı TL ile almış idik. Bizden dolar bazlı ödeme talep etti. O süreçte şirketin mali ve idari konuları da problemli idi. Çok bilgim yoktu. Biz yazılım işi yapıyorduk ve şirketin o tarz işleri ile yönetim kurulu ilgileniyordu. Şirketin o halde olduğunu yaptığım araştırmada öğrendim. Meğer kasıtlı olarak yapılmış ve bize yapacak oldukları baskının da koz olarak kullanmak maksatlı olarak yapıldığını anladık. Haliyle satın alamadık.

Daha sonra Mehmet Ali Bey ile referandumdan sonra görüştük. Ancak yine anlaşamadık. Sonra Mayıs ayında ilgili soruşturma dosyasının açıldığını duydum. Tekrar Mehmet Ali Bey'le görüştük. Yapmış olduğu baskılar, şirketin kötü yönetimi ve hakkımızda yürütülen soruşturmalar nedeniyle iyice bunalmıştık. Mecburen devir etmek zorunda kaldık. O gün için şirketimizin değeri yaklaşık olarak 150 milyon dolardı. Ancak pazarlık yapabilme durumumuz yoktu. Serdar Kasırga tarafından baskılara maruz kalıyorduk. Bilemediğimiz güçler tarafından baskı gördüğümüzü düşündük. Şirketi devredersek sıkıntıların gideceğini düşündük. Ve şirketi verdik.

"İp"i Kasırga mı çekti

Serdar Kasırga'nın babası Fahri Kasırga, SGK Başkanı Selim Bağlı'yı yanına çağırarak ceza kesilmesi konusunda baskı yaptığını biliyorum. Ancak herhangi bir kurum tarafından bize yaptırım uygulanmadı. Ceza kesilmedi.

Beysukent'te daire satış ofisinde tesadüfen Serdar Kasırga ile karşılaştık. Sonra mesajlaştık ve görüşmek için beni Çukurambar'daki Müslüm Kebap'a çağırdı. Kabul etmeyince, Birlik Mahallesi'nde bir yerde buluştuk. Bana çok hata yaptığımı söyledi. Onların alacağı işi bizim şirketimiz aldığından dolayı böyle bir söylemde bulundu. Para ödememi söyledi. Ben de ona, 'Serdar Bey sulh yapalım, üstüme gelmeyin bu kadar' dedim. Benden iki talepte bulundu; istemiş olduğu 2 milyonu bize öde, ayrıca Umut Yeşilırmak'ı bize vereceksin, dedi. Uymaz isen ipini çekeceğiz, dedi. Bunu ayrıca Selami Ateş'ten de duydum. Ben de telefon açtım, kendisine bu söylemlerini sordum. 'Bitirecekse Allah bitirir, bitireceksen sen bitir' dedim.

Bahsi geçen SGK ihalesinden sonra baskılar iyice arttı. Toplamda NATEK firmasının FETÖ'cü olduğuna dair algı oluşturulmaya başlandı.

Ben kendimle ilgili iki tanık göstermek istiyorum. Biri Turgut Aslan'dır. Kendisi 15 Temmuz hain darbe girişiminde başından vurulmuştur. Olay günü hastaneye giden ilk insanlardanım. Ayrıca diğeri ise Yaşar Güler Paşa'dır. Kendisi bizi tanır ve bilir."

FETÖ üyeliğiyle suçlanan Muhammet Tolga Erpolat'ın kendisini savunması özetle böyleydi. Çok çarpıcı iddialar vardı ifadesinde...

Deyim yerindeyse, "oyuna getirildiğini" ileri sürüyordu. Adım adım gidelim.

Erpolat, Serdar Kasırga ismini sürekli vurguluyordu. Başına gelenlerin müsebbibi olarak onu görüyordu. Rakip olduklarını, onun tarafından tehdit edildiğini, babasının nüfuzunu kullandığını ileri sürüyordu. Kimdi bu Serdar Kasırga?

Cumhurbaşkanlığı Genel Sekreteri Fahri Kasırga'nın oğluydu. Anayasa Mahkemesi Üyesi Recai Akyel'in kızı Şeyma Akyel'le 2017'de evlendiğinde, nikâh şahitlerinin Cumhurbaşkanı Recep Tayyip Erdoğan, TBMM Başkanı İsmail

Kahraman, Başbakan Binali Yıldırım ve Genelkurmay Başkanı Hulusi Akar'ın olduğu isimdi.

Diğer oğul Talip Serkan Kasırga ile birlikte, devlette birçok kuruma hizmet veren LST yazılım şirketinin sahibiydi.

Serdar Kasırga rakibi için "ipini çekeceğiz" dedi mi, dediyse o "ip" nasıl çekiliyor ve dahası çekebilmenin hukuktaki karşılığı nedir; yanıt bekleyen ve yargının çözmesi gereken sorular...

Yalçındağ'dan yeni şirkete eski isim

Devam edelim.

NATEK'in ortağı Erpolat diğer ortağı ve daha sonra tek sahibi Mehmet Ali Yalçındağ'a çok ciddi ithamlarda bulunuyordu.

Özetlersek, Yalçındağ'ın "FETÖ'den şirkete el koyacaklar, bana devret, kurtul" diyerek NATEK'i ele geçirdiğini ileri sürüyordu. Hatta buna inandırmak için, Yalçındağ'ın kendisine "Başbakan'la Çankaya Köşkü'nde görüştüm" yalanını söylediğini de iddia ediyordu.

Bol entrikalı bir serüvendi bu. 15 Temmuz 2016 darbe girişiminden kısa süre sonra başlayan NATEK ortaklığı, FETÖ operasyonundan hemen önceye, Şubat 2018'e kadar sürdü. Yalçındağ, Şubat 2018'de NATEK'in ismini tamamen silerek, FETÖ'den soruşturulan firmayı kendisine ait MAY Siber Teknoloji'nin içine kattı.

Peki...

Mehmet Ali Yalçındağ, yeniden yapılandırılan şirketinin teknoloji departmanının başına kimi koydu dersiniz?

Kendisini NATEK'e aldırtan eski ortağını...

Hani, daha ortak dahi olmadan kayınpederinin kanalı *CNN Türk*'e sürekli çıkardığı ismi...

FETÖ'den tutuklanan Erpolat kardeşlerin, "birlikte bize karşı operasyon planladılar" diye suçladığı Necati Ertuğrul'u.

Savcının NATEK iddianamesinde "diğer şirket ortakları ve çalışanları hakkında ayrıca soruşturma yürütülmektedir" vurgusunun Mehmet Ali Yalçındağ[23] ve Necati Ertuğrul'u da bağladığını hatırlatıp, yavaş yavaş bu dosyayı kapatalım.

Genelkurmay Başkanı kefil ama...

2016 yılının Eylül ayı...

RedHack adlı hacker grubu bir dizi e-posta yayımladı. WikiLeaks'te de paylaşılan sözkonusu sızıntılarda, Mehmet Ali Yalçındağ'ın yazdığı ileri sürülen e-postaların da olduğu görüldü. Yalçındağ'ın Doğan Medya Grubu Başkanlığı'ndan istifasıyla sonuçlanan e-posta sızıntıları arasında, 6 Eylül 2016 tarihli olanı konumuzu da ilgilendiriyordu.

Yalçındağ'ın Cumhurbaşkanlığı Özel Kalem Müdürü Hasan Doğan'a gönderdiği ilgili e-postanın konu bölümünde "Jandarma Genel Komutanı ziyaret" diye yazıyordu. İddia o ki, Mehmet Ali Yalçındağ dönemin Jandarma Genel Komutanı Yaşar Güler'e, gazeteci Hande Fırat ile birlikte "geçmiş olsun" ziyaretine gitmişti. Yalçındağ, 15 Temmuz darbe girişiminin "geçmiş olsun"u diye tahmin edilen bu ziyarette, Yaşar Güler'in ağzından şu satırları Cumhurbaşkanlığı ile paylaşıyordu:

> "Ortak olduğum siber güvenlik şirketi NATEK için tebrik etti. 'Kuran çocukları çok iyi tanırım, bizimle iş yaparlar' dedi. 'FETÖ'cü olmadıkları için, şimdi daha iyi anlıyorum ki; yapın, bu şirketle çalışın, dediğim bir sürü işi de bunlara vermemiş FETÖ'ye yakın olan gruplar' dedi. Ben de Amerika'da olduğu gibi, bu şirketin devletin siber güvenlik şirketi olması gerektiğini ve bu konudaki vizyonumu anlattım. 'Tamamen katılıyorum, ama bunu konuşacağınız tek kişi var; Sayın Cumhurbaşkanı'mız, gidin bunu anlatın ve dediğinizi tek kendisi anlar ve yol verir' dedi."

---

23 İş adamı Aydın Doğan'ın damadı Mehmet Ali Yalçındağ, 9 Ekim 2018 tarihinde Cumhurbaşkanlığı Bilim, Teknoloji ve Yenilik Politikaları Kurulu üyeliğine atandı.

Mehmet Ali Yalçındağ'ın, Orgeneral Yaşar Güler'i "Sıkı komutan" diye tanımlayarak bitirdiği e-posta böyleydi.

Şimdi...

Yukarıda yazdık: FETÖ'den tutuklanan NATEK'in ortaklarından Muhammet Tolga Erpolat ne diyordu ifadesinde:

> "Yaşar Güler Paşa'yı kendimle ilgili tanık göstermek istiyorum. Kendisi bizi tanır ve bilir."

NATEK davasına bakan mahkeme, Orgeneral Yaşar Güler'i tanık olarak dinlemedi. Ama Yalçındağ'ın sızdırılan e-postasına göre Erpolat doğru diyordu.

Ama...

Ama'sı şuydu:

FETÖ'cü darbe girişiminden sonra yapılan "geçmiş olsun" ziyaretinde, "şimdi daha iyi anlıyorum" vurgusuyla NATEK'i kuranların "FETÖ'cü olmadıklarını" tespit eden Yaşar Güler bugün Genelkurmay Başkanı idi...

Bugün Genelkurmay Başkanı olan Yaşar Güler'in, devletin siber güvenlik şirketi olmasında hemfikir olduğu NATEK ve kurucuları FETÖ'den yargılanıyordu.

Neresinden tutsanız elinizde kalıyordu.

Tıpkı...

Beraatta Yazıcılar'ın mektubu mu etkili oldu

En başta bir mektuptan bahsetmiştik.

Nur Cemaati'nin Yazıcılar koluna ait Hayrat Vakfı[24] Ankara Temsilcisi Sait Yavuz'un Cumhurbaşkanı Erdoğan'a yazdığı mektupta, NATEK dosyasından gözaltına alınan Emniyet Müdürü Cihangir Ulusoy'a "kefil" olunuyordu.

---

24 Nurcu Hayrat Vakfı'na ait Hayrat İnsani Yardım Derneği, 2017'de Bakanlar Kurulu kararıyla "izin almadan yardım toplayabilen kuruluşlar" arasına dahil edildi. Hayrat Vakfı ile Milli Eğitim Bakanlığı'nın da birçok ortak projesi vardı. Milli Eğitim Bakanlığı Ortaöğretim Genel Müdürlüğü ile Hayrat Vakfı arasında 19 Şubat 2018 tarihinde imzalanan işbirliği protokolü kapsamında; Osmanlı Türkçesi dersinin tanıtımı, teşviki ve değerler eğitimi konularında yönetici, öğretmen ve öğrencilere yönelik seminer, panel, konferans, kurs ve tanıtım faaliyetleri gerçekleştirilecekti. Nurculara okulların kapısını açan bu protokolü vakıf adına imzalayan isim, Cumhurbaşkanı Erdoğan'a "hüsn-ü şehadet" mektubu gönderen Sait Yavuz'du.

"2. sınıf emniyet müdürü Cihangir Ulusoy 02 Nisan 2018 tarihinde gözaltına alınmıştır. Adı geçen şahıs yaklaşık yirmi yıldır yakînen tanıdığımız bir arkadaşımızdır. Ne ahlâki zaafları ne de meslekî ihmalkârlığı olmadığına yakînen şahit olduğumuz 'yerli' ve 'milli' bir kardeşimizdir" denilen bu mektup etkili oldu mu, bilinmez...

FETÖ ile mücadele ettiği iddiasında olan ama FETÖ'ye yardımla suçlanan bir emniyet müdürüne bir başka tarikat neden sahip çıkar, muamma...

Bir istihbaratçı emniyet müdürü, bir tarikatın yirmi yıldır tanımakla övünebileceği ve bunu kağıda dökmekten çekinmeyeceği ilişkiyi nasıl sağlar, endişe verici...

"Hüsn-ü şehadet" denen kavramın hukukta ve dahası FETÖ gibi hayati bir konuya dair soruşturmada neden yeri olabilir, bu konuda Cumhurbaşkanı Erdoğan için nasıl "takdir her daim zât-ı âlîlerinindir" denilebilir, korkutucu...

Tüm bu soru işaretlerini aydınlatmak için, söz konusu mektubu kaleme alan Sait Yavuz'u aradık.

Ve kendisinden "Benim o konuyla alakalı çok söyleyebileceğim bir şey yok. Bir kanaatimizi bildirmiş olduk, o kadar" yanıtını aldık.

Evet...

NATEK dosyası çok ciddi, çok isimli ve çok su kaldıracak cinsten.

Tabii hukuk işlerse...

Unutmadan...

Emniyet Müdürü Cihangir Ulusoy tutuklandıktan 5 gün sonra, 17 Nisan 2018'de cezaevinden tahliye oldu. FETÖ'ye yardım suçlamasından açılan davanın ilk celsesinde ise, "delil yetersizliğinden" beraat etti.

Yazıcılar tarikatının önemli ismi Sait Yavuz'a "Cihangir Ulusoy'un tahliyesinde ve beraatında sizin bu kanaatinizin, hüsn-ü şehadetinizin payı olduğunu düşünüyor musunuz" diye de sorduk. Yavuz verdiği yanıtta, "Bir şey söyleyemiyorum. Hukukçular karar veriyor, zaten ben hukukçu değilim. Ama... Bilmiyorum, bilmiyorum" dedi.

6. BÖLÜM

Selfie Borsası

20 Temmuz 2018'de şöyle bir haber düştü önümüze:

"FETÖ'den tutuklanan bazı işadamlarını para karşılığında tahliye ettirmeye çalıştıkları iddiasıyla, Bursa'da bir dernek başkanı ve avukatın da aralarında bulunduğu şüpheliler gözaltına alındı.

Gözaltına alınan şüphelilerin; Bursa, Manisa, Yalova, İstanbul, Kocaeli, Diyarbakır, Şanlıurfa, Konya, İzmir ve Eskişehir'de bazı soruşturmaları / davaları etkilemeye çalıştıkları; bu kapsamda 6 hâkimle ve savcıyla bağlantı içinde oldukları saptandı."

Ertesi gün...

Gözaltındaki şüphelilerden Eyüp Ensar Çelik'in birçok önemli isimle fotoğrafları ortaya çıktı.

Çelik'in o karelerde yanındaki isimler arasında kimler yoktu ki? Sayalım: Cumhurbaşkanı Recep Tayyip Erdoğan, 11. Cumhurbaşkanı Abdullah Gül, Cumhurbaşkanlığı Genel Sekreteri Fahri Kasırga, AKP Genel Başkan Yardımcısı Hayati Yazıcı, Yargıtay üyesi Kenan İpek, Sayıştay Başkan Yardımcısı Mehmet Bozkurt, Yargıtay 9. Daire Başkanı Burhan Karaoğlu, Adalet Bakanlığı Müsteşarı Selahaddin Menteş, Adalet

Bakanlığı Teftiş Kurulu Başkanı Şaban Kazdal, Manisa Cumhuriyet Başsavcısı Ahmet Çiçekli, Adalet Bakanlığı Ceza ve Tevkifevleri Genel Müdürü Şaban Yılmaz, Bursa Cumhuriyet Savcısı İbrahim Karakaş ve eski AKP Milletvekili Metin Külünk...

Eyüp Ensar Çelik'in birçok önemli isimle fotoğrafları...

"Külünk Hanım" adlı at

Peki...

Türkiye'nin en nüfuzlu kişileriyle ayrı ayrı fotoğraf çekebilen ve en kritik makamlarda ağırlanan Eyüp Ensar Çelik kimdi? Nasıl bu kadar her taşın altından çıkabiliyordu?

1970 doğumluydu. Rize, Çayeliliydi. Bursa'da yaşıyordu.

Her ne kadar Bursa'daki Rize Çayeli Kültür ve Dayanışma Derneği'nin başkanı olduğu iddia edilse de, ilgili dernek şu açıklamayla yalanladı:

"Eyüp Ensar Çelik isimli şahıs, iki yıl önce dernek yönetim kurulu kararıyla, dernek tüzüğüne ve yönetim kurulu kararlarına uymadığı gerekçesiyle üyelikten çıkartılmış ve dernekle ilişkisi kesilmiştir."

Eyüp Ensar Çelik, sahibi olduğu yarış atlarıyla bilinirdi. Bursa Hipodromu'nda 14 atı vardı. Herkese kendisini, hemşehrisi eski AKP Milletvekili Metin Külünk'ün yakını olarak tanıtırdı. İlginçtir, sahip olduğu atlardan birinin de adı "Külünk Hanım" idi.

Külünk'ün adını kullanması güçlü görünmek için miydi, bilinmez. Zira, Metin Külünk'ün de yakın çevresine "onu kovdum" dediği iddia ediliyordu. Belki de Çelik, buna rağmen Erdoğan'a yakın isimlerden Külünk'ün adını kötüye kullanarak iş tutuyordu.

Gelin görün ki, tüm bu bilgiler de yetmiyordu o fotoğrafları anlatmaya...

Devam edelim...

Jet hızıyla çark

Eyüp Ensar Çelik'in de aralarında olduğu şüphelilerden bazıları tutuklandı, bazıları serbest bırakıldı. Ve soruşturmaya dair haberler birden durdu.

Düşünün:

Devletin *Anadolu Ajansı* dahil tüm yayın organları büyük bir "FETÖ Borsası" operasyonunu duyurdu...[25]

Şüphelilerin kendilerini, Cumhurbaşkanı Erdoğan'ın da içinde olduğu birçok kritik isimle bağlantılı göstererek hem para kazandığı, hem de FETÖ tahliyeleri yaptırdığı iddia edildi...

Ve bu örgütle ilişkili hâkimlerden / savcılardan bahsedildi...

Rakam dahi verildi; 6 yargı mensubuydu!

25 Uğur Ulu, Hüseyin Yeşilkavak, "FETÖ'cü iş adamlarını para karşılığı tahliye ettirmeye çalıştıkları iddiası", Anadolu Ajansı, 20.07.2018, https://www.aa.com.tr/tr/turkiye/fetocu-is-adamlarini-para-karsiligi-tahliye-ettirmeye-calistiklari-iddiasi/1209301

Ama sonra, soruşturmaya dair hiçbir gelişme medyaya yansımadı.

Bıçak gibi kesildi.

Neden?

Herkes neden şüphe uyandırıcı boyutta suspustu?

Bu topraklarda yeşermiş en tehlikeli yapılanmalardan FETÖ'ye dair soruşturmaları rant aracına dönüştüren örgütü çökertiyorsunuz ama, medyaya "bu konuyu deşmeyin" diyorsunuz!

Bu işte bir gariplik vardı.

Zira iddia o ki, emniyet müdürleri dahi "bu soruşturmayla ilgili basına bilgi verirseniz, soruşturma geçirirsiniz" diye tehdit ediliyordu.

İşte bu kafa karışıklıklarına yanıt olacak bir karar, 7 Ağustos 2018'de verildi. Yani, tutuklamalardan sadece 17 gün sonra...

Görülmemiş bir hızla alınan, Bursa Cumhuriyet Savcısı Hüseyin Özcan imzalı bir takipsizlik kararı...

Aralarında Eyüp Ensar Çelik'in de bulunduğu 12 şüpheli hakkında, "silahlı terör örgütü üyeliği", "yetkili olmadığı bir iş için yarar sağlama", "rüşvet almak ve vermek" suçlarından dava açılmasına yer olmadığına karar veriyordu savcı.

Yani demek istiyordu ki savcılık; "Her ne kadar 'FETÖ Borsası' diye operasyon yapmış, bu kadar suçlamayı medyaya servis etmiş, aralarında telefon dinlemelerinin ve fiziki takiplerin de olduğu tutanaklarla şüphelileri tutuklamış olsak da, 2 hafta sonra anladık ki; meğer delilimiz yokmuş!"

Sahi, savcı kendi dediğine inanıyor muydu?

Ve dahası...

Oldukça şüpheli bir karara daha imza atıyordu savcı:

> "Soruşturma dosyası içerisindeki Hakan D.'ye ait Bursa 3. Sulh Ceza Hakimliği 27/03/2018 tarih ve 2018/2103 D.İş (İlk kez 2 ay süre ile) itibaren HTS bilgileri ve tüm seslerin bulunduğu 1 adet data DVD'si ile 12 (oniki) adet, karar konu görüşmelerin atılı bulunduğu 01 (bir) adet ses ve data DVD'si ile toplamda 18 sayfa iletişimin tespit tutanaklarının kararın

kesinleşmesinin ardından CMK 137/3-4 maddeleri uyarınca imhası için Emanet Memurluğu'na müzekkere yazılmasına..."

İşte bu satırlar, "sadece şüphelilerden Hakan D.'ye ait telefon kayıtlarının değil, tüm dosyadaki delillerin imhasına karar verildi" diye okunabilir miydi?

Yani, FETÖ Borsası'na dair görüşme kayıtlarını imha mı ettirdi savcılık?

Bu vahim iddia doğru muydu?

"Konuşurum" iddiası

E peki, ne olacaktı bu aralarında tutukluların da olduğu şüpheliler?

Hemen salıvermek de olmazdı, öyle ya, tepki çekerdi!

Başka suçlardan, daha "hafif" bir iddianame yazıldı.

Eyüp Ensar Çelik'in ve diğer sanıkların "suç işlemek amacıyla örgüt kurmak ve örgüt yönetmek, kamu görevlileriyle ilişkisinin olduğundan bahsederek belli bir işin gördürüleceği vaadiyle dolandırıcılık, yargı görevi yapanı etkilemeye teşebbüs" suçlarından cezalandırılmaları talep edildi.

Bakınız...

Çok kritik bir dönüşümdü bu. Zira, sanıklara yöneltilen, siyasi amaçlarla faaliyet gösteren "terör örgütü" suçlaması, sadece para için faaliyet gösteren "suç örgütüne" dönüştürülmüştü.

"Rüşvet almak ve vermek" suçlaması, "dolandırıcılığa" evrilmişti.

Tüm bunlar, şu demekti:

Eyüp Ensar Çelik ve diğer sanıkları tutuklarken, işin içinde 6 savcı ve hâkim de vardı ya...

Hani, onlarla bağlantılı şekilde FETÖ'cü işadamları para karşılığı tahliye ediliyordu ya...

İşte iddia o ki, o savcıların ve hâkimlerin bazıları dosyadan çıkarıldı!

Ne mi kaldı, elimizde: Eyüp Ensar Çelik FETÖ sanıklarının yakınlarını "vaatle" dolandırıyormuş sadece! Yargı mensuplarını da etkilemeye "teşebbüs" ediyormuş, ama zinhar başarılı olamıyormuş!

Bir soru soralım ve devam edelim:

Eyüp Ensar Çelik'in hapisten "konuşurum" tehdidinde bulunmasının da, soruşturmadaki suçlamaların hafifletilmesinde payı olduğu iddiası, doğru muydu?

"Allah'ın izniyle, az bir cezayla..."

İşte bu, kendi kendilerine "hapisten adam kurtarmacılık" oynadıkları ve FETÖ yakınlarını kandırdıkları iddiasındaki iddianameye dair, Anadolu Ajansı da üzerine düşeni yapacaktı. "Tahliye vaadiyle FETÖ sanıklarının yakınlarını dolandırmışlar" başlıklı, bol kelime oyunlu, "bakın nasıl da suçluyoruz" havalı haberlerinden aktaralım:[26]

> "İddianamede, dolandırıcılık örgütüne, FETÖ üyeliği suçlamasıyla yargılanan kızını tahliye ettirmek amacıyla başvuran S.B'nin ifadesi paylaşıldı. Suç örgütünün üyesi tutuklu avukat Onur Özge T'nin bürosuna gittiğini belirten S.B, şu ifadeleri kullandı: 'Bizi içerideki odaya aldılar. Daha sonra odaya gelen kişinin Eyüp Ensar Ç. olduğunu, burada Bayram'ın ayağa kalkıp 'Başkanım' diye hitap etmesinden sonra öğrendim. Burada bizim evraklarımızı incelediler. Eyüp Ensar Ç, kızımızın mahkemesine müdahale edilmediği takdirde 7 yıl 6 ay ceza alabileceğini söyledi. 'Eğer biz müdahale edersek, kızın Allah'ın izniyle az bir cezayla kurtulur, hatta ilerde beraat da aldırabiliriz' dedi. Oradan bir kişiyi çağırarak, 'Bak bu da ByLock'tan yatıyordu, bunu da biz çıkardık' dedi. 'Sizin kızınız için üst makama yazı yazacağım ve oradan olur geldikten sonra hemen işlerine başlayacağız' dedi. Bu sırada avukat da yanımızda oturmuş, kızıma ait duruşma tutanaklarını ve dosyayı inceliyordu. Bu arada avukat, bize hitaben 'Bu işe Eyüp Ensar Ç. olur verirse, bu işi yaparız, bu iş olur' dedi."

---

26 Mustafa Yılmaz, "'Tahliye' vaadiyle FETÖ sanıklarının yakınlarını dolandırmışlar", Anadolu Ajansı, 14.09.2018, https://www.aa.com.tr/tr/turkiye/tahliye-vaadiyle-feto-saniklarinin-yakinlarini-dolandirmislar/1254559

Tahliye için 450 bin liraya anlaşmışlar

İddianamede, örgüt elebaşı Eyüp Ensar Ç'nin aracında FETÖ davasından tutuklu Y.K. hakkındaki dosyanın çıkması üzerine, bilgi sahibi olduğu belirlenen H.Y'nin ifadesine başvurulduğu bildirildi.

H.Y'nin iddianameye giren ifadesinde şu bilgiler yer aldı:

'Eyüp Ensar Ç'yi ilk kez avukatın yanında gördüm, tanıştık ancak fazla bir muhabbetimiz olmadı. Görüşme esnasında avukat, Eyüp Ensar Ç'nin bu dosyada yardımcı olacağını söyledi. Bunun üzerine söz konusu kişi bana 'sosyal medyadan beni tanıyabilirsin' dedi. Bu söylem üzerine sosyal medyadan profilini inceledim ve profilinde kamuoyunda tanınan birçok kişi ve bürokratla resimlerini gördüm. Y.K'nin dava dosyasını çözüme kavuşturabileceğini düşündüm. Söz konusu kişilerle, Y.K'nin tahliye edilmesi için avukatlık ücreti olarak 450 bin liraya sözlü olarak anlaştık.'"

Adliyede baklava dağıtan FETÖ şüphelileri

Bir küçük parantez açalım. Hani demiştik ya, bazı yargı mensuplarının adının dosyadan çıkarıldığı iddia ediliyor, diye... İsmi geçenler de yok değildi.

Zira, üstü kapanamayacak kadardı; fotoğraf vardı!

Örneğin, Bursa'da FETÖ davalarına bakan Cumhuriyet Savcısı İbrahim Karakaş...

Keza, eski kâtibi Fahrettin Örnek'in savcı Karakaş aleyhine ifadeleri de daha önce yerel medyaya yansımıştı.

Savcı Karakaş'ın, FETÖ'den tutuklanan iş adamları Mustafa Özdemir'in ve Namık Ziya Mescioğlu'nun tahliyesini sağladığı; tahliye olan şüphelilerin de adliyeye baklava getirdikleri dahi ileri sürülüyordu.

Bu iddialardan sonra, Savcı Karakaş tenzil-i rütbeyle Kütahya'ya atandı.

Sonra iddia o ki...

Savcı Karakaş, ne zaman ki Eyüp Ensar Çelik'le birlikte Adalet Bakanlığı Müsteşarı Selahaddin Menteş'i ziyaret edip selfie çektirdi, jet hızıyla Bursa Bölge Adliye Mahkemesi'ne geri döndü!

Sözün özü, Savcı Karakaş zaten hakkındaki iddialardan dolayı "yıpranmıştı." Eyüp Ensar Çelik'le ilişkisinin üstü de örtülemezdi.

Zaten...

Eyüp Ensar Çelik de "dostluklarını" kabul ediyordu, ama FETÖ'den yargılanan bir sanık lehine "görüşmeler yaptıkları" iddiasını yalanlıyordu.

Çelik, FETÖ davalarıyla ilişkisine dair ise şunları söyleyecekti:

> "Ben FETÖ davalarını her zaman takip ederdim. Dolayısıyla çevrem de bunu bilirdi. Arkadaşlarım, dostlarım bazen bana 'iyi bir avukat aradıklarını' söylediklerinde, onlara kendi avukatlığımı da yapan Onur Özge T. Hanımefendi'yi önerirdim. Biz asla bir örgüt kurmadık, öyle bir amacımız olmadı. Biz sadece arkadaşlarımıza, eşe, dosta yardımcı olmaya çalıştık. Söz konusu iddiaları kabul etmiyorum."

Hâkimin "yargı çökerse" isyanı

Bursa'da yargılaması devam eden bu davanın 21 Aralık 2018 tarihinde görülen duruşmasına ise, bir FETÖ sanığının ifadeleri damga vurdu.

Daha önce FETÖ'den yargılanıp tahliye edilen Kenan Sandalcı, Eyüp Ensar Çelik'in avukatı Onur Özge T'nin kendisini cezaevinde ziyaret ettiğini ve "Dosyanı biliyoruz, bana vekâlet verirsen tahliye olursun; yüksek makamlarda tanıdıklarımız var" dediğini iddia etti.

Ve bir gün, Kenan Sandalcı tahliye olduğunda da cezaevi kapısında Eyüp Ensar Çelik vardı! Devamını Sandalcı'dan dinleyelim:

"Bana kendini tanıttı ve daha sonra beni arayarak, iş yerime gelerek para istedi. Seni biz tahliye ettik, dedi. Ben para vermedim, hatta kendisine çok fazla hakaret de ettim. Daha sonra bir gün iş yerime gidip, yanımda çalışan kızlara 'Ona söyleyin versin para-

yı, yoksa çıkardığımız gibi içeri geri tıkmayı da biliriz' dediğini öğrendim. Arkamdan arkadaşlarıma 'Bu adamın kafasına bir kurşun sıkmak lazım' diye de racon kesmiş. Bu adam siyasilerle, savcılarla çektirdiği fotoğraflarla onlarca insanı mağdur etti. Eski terör savcısıyla ilişkilerini de biliyorum."

Çarpıcı olansa, Mahkeme Başkanı'nın bu son söze dikkat kesilmesiydi.

Hâkim, dinlediği Kenan Sandalcı'ya eski terör savcısı İbrahim Karakaş'la ilgili, "Bir şey biliyorsan söyle, adliyedeki çürük elmaları eleyelim. Bu iş namusuyla, şerefiyle çalışan insanlara kalsın, bize yardımcı ol" dedi.

Sandalcı da mahkeme başkanından cesaret alarak, eski terör savcısının Eyüp Ensar Çelik ile iş birliği içerisinde olduğunu, Çelik'in insanlara savcının ismiyle gittiğini belirtti. Hatta iddia o ki; Çelik "8. Ağır Ceza Mahkeme Başkanı bizim arkadaşımız" dahi demişti.

Duruşmada, yargı mensupları hakkındaki iddialar çoğaldıkça Mahkeme Başkanı'nın "Yargılamayı yapanlar böyle töhmet altında bırakılırsa yargı çöker; yargı çökerse de devlet, millet çöker" şeklindeki isyanını da not edelim.

Sorular

Büyük gürültüyle başlayan, ama sonra titizlikle kapatılan Bursa'daki FETÖ Borsası dosyasında tutuklananlar birer birer tahliye ediliyordu.

Biz gazetecilere ise soru sormak kalıyordu:

Eğer rüşvet vererek ve siyasi nüfuz kullanarak FETÖ tahliyeleri gerçekleştiyse, usulsüzce tahliye olanlar şu an nerede? Adları ne, o FETÖ sanıklarının? Onlar hakkında yeni bir yargı kararı verildi mi?

Ve sahi, Eyüp Ensar Çelik'in Manisa Başsavcısı Ahmet Çiçekli ile fotoğrafının olması ne anlama geliyordu?

7. BÖLÜM

"Hesap Verecekler" Diyenlerin Hesabı Kesildi

"Kimse beni paralel devlet yapılanması ile irtibatlı, onları savunan bir kişi olarak görmesin. Ancak 'silahlı terör örgütü' sözü ete kemiğe bürünmeli, bir mahkeme kararıyla ispat edilmeli, diye düşünmüştüm. Bugün yaşadığımız silahlı darbe teşebbüsünün içinde Fethullah Gülen'le irtibatlı, onun emir ve direktifleriyle bunu yaptıklarını ifade eden insanlar da vardır. Sayın Cumhurbaşkanımızın, Sayın Başbakanımızın yanındayız. Sözlerinin doğru olduğuna, her şeyden önce inanmak mecburiyetindeyiz.

Bunu ben darbe gecesi öğrenmiş olmakla, 'yahu ne kadar ahmakmışsın, bunu herkes söylüyordu' diyebilirler. Silahlı terör örgütünün Fethullahçı olması, o gece ortaya çıkan bir olaydır. Ben o gece öğrenmiş olabilirim ama Sayın Cumhurbaşkanımız da o gece öğrendi. Genelkurmay Başkanımız da o gece öğrendi. Onların bilmediklerini ben nasıl bilebilirim?"

Bu sözler, Fethullahçıları savunmak için tekrar avukatlık cübbesini giymeyi arzulayan Bülent Arınç'ın 15 Temmuz darbe girişiminden hemen sonraki açıklamalarıydı. Arınç'ın "ahmakmışım" diye özetlenen ve öne çıkan bu çıkışı çok tartışıldı.

Başsavcı'dan Arınç'a: "Herkes hesap verecek"

Bu sözlerden tatmin olmayanlar da vardı. Onlardan biri de Arınç'ın memleketi Manisa'nın Cumhuriyet Başsavcısı Akif Celalettin Şimşek idi. Manisa'da kelepçe takılan FETÖ şüphelisi kadınlar arasında türbanlıların da olmasının ardından görevden alınan il Emniyet Müdürü Tayfur Erdal Ceren'i de bu uğurda kaybettiklerini dile getiren Başsavcı Şimşek, sözlerini şöyle sürdürdü:

> "Biz işini son derece güzel yapan bir emniyet müdürünü bu uğurda kaybettik. Ne yapmıştı ki adam... Ama düşünün, o tarihte bile alanda çok güçlüydüler. Bunlara destek olan kişiler, bugün çıkmış 'Biz ahmakmışız, biz bilmem neymişiz...' Böyle bir şeyi ben kabul etmiyorum. İsme girmiyorum. Ne demek istediğimi anladınız. Hiç kimse kusura bakmasın. Herkes, bugüne kadar bu ülkeye ihanet eden kişilerin içerisinde yer alan, bunlara destek olan, bunların suiistimallerine göz yuman, karşılarında bize saldıran herkes hesap verecek. Bunun hiç şakası yok. Bu kadar sıkıntıdan sonra, şartlar bu hale gelince, 'kenara çekileyim, ben seyredeyim...' Öyle bir şey yok. Bunlarla işbirliği yapan herkes hesap verecek."

Manisa Başsavcısı Şimşek'in bu zehir zemberek çıkışına, Bülent Arınç da uzun bir yanıt verdi. Arınç Twitter'da yayımladığı yanıtına şu sözlerle başladı:

> "Esasen ne bu Sn. Başsavcının ne de diğer kronik Bülent Arınç muhaliflerinin sözlerini ciddiye almadığımdan onlara cevap vermek, onları muhatap almak istemiyorum. Fakat puslu havada avlanmak isteyenler, şahsım üzerinden yaptıkları açıklamalarla aslında bambaşka bir niyetlerinin olduğunu açık edip, kendilerini ele verdiler."

Manisa'daki FETÖ soruşturmalarına dair eleştirilerini hatırlatan Arınç, "FETÖ ile işbirliği yapan herkes hesap verecek" diyen Başsavcı'nın görevden alınması için çağrı yaptı:

"Şüphe yoktur ki Manisa Başsavcısı yaptığı bu açıklamalarla tarafsızlığını kamuoyu önünde yitirmiş bir yargı mensubu durumuna düşmüştür. Ayrıca kamu görevlileri için yasaklanmış olan siyaset alanına girmiş ve açıkça kanun ihlali de yapmıştır. Görevinin ve kendini bağlayan kanunların sınırları dışına çıkan bu Sn. Başsavcı hakkında HSYK'nın bir tasarrufu olacak mıdır, yoksa gereği zamana mı bırakılacaktır?"

Bülent Arınç'ın arzusu çok zamana bırakılmadan yerine getirilecekti.[27]

Temmuz 2017'de Manisa Başsavcısı Akif Celalettin Şimşek, Ekim 2017'de ise Manisa'daki FETÖ soruşturmalarını yürüten savcı Kazım Özsoy görevlerinden alındı.

"Seni süreriz" tehdidi

Peki, neden?

FETÖ'nün hedefindeki iki kritik yargı mensubunun görevden alınmasının perde arkasında neler yaşandı?

Bu konuda iddia çok.

Manisa kulislerine kulak kabarttığımızda duyduk ki:

Eski AKP Manisa İl Başkanı Abdurrahim Arslan'ın malvarlıkları üzerinde FETÖ'den tedbir kararı olduğu...

Bu tedbir kararından dolayı, başkanı olduğu Manisa Kalıp ve Makina İmalatçıları Birliğinin (MAKİM) 30 milyon avroluk uluslararası bir hibeyi kullanamadığı...

Bu tedbirin kaldırılması için, Abdurrahim Arslan ile birlikte iki AKP Manisa Milletvekilinin, dönemin Manisa Cumhuriyet Savcısı Kazım Özsoy'un makam odasına gittiği...

Savcı Özsoy'un FETÖ'den verilen bu tedbir kararını kaldırtamayacağını belirtmesi üzerine, "seni süreriz" diye tehdit edildiği...

Konunun, dönemin Adalet Bakanı Bekir Bozdağ'a kadar ulaştığı...

---

27 Bülent Arınç'ın ihraç edilen akademisyen damadı Ekrem Yeter, 5 Haziran 2017 tarihinde "FETÖ üyeliği" suçlamasıyla tutuklanmış ve itirazla 4 gün sonra tahliye edilmişti. Arınç'ın oğlu Ahmet Mücahit Arınç ise 24 Haziran 2018 seçimlerinde AKP'den milletvekili seçildi.

Sonunda...

Önce Başsavcı Şimşek'in, sonra Savcı Özsoy'un Manisa'daki görevlerinden alındığı ileri sürülüyor.

Yeni Manisa Başsavcısı kim oldu dersiniz?

Bursa'daki FETÖ Borsası operasyonunda tutuklanan Eyüp Ensar Çelik'le fotoğrafları çıkan Ahmet Çiçekli! Bu görev değişimi sonrası, Manisa'da şüphe yaratan FETÖ tahliyeleri olduğunu hatırlatalım.

Ve tüm bu iddiaları sormak için Başsavcı Şimşek'i ve Savcı Özsoy'u ısrarla aradığımızı, ancak iki ismin de konuşmak istemediğini belirtelim.

Suçlanan ismin açıklamaları

Suçlamaların odağındaki isim olan, eski AKP Manisa İl Başkanı Abdurrahim Arslan'ı da aradık. Arslan, hakkındaki iddiaları kendisinin de duyduğunu ama malvarlıkları üzerinde hiçbir zaman tedbir kararı alınmadığını ve bu suçlamaların yalan olduğunu ileri sürdü.

Telefonla yaptığımız görüşmede, "Geçmişte FETÖ'nün içinde bulundum, bunu saklamıyorum" diyen Arslan, "Yargılandım ve benim yargılanmam bitti" bilgisini de verdi.

"Ben bu yapının içine 2008'de dahil oldum, 17 Aralık 2013 sabahı bıraktım. O kadar... Bunu da, beni tanıyan herkes biliyor" ifadelerini kullanan Abdurrahim Arslan, FETÖ üyeliğinden yargılanmıştı. Yaklaşık 6 aylık, bu nispeten hızlı yargılama sonucunda da, hakkında hükmün açıklanmasının geri bırakılması kararı verilmişti.

Onlar hain, ben Türk'üm

Görevden alınan Savcı Kazım Özsoy'un, kişisel Facebook hesabındaki 9 Nisan 2018 tarihli isyanıyla bitirelim:

> "Manisa'daki görev sürem içerisinde suç ve suçluyla, özellikle de çıkar amaçlı suç örgütleri ve terör örgütleri ile nasıl bir mücadele yürüttüğüm, içerisinde Allah korkusu taşıyan ve vicdan sahibi herkes tarafından iyi bilinir.

Tüm meslek hayatım boyunca kimseye karşı eğilmediğim gibi, Manisa'da da dik durmayı ve bir Cumhuriyet savcısının asli vazifesi olduğu üzere devlet ve millet menfaatine çalışmayı namus meselesi bildim.

Ancak, yaptığım soruşturmalardan Manisa yapılanmasının beli kırılan Fethullahçı casusluk ve terör örgütü, sizlerin pek de tahmininden uzak olmayan siyaset ve bürokrasinin içerisinde yer tutan şakirtleri eli ve dili ile, kişiliğime ve mesleğime ve hatta özelime dair ipe sapa gelmez iftira ve tezviratlarla, üzerime saldırmaya devam ediyorlar.

Bu söylentilerdeki maksatları ise, kamuoyu nezdinde varit olduğunu bildiğim itibar ve şerefime yönelik suikasttır.

Manisa İkinci Ağır Ceza Mahkemesi'nde dava konusu olan ve bana yönelik fiili saldırıya teşebbüse ilişkin eylemle ve örgüt üyelerinin kendi aralarındaki bylock mesajlarındaki şahsımla ilgili mesaj içeriklerinden beni yıldıramayanlar, şimdi de itibar suikastine soyundular.

Kamuoyunda neleri söylenti olarak yaymıyorlar ki...

Ne benim eşimden boşanmadığım kaldı, ne açığa alınmadığım ve ne de milyonlarca param olduğu.

Ahlak, iman ve şeref yoksunu bu şakirtler bilsinler ki, bunlar kendimi adadığım ülküm uğruna vermeye hazır olduğum canım karşısında vız gelir tırıs gider.

Hiçbir hakikat sonsuza kadar saklı kalmaz.

Şimdi ellerinde olduğunu düşündükleri gücün verdiği ahlaksız, iftiracı ve tezgâhçı özgüven, tecelligahından bir an bile tereddütüm olmayan ilahi adalet sayesinde suya düşmüş şeker gibi eriyecek ve iftiraları gün gelip, boyunlarına dolanarak, zindanlarının kapısını açan anahtar olacak. Devletin kalemini şimdilik ve her nasılsa elinde tutanlar da kendi ilamlarını yazacaklar.

And olsun ki, yek başıma da kalsam, evlad-ı ayalim bu uğurda feda da olsa, vatan sevgim doğrultusunda adaletten ve hainlerle mücadeleden bir lahza geri durmayacağım. And olsun...

Onlar hain, ben Türküm..."

8. BÖLÜM

Para Nereye Aktı

Soruyu açık soralım:

FETÖ örgütlenmesi de, birilerinin FETÖ ile sözde mücadelesi de bir sermaye el değişim süreci olabilir mi?

Kitap boyunca sorguladığımızı açıkça yazalım: FETÖ'cü işadamları paraları alınarak serbest bırakılıyor, hatta bazılarına susmaları karşılığında sermayelerinin bir bölümü iade ediliyor olabilir mi?

Yanıtını bulmak için size bir vakadan daha söz edelim.

Adı: Ahmet Küçükbay.

"FETÖ'nün işadamları" denilince akla gelen ilk isimlerden biri.

Nasıl akla gelmesin?

Işık Sigorta'nın da Gediz Üniversitesi'nin de kuruluşunda o vardı. *Samanyolu TV*'nin de *Zaman* gazetesinin de finansörüydü. TUSKON'u oluşturan çekirdek kadrodaydı. Örgütün *Kanal 35*'inin patronuydu.

Öte yandan, işadamlığı da ayrı bir konuydu.

Orkide Yağları'nı da bünyesinde bulunduran Küçükbay A.Ş.'nin sahibiydi. 350 bin ton üretim kapasiteyle ülkenin yıllık yağ üretim ihtiyacının çok önemli bir kısmını karşılayan firma, Türkiye'deki 500 büyük sanayi kuruluşu arasında 106. sıradaydı. Küçük bir bakkalken 80'li yıllarda Fethullah

Gülen'le tanışan ve o günden sonra büyüyen Küçükbay A.Ş. dev bir sermayeye dönüştü. Kısacası şeyh, bu kez yalnız kendisi uçmadı, müridini de uçurdu. FETÖ'nün el vermesiyle dev bir holdingin sahibi oldu.

FETÖ ile gelen FETÖ ile gider...

Ahmet Küçükbay, 15 Temmuz'un üzerinden bir ay bile geçmeden İzmir merkezli operasyonla gözaltına alındı, tutuklandı.

Evet, Küçükbay deyince akla FETÖ geliyordu. Ama nedense, dokunmak için 15 Temmuz'un olması beklenmişti.

Neden acaba?

AKP İzmir İl Başkanlığı onun binasında hizmet verdiği için mi?

Ya da *Kanal 35* isminde bir kanalın sahibi olduğu için mi?

Belki de, gazetelere verdiği hükümete destek ilanları, kaçınılmaz sonucu geciktirdi.

Bilinmez...

Bilinen şu ki, Küçükbay tutuklandıktan sonra ilginç şeyler oldu.

Hisselerini Erdoğan'a yakın işadamına verdi

Beğendiğiniz arabayı alacaksınız... Fiyatı da uygun. Ancak sahibinin FETÖ'den tutuklu olduğunu, mallarının soruşturulduğunu öğrendiniz. Alır mısınız?

"Evet" diyeni duymadık.

Neden mi soruyoruz?

Şöyle anlatalım...

Küçükbay'ın kıymetli şirketlerinden biri Reka Bitkisel Yağlar A.Ş. idi.

İfadesinde "Ben, kardeşim Halil ve profesyonel olarak uluslararası büyük şirketlerde çalışan ve şirketin üretim alanı olan, yağ imalatı ile ilgili konusunda uzman, dünya pazarını çok iyi bilen Murat Reka ortaklığında kurduk" diye anlatıyordu.

FETÖ operasyonlarından sonra Ahmet Küçükbay buradaki hisselerini kardeşi ve oğluna devretmişti. Bu şirket, Küçükbay tutuklandıktan bir yıl sonra, yani 25 Ağustos 2017 tarihinde genel kurul yaptı. Bu toplantıda şirket esas sermayesi 40 milyon TL'den 100 milyon TL'ye çıkarılırken, şirketin ortaklık yapısı ve yönetim kurulu değişti. Operasyonların ardından kayyım denetimine geçen şirkette, Ahmet Küçükbay'ın kardeşi Halil Küçükbay ve oğlu Akif Küçükbay hisselerini Cumhurbaşkanı Erdoğan'a yakınlığıyla bilinen Topbaşlar'a sattı.

BİM'in sahibi ve Türkiye'nin en zengin işadamlarından olan Mustafa Latif Topbaş şirketin Yönetim Kurulu Başkanı olurken, Yönetim Kurulu Başkan Vekili ise Mahmud Muhammed Topbaş oldu. Musa Topbaş da yönetim kuruluna girdi.

Yüzde 51 sermayesi Topbaşlar'ın eline geçen şirkette Küçükbay'lar yüzde 40 ile ikinci ortak oldu. O şirketin internet sitesine bugün girdiğinizde "Ağustos 2017 tarihi itibariyle çoğunluk hisseleri Tül Gıda AŞ'ye geçmiştir" notu olduğu dikkatinizi çekecektir.

Küçükbay'ın FETÖ'den soruşturulması, Topbaşlar'a maliyet avantajı yarattı mı?

Yorumu size bırakıyoruz.

İtirafçı olup AKP'lilerin adını verdi

Bu süreçte kritik bir gelişme daha yaşandı.

Küçükbay, etkin pişmanlıktan yararlanarak FETÖ itirafçısı oldu.

İsmini verdikleri arasında AKP'liler de vardı:

> "Toplantılara o dönemde cemaatin İzmir sorumlusu olarak bilinen Bekir Baz gelirdi. 2010'dan 2013'e kadar Mövenpick Otel'de haftanın her salı günü yapılan toplantılara benimle birlikte Rıza Akça, Necip Kalkan gibi 20-25 kişi katılırdı. Hatta 2-3 sefer Telekom Bölge Müdürü Y.Y. bu salı toplantılarına katıldı. Ayrıca, Ramazan aylarında gruptaki işadamları ile Bekir Baz ve yardımcılarının bulunduğu yerde bürokratlardan eski İzmir Valisi Cahit Kıraç, eski Aydın Valisi Hüseyin Avni Coş, eski Manisa Valisi Celalettin Güvenç (Halen AKP milletvekili), eski İzmir başsavcılarından Celal Kocabaş'ın geldiğini hatır-

lıyorum. 2012'de Necip Kalkan'ın Bayraklı Seyir Tepe'de bulunan restoranda düzenlediği yemekli toplantıya Bekir Baz, Zafer Dokan, Hikmet Alcan katıldı. Aynı yıl çiftliğimdeki iftara Cahit Kıraç, Hüseyin Avni Coş ve Celalettin Güvenç katıldı."

Bekir Baz'ın FETÖ'nün Ege Bölge İmamı olduğunu hatırlatalım. Necip Kalkan ise geçen dönem AKP'den milletvekiliydi. Görülüyor ki FETÖ toplantıları siyasette kritik yerlere uzanıyordu.

Küçükbay, FETÖ gerekçesiyle kapatılan kanalını da o dönem AKP İzmir Milletvekili Mehmet Tekelioğlu'nun telkinleriyle kurduğunu anlatıyordu.

Yandaş medya temizleme işinde

Küçükbay'ın anlattıkları bu kadar değildi.

AKP medyasının işleyişini anlamamızı sağlayacak hikâyeler de aktardı.

Hem Küçükbay'ın itiraflarından hem de savcılık iddianamesinden anlıyoruz ki, olağan FETÖ şüphelisi Ahmet Küçükbay'a birileri "bir ihtimal daha var" demişti.

Şöyle ki...

Tutuklanmadan önce, o dönem *Sabah* gazetesinden Rasim Ozan Kütahyalı ve *Star*'da yazan Cem Küçük, Küçükbay'ın FETÖ ile ilgili olduğunu yazmışlardı. Küçükbay'ın iddiasına göre, kendisi tam da iki ismin kendisinin FETÖ'cülüğünü yazdığı Kasım 2015'te FETÖ ile arasına mesafe koymayı seçmişti. Ancak kendileri de FETÖ ile bağlantıları olan iki yazar, bu tarihte Küçükbay'ı yazmaya başlamışlardı.

İşadamı Selim Gökdemir'le görüştüğünü söyleyen Küçükbay'ın ifadesinden okuyalım:

"Gökdemir bana 'Ahmet abi bu yazılan çizilenleri gördükçe çok üzülüyoruz. Sen biraz ağır adamsın, senin siyasi çevren de fazla yoktur; eğer müsaade edersen, bu konu ile ilgili ben birkaç görüşme yapayım. Bu Rasim bunları neye göre kime göre yazıyor, benim Serhat Albayrak ile aram iyi, onunla bu konuyu konuşmak istiyorum' dedi. Ben de kendisine yaşamış olduğum üzüntüyü ve rahatsızlığı dile getirerek, 'Sen bir görüş bakalım, ne yapabiliriz' dedim. Pazartesi günü Selim Gökdemir'in aynı iş merkezinde bulunan ofisine gittim. Selim ile yaptığımız görüşmede kendisi bana 'Senin için Serhat Albayrak ile görüştüm. Önce *Sabah* gazetesinde bir röportaj yapağız. Ayrıca Ensar Vakfı'ndan birkaç kişi ile görüştüm; biliyorsun Sayın Cumhurbaşkanımız Ensar Vakfı'nı sever, değer verir... Buraya bir miktar yardım yapacağız; birkaç hafta içerisinde de bu sorunlar ortadan kalkacak' dedi. Ben de, tamam o zaman, ne yapmamız lazımsa yapalım, dedim. Bunun üzerine kendisi bana 'Abi sen ilk başta 3.000.000,00 USD bir bağış yap, daha sonra bakarız' dedi. Ben de bu rakamı duyunca önce şok oldum. Kendisine 'Neyin bağışıymış bu, bu kadar bağış mı olur, peki nasıl yapacakmışız bu bağışı, hangi bankaya nasıl yatıracakmışız' dedim. Kendisi 'Yok abi sen bana bu parayı yarın nakit getir elden' dedi. Ben de bu yardımda şirket veya kendi isminin olup olmayacağını, bu şekli ile isminin hiçbir şekilde geçmeyeceğini, yıllardır bu bağışları resmi olarak yaptığımı dile getirdim."

Devamındaki "çabalarını" Küçükbay şöyle anlatıyordu:

"Kendim, *Sabah* gazetesi üst düzey sorumlusu olan, Kütahyalı'nın patronu niteliğindeki Serhat Albayrak'tan randevu talep ederek, kendisiyle görüşmek üzere İstanbul'a gittim. Kendisi ile yaptığımız 1-2 saatlik görüşmede, Kütahyalı'nın benim hakkımda yapmış olduğu karalamalardan rahatsızlık duyduğumu ve Rasim hakkında suç duyurusunda bulunduğumu, bu konuya bir çözüm bulmak amaçlı geldiğimi, hatta bu konu ile alakalı Selim Gökdemir'in kendisi ile görüşerek aracılık yaptığını dile getirdim."

Görüşmeden sonra *Sabah*'taki yayınlar kesilirken, Küçükbay çalışmalarına devam ediyordu:

"Yine aynı tarihlerde *Star* gazetesi grubundan olduğunu bildiğim ve tanıdığım Mesut Sancak'ı kendi kullandığım telefon numarasından aradım. Durumu kendisine aktardığımda, medya sorumlusunun yeğeni Murat Sancak olduğunu, onunla görüştükten sonra bana dönüş yapacağını söyledi. Mesut ertesi gün bana dönüş yaparak, Murat'ın Cem Küçük ile görüştüğünü söyledi. Benim hakkımdaki köşe yazılarını ve *Kanal 24*'teki ifadeleri sorduğunda ise, Cem Küçük kendisine İzmir'den bilgi geldiğini, halen benim FETÖ'cü olarak işlere devam ettiğimin bilgisinin verildiğini söylemiş. Murat da kendisine 'Ahmet Küçükbay'ı bir araştıralım, böyle bir durum var mı, yok mu, bir bakalım; ondan sonra yazarsın' demiş. Bu konuşmadan sonra da Cem Küçük benim hakkımda yazıları yazmayı bıraktı."

FETÖ ile ilişkisini kestiğini AKP'li Sancaklara anlatan Küçükbay için seferberlik durumu sürüyordu:

"Murat bana 'Abi o zaman ben sana İzmir muhabirimizi göndereyim, ona bir röportaj ver. Verdiğin röportajı *Star* gazetesinde yayınlayalım' dedi. Yaklaşık 1 saat konuştuktan sonra onların yanından ayrıldım. Olayın üzerinden birkaç gün geçti ve *Star* gazetesinin İzmir muhabiri işyerime geldi. Benimle bu hususlarla ilgili röportaj yaptı. Yaşadıklarımı ayrıntılı olarak muhabire anlattım ve 26 Kasım tarihli *Star* gazetesinde bu röportaj 'Paralele çeteye geçit yok' başlığıyla yayınlandı. Cem Küçük bu röportajdan sonra aleyhime olan yazı ve konuşmalarını, *Star* grubundaki gazete ve televizyonlardan birden kesti."

Evet, 26 Kasım 2015'te, Star gazetesinde, "Paralele çeteye geçit yok" başlığıyla, FETÖ'cü Ahmet Küçükbay'ı adeta "FETÖ'yle mücadele şampiyonu" ilan eden bir röportaj yayımlanıyordu. Star'ın arşivinde hâlâ o haberi bulabilirsiniz. [28]

---

28 Muammer Başkan, "Paralel çeteye geçit yok", Star, 26.11.2015, https://www.star.com.tr/guncel/paralel-ceteye-gecit-yok-haber-1072139/

İkinci para isteyen ise Hüseyin Sarıçiçek'ti.

Yandaş medyanın "FETÖ ile mücadeleye karar vermiş eski FETÖ imamı" diye kahramanlaştırdığı Sarıçiçek'in ne işler çevirdiğini savcının satırlarından aktaralım:

> "Hüseyin Sarıçiçek isimli şahsın, Ahmet Küçükbay isimli şahıstan, içinde bulunduğu durumdan faydalanarak, şahsı bitirmeye çalıştığı ve maddi olarak kendisine menfaat sağlamaya çalıştığı yönünde twitter yazışmalarının olduğu..."

Gerçekten de dosyada, Sarıçiçek'in Küçükbay'ı "yolacağını", bizzat bu ifadeleri kullanarak söylediği konuşmalar vardı.

Nitekim "eski FETÖ imamı" Sarıçiçek, FETÖ sanıklarından para istemekten tutuklandı.

Ancak bugün adını arattığınızda, tesadüf bu ya, "FETÖ şüphelisi yolma" döneminde Cem Küçük ve Rasim Ozan Kütahyalı ile yaptığı televizyon programı karşınıza çıkıyordu.[29]

İki yazar, 2015'te ne karşılığında Küçükbay'ı yazdıklarını, neden bir anda sustuklarını anlatırlarsa meseleyi daha iyi anlarız. Zira, belgelere göre, Bank Asya kredisiyle aldıkları eve bunu sormak için gelen polisler kendilerini bulamamışlardı. Ve sahi, gazetelerinde o gün Küçükbay'ı öven röportaja neden sessiz kalmışlardı? Küçükbay'ın kendileri hakkında, yazdıkları gazetede "iftira edenler elbet bir gün mahcup olur ve hesabını verir" diye çıkışmasına, neden çıt dahi çıkarmamışlardı?

Evet, bu olayı gündeme getirmemizin ardından Cem Küçük bir açıklama yaptı. Durumu şöyle açıkladı:

> "Bana 'yazma' dendi. Patronum (Murat-Ethem Sancak) bana 'yazma' dedi. Beni çağırıp 'Ahmet Küçükbay'ı yazmayacaksın' denirse, patronuma ben ne diyeceğim?"

---

29 "Cemaat insanları böyle kandırdı", Beyaz Gazete, 26.11.2015, http://beyazgazete.com/video/webtv/televizyon-40/cemaat-insanlari-boyle-kandirdi-443698.html

İnanırsanız, FETÖ ile mücadelede patronun "sus" işareti yapması yetiyordu!

Operasyon kuşları var

Sadece bu kadar da değildi...

FETÖ'cü Küçükbay kendisine operasyon yapılacağını bile, önceden AKP'lilerden öğrenmişti. "Yok artık" demeyin.

Sancaklar'ın Küçükbay için seferberliğini anlatmıştık...

Peki nedendi?

Ticari ilişkileri deştikçe yalnız Topbaşlar'ın değil, Sancaklar'ın da Küçükbaylar'la zaman zaman yan yana geldiğini görüyorduk.

En bilineni, İzmir'de Basmane Çukuru olarak bilinen Dünya Ticaret Merkezi satışı sürecinde Sancak ve Küçükbay'ın kurdukları İzmir Girişim Grubu Konsorsiyumu idi.

FETÖ imamlarının, İzmir'de işadamlarını haftalık olarak bir araya getirdiğini öğreniyorduk. İtiraflara göre, bu toplantılara Küçükbay'la birlikte Mesut Sancak da katılıyordu.

Gelin görün ki, Küçükbay ile Sancak öyle anlaşılıyor ki, bunun ötesine de geçmişlerdi. Şöyle ki, polis Küçükbay'a operasyon hazırlarken, içerden birileri Sancak'a bilgi uçuruyordu. Sancak da Küçükbay'a haber veriyordu.

"Savcı yanılmış olabilir mi" diyerek, inceleme raporlarından Ahmet Küçükbay-Mesut Sancak arasında Viber programıyla yapılan yazışmalara baktık:

"M.S: Abi uyudun mu? Önemli olabilecek bir bilgi.

A.K: Hayırdır?

M.S: Birkaç gün içinde şirkete operasyon olabileceği yönünde bilgi ulaştı.

A.K: Ne gibi?

M.S: Operasyon hazırlıyorlarken, eski bir arkadaş duymuş. Çalışma yapanlar konuşurken yanlarındaymış. Eski bir ortak arkadaşımızla bana haber göndermiş.

A.K: Maliye mi, polis mi, kim?

M.S: Polis.

A.K: Anladım, daha fazla bilgi alabilirsen bana ilet.

M.S: Olur."

Çok açık görülüyordu.

"Küçükbay'ın FETÖ'cü olmadığı" şeklinde açıkça yalan haberler yapan Sancaklar, bununla da kalmamıştı. Polis içindeki "kuşlarıyla" Küçükbay'ı da uyandırmıştı. Ne karşılığında?

Küçükbay'a bu kadar "hizmet" nedendi?

İşte "patronlarıma ben ne diyeceğim" diye mahcubiyet belirten Cem Küçük itiraflarının gelip dayandığı nokta buydu.

AKP Küçükbay'a yabancı değil

Biz bu satırları yazarken, önümüze bir fotoğraf düştü.[30]

Meclis Başkanı Binali Yıldırım pembe bir kurdele kesiyordu.

İzmir'de "Büyük Dâhi Gazi Mustafa Kemal Atatürk" isimli sergiyi açıyordu.

Şaşırdığımız, Atatürk sergisi açması değildi. Serginin sahibinin Mesut Sancak olmasıydı. Haliyle, "dünya çok küçük"ten daha fazla şey söyleceğiz...

Malum, Cumhurbaşkanı Erdoğan FETÖ için 17-25 Aralık'ın milat olduğunu tekrarlıyor.

Peki AKP'nin İzmir İl Başkanlığı neredeydi?

Bayraklı'da, Ahmet Küçükbay'a ait binada.

15 Temmuz darbe girişimi gecesi dahi AKP teşkilatı Küçükbay'ın mülkündeydi.

Darbeden 3 hafta sonra, 8 Ağustos'ta, Küçükbay FETÖ'den gözaltına alınınca, il binası apar topar boşaltıldı.

Bir ayrıntı daha vardı...

Yıl: 2014.

Mart ayındaki seçimlerde AKP'nin hedefi İzmir'i almaktı. Daha sonra Başbakan olacak Binali Yıldırım, İzmir Belediye Başkanlığı'na aday gösterildi. Ve AKP il binasının üst katı Yıldırım'ın seçim çalışmaları için kullanılmak üzere

---

30 İzmir Valiliği, "Büyük Dahi Gazi Mustafa Kemal Atatürk Sergisi Meclis Başkanımız Sayın Binali Yıldırım Katılımları İle Açıldı", 18.10.2018, http://www.izmir.gov.tr/buyuk-dahi-gazi-mustafa-kemal-ataturk-sergisi-meclis-baskani-miz-sayin-binali-yildirim-katilimlari-ile-acildi

Küçükbay'dan istendi. FETÖ'den ceza alan Küçükbay, "elbette" diyerek verdi.

Tutanaklara bakalım...

22 Ağustos 2017 tarihli duruşmada Küçükbay'ın avukatı süreci şöyle anlatıyordu:

> "AKP örgütü hep Küçükbay'ın binasında çalıştı, Küçükbay'ın binasını kullandı. 2014 yerel seçimleri dahil. O yerel seçimlerde hatta bir şey daha oldu. Bugünkü Başbakan Binali Yıldırım'ın büyükşehir belediye başkan adaylığı için, ona bir çalışma ofisi olarak, üst katın da tahsisi istendi. 2014 yerel seçiminden sonra AKP iki katı kullanmaya başlıyor. Sonra bu 2014 yerel seçimlerinden sonra, 2015 Haziran, Kasım seçimleri de dahil, 15 Temmuz darbesi dahil, darbe yapıldıktan sonra dahil, AKP o iki katta çalışmaya devam ediyor. Dolayısıyla 15 Temmuz 2016 darbe girişiminden sonra da AKP'ye destek kesilmedi."

Devam edelim...

İzmir'deki işadamları davasındaki ifadelerden öğrenip, FETÖ'nün ilde her salı işadamları toplantısı düzenlediğini anlatmıştık. Toplantının mimarı, tabii ki FETÖ'nün firardaki Ege Bölge İmamı Bekir Baz idi. Sadece bu iddianamede değil, İzmir'deki birçok FETÖ dosyasında, Baz'ın örgüt adına aktif çalıştığını görüyorduk. Kısacası kritik bir isimdi.

Duruşmada Bekir Baz ile ilgili bir ifade de dikkatimizi çekiyordu. Davada sanık olan ve hüküm giyen Kavuklar Holding'in patronu Abdullah Kavuk bakın ne diyordu:

> "17-25 Aralık sürecinden sonra dahi Sayın Başbakanımız Binali Yıldırım'ın, yerel seçimler öncesi Mart 2014'te, Ahmet Küçükbay'ın Kordon'daki ofisinde, Bekir Baz'la toplantı yaptığını Ahmet Küçükbay'dan öğrendim."

Türkiye'de ABD ile ipleri geren krizin odağındaki Rahip Brunson'un neden tutuklandığını hatırladınız mı? Papazın tutuklanmasına neden olan en önemli suçlama FETÖ imamı Bekir Baz ile görüştüğü iddiasıydı. İddianın kaynağı da bazı tanıklardı. İşte ABD ile gerginliğe neden olan ve papazın tutuklanmasına neden olan Bekir Baz, karşımıza Binali Yıldırım'la görüştüğü iddiasıyla çıkıyordu.

FETÖ dosyasına giren ifadeler böyleydi... Binali Yıldırım'a ciddi bir itham vardı. Üstelik bu salı toplantılarında kimler yoktu ki? Kimi AKP milletvekillerinin, bazı valilerin ve tabii iktidara yakın işadamlarının orada olduğunu itiraflardan okuyorduk.

Meseleyi bir de öbür taraftan dinlemek için AKP İzmir İl Başkanlığı'nı da aradık. Partinin yetkililerine Ağustos 2016'ya kadar kullandıkları bina için Küçükbay'a kira ödeyip ödemediklerini, ödedilerse ne kadar ödediklerini sorduk. Ancak şu ana kadar yanıt alamadık. Binali Yıldırım'ın da iddialar hakkında konuşmayacağını yetkililerden öğrendik.

Para alan kişi kim çıktı

Ahmet Küçükbay'ın FETÖ sanıklığı durumundan faydalananların yaptıklarını anlattık. O kadar çoklar ki, eksiği kaldı.

Şöyle anlatalım...

Savcı, iddianamede Ahmet Küçükbay hakkında suçlamalara değindikten sonra bu sırada Küçükbay'ın durumundan faydalananları tespit ettiğini yazıyordu.

İddianamede "ele alınan olayların FETÖ/PDY Örgütü üyeliği ve Örgütün Finansmanı dışında kalan kısımları iki başlık altında değerlendirilmiş olup, bunlardan birincisi Şüpheli Ahmet Küçükbay'a kumpas kurulmaya çalışıldığı ve maddi menfaat talep edildiği konusu" diyerek "maddi menfaat" meselesini resmi kayıtlara geçiriyordu.

Anlattığımız hikayede para aldığı kesinleşen, hatta kayıtlara da girenler var. İddianameden aktaralım:

> "Ahmet Küçükbay'ın Niyazi Memur vasıtası ile iş yaptığı anlaşılan avukatın kendisinden 250.000 dolar aldığını, karşılığında hiçbir şey yapmayıp daha fazla para talep ettiğini, parasını da geri vermediği..."

Yani savcı diyor ki Ahmet Küçükbay'dan 250 bin dolar alıp bir şeyler yapmayanlar da var...

Savcı, "Niyazi Memur vasıtasıyla iş yapan avukat" diyerek bahsediyor ondan.

Peki önce kim bu Niyazi Memur?

AKP'nin eski İzmir İl Başkanı yardımcısı ya da eski İl Genel Meclisi üyesi dersek herhalde yeterince anlatmış oluruz. Memur Ailesi'nin Mapeks Gıda ve Sanayi Mamulleri isimli şirketi İzmir'de çok biliniyor. Zira devletin sattığı en kârlı arazilerin, binaların alıcıları onlar.

Gelelim para alma meselesine...

Emniyet'in inceleme raporunda Küçükbay'ın kendisinden para alınmasına ilişkin çeşitli kişilerle mesajlaşmaları var. "Avukat Yunus" diye geçen kişinin Küçükbay'dan "onu kurtaracak kişilere vermek" için 3 milyon dolar istediği, 250 bin dolarını aldığı anlaşılıyor. Polis, söz konusu avukatın Avukat Yunus Kalkan olduğunu yine Küçükbay'la Yunus Kalkan arasındaki yazışmalardan tespit ediyor. Kalkan, Küçükbay'a "emniyet kaynaklı" görüşmeler yaptığını, olumlu sonuçlar almayı beklediğini anlatıyor. Ancak bizim dikkatimizi, devamındaki şu ifadeler çekiyor:

> "Ahmet Küçükbay: Okan Bey görevden alındı, diye bir haber dolaşıyor?
>
> Yunus Kalkan: Bilmiyorum. Bir bakayım. Ama sıkıntı yok inşallah.
>
> Ahmet Küçükbay: Konuştun mu abiyle nedir durum?
>
> Yunus Kalkan: Sıkıntı yok abi"

Bahsettikleri, İzmir'deki FETÖ soruşturmalarını o dönem yöneten, daha sonra görevden alınan savcı Okan Bato idi. Nedense, para-pul işlerini konuşup halletmeye çalıştıkları Küçükbay'ı kurtarma işinin arasına, bu konuşma sıkışıyor! Savcılık İzmir'de ama nedense avukat, Küçükbay'ın şirketinin aldığı uçak biletleri ile Ankara'ya, Küçükbay'ın durumunu görüşmeye gidiyor.

Bir dizi görüşme ve para trafiğinde istenen rakamlarda ölçünün kaçması üzerine Ahmet Küçükbay Avukat Kalkan'a şu mesajı atıyor:

> "Sizi bize tanıştıran Niyazi Bey'in sizin hakkınızdaki referansı ve alacağınız bedelle ilgili bize söylediği ile sizin abes ve hiçbir mantığa, insafa sığmayan talepleriniz bizi şaşkına çevirdi. Biz de sizi tanıştırana havale ettik."

Bu konuşmalar Şubat 2016'da oluyor. Darbeden 5 ay önce. Yani AKP İl Başkanlığı Küçükbay'a ait binada iken. Küçükbay "niyetiniz başka" diye kızdığı Avukat Kalkan'ı, referansı olan AKP'li siyasetçi Niyazi Memur'a şikâyet ediyor.

Niyazi Memur'un verdiği rakamlar ile Avukat Kalkan'ınkiler ortaklaşmayınca krizin büyüdüğü anlaşılıyor. "Ben Niyazi Abiye bir bedel telaffuz ettiğimi hatırlamıyorum" diyen Avukat Kalkan'a Küçükbay şöyle yanıt veriyor:

> "Biz sizinle görüşmeden kendisine sorduk, 'siz nasıl çalışıyorsunuz, ne vermek uygundur' diye. O bize telaffuz etmişti sizinle olan çalışmasını. Size verdiği aylık ödemeyi ve bize tavsiye ettiğini de sorun kendisine de, size söylesin."

Karşılıklı görüşmelerin ardından sorun çözülüyor. İki isim yeniden birlikte çalışmaya devam ediyor.

Bu arada, "kim bu Avukat Yunus Kalkan" diyenler mutlaka olacaktır. Kendisinin de AKP İzmir İl Yönetiminde olduğunu hatırlatalım. Yandaş medyanın "FETÖ ile mücadele" konusunda sık sık programlarda konuşturduğunu söyleyelim.

Gelelim asıl meseleye...

16 Şubat 2016 tarihinde iki isim arasında polis raporuna giren şu konuşma olayı çok çarpıcı hale getiriyor:

> "Yunus Kalkan: Son durumdan farklı bir durum henüz yok. Sıkıntı edeceğiniz bir durum da yok şu anda. Siz Binali Bey'le görüştünüz. Asıl sizde farklı bir durum söz konusu mu?

Ahmet Küçükbay: Doğrudur, Cumhurbaşkanımız kendisi aramış. 'Ahmet Bey'in sıkıntılarını giderin, sahip çıkın, kurda kuşa yem etmeyin' demiş. Binali Bakanım da beni aradı biraz dertleştik. Selim'den bahsettik, Emniyet Müdürümüzden biraz bahsettik. Gayet güzel şeyler olmuş çok şükür."

"Kurda kuşa" değil ama Küçükbay'ın holdinginin Topbaşlara "yem" olduğunu söylemiştik!

Yunus Kalkan'la ilerleyemeyen Küçükbay'ın, kendi çabalarıyla görüştüğü siyasiler aracılığıyla aleyhindeki operasyonu durdurmaya çalıştığı görülüyor. Avukat Yunus Kalkan'dan "aldığı hizmet"ten memnun olmayan Küçükbay, "Yunus Bey benden aldığın emanet 250'yi bu hafta iade et" diyerek "biz sizinle çalışmayacağız" ifadelerini kullanıyor.

Avukat Kalkan "bir daha size cevap vermeyeceğimi bilmenizi isterim" diyerek, aralarındaki kavgayı bitiriyor. Öyle anlaşılıyor ki; "250 bin dolarlık emanet" Küçükbay'a geri dönmüyor. Savcılık iddianamesi işte bu garip para alışverişini not ediyor.

Emniyet Müdürü'nü neden sevmiyor

Yukarıdan da anlaşıldığı gibi Ahmet Küçükbay, o dönem İzmir Emniyet Müdürü olan Celal Uzunkaya'yı hiç sevmiyor. Sürekli aleyhinde konuşmalar yapıyor. Hatta siyasilere şikâyet ediyor. Sebebi belli; Uzunkaya peşini bırakmıyor.

Ahmet Küçükbay'ın yargılandığı 27 Eylül 2018 tarihli duruşmaya sizi götürelim. O zaman meseleyi daha iyi anlayacaksınız. Duruşma tutanaklarında 2015 yılı içerisinde İzmir Emniyet Müdürlüğü'nde Mali Suçlarla Mücadele Şube Müdürü olarak görev yapan Gökhan Sezer'in ifadesi yer alıyor. Küçükbay'ı ilk kez, o dönem Emniyet Müdürü olan Celal Uzunkaya'nın odasında gördüğünü söylüyor. Görüşmede diğer polis müdürleri de var. Küçükbay'a FETÖ anlatılıyor ve bildiklerini söylemesi isteniyor. Devamını şube müdürü Sezer'den dinleyelim:

"Bu görüşmede sanık Ahmet Küçükbay'a İzmir ilinin FETÖ için oldukça önemli bir merkez olduğu, bu ilde ciddi bir yapılanmaya sahip olduğu ve bu yapının dini bir cemaat değil, aslında bir terör örgütü yapılanması olduğu bilgileri, emniyet müdürümüzce ve beraberindeki şube müdürlerince anlatıldı. Sanık ise çok dikkat çekici bir şekilde ve üslupta, hazır bulanan şube müdürlerine doğru dönerek 'siz bu yapının bir terör örgütü olduğu konusunda önce beni ikna etmelisiniz' şeklinde söylemde bulundu. Dolayısıyla, sanığın bu yapıyla ilgili bizlere hiçbir bilgi vermeyeceği ancak, çok şeyler de bildiği şüphesi bizde oluştu."

Dönemin İzmir Emniyet Müdürü Celal Uzunkaya'nın ifadesi de aynı tutanakta vardı:

"Ahmet Küçükbay isimli şahsın 1 Kasım 2015 tarihinde yapılan ve AK Parti'nin seçimi tek başına kazanmasının akabinde, 6 Kasım 2015 tarihinde sosyal medya hesabından yaptığı açıklamada 'Değerli dostlar; sizinle önemli bir konuyu paylaşmak isterim. Gülen Cemaati denilen olgu 3-5 sene önce maddi, manevi katkıda bulunduğumuz, bizim zannettiğimiz bir hizmet cemaati değil, fitne yuvası, ne olduğu belli olmayan ajan yuvası bir hal almış. Bir iki kurumda üyeliğimiz vardı, bu yılın başlarında iptal etmiş ayrılmıştım. Bir süredir gizliyorduk. Bizim bu olgu ile hiçbir fikir birliğimiz olamaz. Bizler bu konuda çok ciddi yanılgıya düşmüşüz, aldatılmışız maalesef. Yüce Allah'ım ülkemizi her türlü fitne, fesat, ayrımcılıktan muhafaza bulunsun. Temennimiz arzumuz budur' şeklinde beyanlarda bulunmuş, 2015 yılı başlarında bir iki kurumdaki üyeliğini iptal ettiğini belirtmiş, ancak 2015 ortalarında bizimle yaptığı görüşmede kendisini ikna etmemizi ifade etmiştir. Bu durum, son derece çelişen bir husus olarak dikkat çekmektedir."

Celal Uzunkaya, "FETÖ'den koptum" diye kendisini kamuoyuna tanıtan Küçükbay'ın ikircikli halini ortaya seriyordu. Herkesin aklına geleni de söylemesi sürpriz değildi. İfadesinde durumu şöyle anlattı:

"Belli ki tarafımızca yapılan açıklamalara ve bu örgütle mücadelede önleme amaçlı katkı sunması beklentimize rağmen, bu yapının bir terör örgütü olduğunu bizimle görüşme yaptığı tarihte kabul etmediğinin ve mahkemedeki beyanına göre her şeyi bize anlattığı ifadesiyle örtüşmediğinin, dolayısıyla bizimle herhangi bir bilgi paylaşmadığının, itirafta bulunmadığının açıkça ikrarı olmuştur."

Uzunkaya'nın sözlerinin anlamı açık. Ahmet Küçükbay'ın "etkin pişmanlık" oyununu oynadığının farkında. Mahkemeye de aslında pişmanlığın "p"sinin Küçükbay'da olmadığını gösteriyor. Uzunkaya şöyle devam ediyor:

"Sonuç olarak, adı geçen sanık Ahmet Küçükbay'ın mahkemenize vermiş olduğu ifadede belirttiği gibi, 2015 yılında kendiliğinden emniyet müdürlüğüne gelerek pişmanlık ve itiraf tanımlamasına uyan hiçbir sözlü ya da yazılı beyanı ve anlatımı olmamıştır. Yukarıda alıntısını yaptığım 2015 yılı sonlarındaki sosyal medya paylaşımı da bu durumu açıkça göstermekte ve kendisini tekzip etmektedir."

Evet...

Emniyet Müdürü Uzunkaya da, FETÖ'cü işadamı Küçükbay'ın kendisinin makam odasında diğer polis müdürlerinin önünde "siz önce beni, bunların terör örgütü olduğuna ikna edin" dediğini söylüyordu.

"FETÖ'nün Kandil'i" İzmir

İnsanı gülümseten bir an var...

Öyle ilginç ki, Uzunkaya, polis müdürlerinin daha sonra ikinci kez Küçükbay'dan bilgi almak için görüştüğünü anlatıyor. Polislerin geri dönüşünü ise şöyle aktarıyor:

"Bu ikinci görüşmede aynı tavır ve yaklaşımını sürdürdüğü, hatta kendisiyle görüşme yapan şube müdürlerinin bana gelerek 'müdürüm, biraz daha görüşsek şahıs neredeyse bizi ikna edecek' şeklinde beyanda bulundukları ve bu durumun adı geçenin katı bir tutum içinde olduğunu açıkça göstermiştir."

Polisler, Küçükbay'ın kendilerini FETÖ'nün terör örgütü olmadığına ikna etmeye çalıştığını anlatıyor. Biraz daha kalmaya korkuyorlar.

Polisi bu kadar çaresiz, Küçükbay'ı FETÖ konusunda bu kadar özgüvenli yapansa yine Uzunkaya'nın anlatımlarında:

"İzmir'de de maalesef böyle bir dönem yaşanmış ve bu yapıyla ilgili bilgi toplamada özellikle 17/25 Aralık süreci ve sonrasında oldukça zorluklarla karşılaşılmıştır. Kaldı ki, gerek kişisel kaygılarla, gerek yapının yürüttüğü algı çalışmalarıyla ve gereekse bu örgütün tekrar güçlenebileceği gibi beklenti ve düşüncelerle alınan bilgilerin neredeyse tamamı ya basına yansıyan açık kaynak çalışmaları ya da duyum şeklinde elde edilen bilgilerden sağlanmıştır. Çünkü devletin istihbarat birimlerini o döneme kadar elinde bulunduran bu yapı, kendisi ile ilgili tek bir kelime bilgiyi dahi arşivlerde tutmamıştır."

Uzunkaya'nın başkasını referans vererek kullandığı bir ifade de ilginç: "FETÖ'nün Kandil'i".

Sahiden dünyaya açılan Fethullah Gülen'in örgütünün en güçlü olduğu yerlerden biriydi İzmir. Uzunkaya, FETÖ'ye karşı harekete geçmek istediklerinde istihbaratta tek bir bilgi bulamadıklarını söylerken, bunun İzmir için zorluğunu şöyle anlatıyor:

"Bu süreçte bir yandan 'PKK için Kandil neyse, FETÖ için de İzmir odur' şeklinde birtakım haberlerin ve yazıların çıktığı ve İzmir ilinin bu yapının başkenti olduğu yazılı ve görsel medyada sıkça dile getirilmiştir. İzmir gerçekten de FETÖ terör örgütü için kuruluşundan itibaren tüm faaliyet alanlarıyla alt yapısıyla, ekonomik gücüyle adeta bu örgütün başkenti ve karargâhı gibi bir konum taşımıştır."

Özetle, "FETÖ'nün Kandil'i" dedikleri şehirde, polisin FETÖ hakkında hiçbir istihbarat tutmaması nedeniyle elde hiçbir bilgi yoktu. Küçükbay işte bu özgüvenle kapısına gelenlere "önce beni ikna edin" demekle yetinmemiş, aksine polisleri iknaya çalışmış.

Bir süre sonra Emniyet Genel Müdürü olan Uzunkaya'nın anlatımlarının, Küçükbay'ın oynadığı oyunu bozduğu açık. Uzunkaya, kendisi de FETÖ kumpaslarıyla hedef alınmış bir polis müdürü olarak, FETÖ konusunda geri adım atmıyor. Küçükbay ise onu görevden aldırmak için siyasilere şikayet etmek dahil her şeyi yapıyor. Uzunkaya daha sonra mahkemeye de gelerek Küçükbay'ın "pişmanlık beyanları"nın samimi olmadığını örnekleriyle anlatıyor.

Önce tahliye sonra mallar iade
Ne kadarı FETÖ'cü, ne kadarı AKP'liydi...
Parası olana böyle ayrımlar var mı, onu da bilmiyoruz.
Bildiğimiz, FETÖ ile büyüyen, ancak FETÖ'den kurtulurken sürekli AKP'li kuruluşlara bağış yapan ya da hisselerini devreden Küçükbay hakkında yargı tartışmalı bir karar verdi.

"Örgüte finans sağlamak" suçundan ayrıca ceza almayan Ahmet Küçükbay, "örgüt üyeliği" suçundan 13 yıl hapse çarptırılırken, cezası "etkin pişmanlık" hükümleri dikkate alınarak, 6 yıl 6 aya, duruşmalardaki "iyi hali" dolayısıyla da 5 yıl 5 aya indirildi. Yattığı hapis düşünülünce, Küçükbay'ın yaklaşık bir yıl daha hapse girmesiyle cezası tamamlanacak, belki de buna bile gerek kalmayacak.

4 Mayıs 2018 tarihli bilirkişi raporuna göre, Küçükbay'ın servetinin 85 milyon 648 bin TL'sinin, 2 milyon 181 bin avrosunun, 14 milyon 262 bin dolarının kaynağı FETÖ idi. Servetinin bu kısmına el kondu. Ancak asıl önemli olan, Küçükbay'ın "örgüte parasal destekten" ayrıca ceza almamasıydı.

Birileri bu kararla "Küçükbay'ı değilse de sermayesini" temize çekti.

İşte bu "temize çekme" sayesinde Küçükbay tahliye olmakla kalmadı, şirketleri üzerindeki yönetim kayyımının denetim kayyımına dönüştürülmesine karar verildi. Yani Ahmet Küçükbay, "örgütün olan" kısmı dışındaki mal varlığını da devletten geri aldı.

Masalın sonu henüz yazılmadı

Hikâye böyle bitmedi.

Aslında bu satırlarda anlattığımız sırrın devamında olanları biraz da "Ezop dili" kullanarak aktaralım. Anlamayı biraz da okurun yeteneğine bırakan bu yönteme başvurmamızın nedeni, anlatacaklarımızın halen soruşturma safhasında olması ve bu aşamada kimseyi itham etmek istememtemiz.

Masalımızın kahramanları iki kişiydi: Son dönemde en kritik soruşturmalarda görevli, "kelleyi koltuğuna almış" dedikleri bir "önemli savcı" ve bir "başsavcı."

Masal bu ya, "geçinip gidecekler" diye beklerken şaşırtıcı bir şey oluyordu. Yeni atanan başsavcı, önemli savcıyı görevinden alıyordu. Önemsiz denebilecek işlere atıyordu. Önemli savcı kızıyor, bir süre izne ayrılıp uzaklaşıyordu. Kimileri önemli savcı ile başsavcı arasında bir tartışmanın dahi yaşandığını söylüyordu.

Derken devamı geliyordu...

Başsavcının odasında bir polisin gözaltına alındığı haberi gündeme düşüyordu. Mali suçlarla ilgilenen, "kızağa çekilmiş" polisin durumu kafaları daha da karıştırıyordu. Gelin görün ki, ifadesi alınıp serbest bırakılıyordu. Adliyede "sıra onda" fısıltıları duyuluyordu.

Eş zamanlı şekilde gazetecilerin posta kutularına, özel hayatlara dair suçlamalar gönderiliyordu.

Yaşanan bir olay da fısıltıları konuşmalara dönüştürüyordu. Emniyet mensupları, önemli savcının eski kalem müdürünün odasını basıyor ve arama yapıyordu. Görevliler, özellikle bilgisayardaki yazışmalarla ilgileniyordu.

Bitmiyordu. Polisiye dizileri andıran polisiye gelişmelerde, bu kez "önemli savcının yeğeni" diye tanıtılan kişi gözaltına alınıyordu. "Yeğen" denilen ismin serveti inceleniyordu. Malvarlığının kaynağı sorgulanıyordu. Özellikle "önemli savcı"nın soruşturduğu isimlerle "iş ilişkileri" masaya yatırılıyordu. Bu sırada, önemli savcının "yeğen"in nikâh şahidi olduğu haberleri dahi arşivden çıkarılıyordu. Birbirinden bağımsız duran parçaları birleştirmemize neden olan birkaç gelişme daha yaşanıyordu.

İlkinde yine polisler vardı. Cezaevine gidiyorlardı. Önemli savcının tutukladığı kişilere aynı soruyu soruyorlardı: "Sizden bu süreçte hiç para istendi mi?"

Diğer sahnede başsavcı beliriyordu. Önemli savcının soruşturduğu, hatta tamamladığı dosyaları tek tek raftan indiriyordu. İstenen ya da istenmeyen cezaları sorguluyor, not alıyordu.

Başka gün, önemli savcının daha önce soruşturduğu "şüpheli zengin"lerden biri adliyede görülüyordu. Soruşturmanın yürütülmesine dair hiç beklemediği sorularla karşılaşan işadamı, başsavcıyı da ziyaret ediyordu. Odada önemli savcıya dair beklemediği şeyler duyuyordu.

Bunlar yaşanırken sosyal medyaya ilginç bir fotoğraf düşüyordu. İktidarla iyi ilişkileriyle bilinen İsmaiağa Cemaati'nin Metin Balkanlıoğlu kanadının önde gelen hocalarından biri, adliyenin olduğu ile gidiyordu. Hedefteki önemli savcı ile buluşuyor, birlikte çektirdiği fotoğrafı sosyal medyada "yanındayız" mesajı ile paylaşıyordu.

Kavga Ankara'ya kadar uzanıyordu.

Herkes "neler oluyor" diye soruyordu. İkisi de güvenilen isimler olduğu için, ilk olarak "kayıkçı kavgası" yorumu yapılıyordu. Ama çatışma sürdükçe iki taraf da birbirine yönelik ağır suçlamaları "yukarılara" taşıyordu.

Başsavcıyı destekleyenler "yukarılar"a şunları söylüyordu:

"Önemli savcı yürüttüğü soruşturmalardan menfaat sağladı. Bunu da 'yeğenim' diye tanıttığı kişi aracılığıyla yaptı. 'Yeğenim' dediği kişinin bankada milyon doları var. Hatta paraları çekip kaçmak için bankalara talimat verdi, bu sırada gözaltına alındı. Para verenler itiraf etti. Önemli savcının dosyalarını inceleyen başsavcı, delillere rağmen dosyaların kapatıldığını gördü. Yakında büyük operasyon olacak, hepiniz anlayacaksınız."

Önemli savcıyı destekleyenler ise karşı tarafı suçluyordu:

"Önemli savcı hiç kimsenin gözünün yaşına bakmadan mücadele etti. Gelen başsavcı onunla çekişmeye girip iftiralarla önünü kesti. Gözaltına alınanlarla menfaate dayanan bir ilişkisi yoktu. Onların bir kabahati varsa da, önemli savcı suçlanamazdı. Üstelik başsavcı herkesle kavgalıydı. Valiyle, hatta adalet komisyonu başkanı ile bile arası bozuktu."

Hangisi doğru, kim haklı, şimdilik bilmiyoruz.

Taraflar kılıçları öyle çekmiş ki, birbirini özel hayatlarından vurmak mı dersiniz, adliye lojmanlarına girip çıkanların çetelesini tutmak mı, firari bir sanığın gömdüğü altın efsanesini ciddiye almakla suçlamak mı...

Nasıl hikâye?

"Ahmet Küçükbay ile ne ilgisi var" mı diyorsunuz?

Küçükbay'ın şirketlerini kayyım yönetirken harcanan reklam paralarının bile, yukarıda anlattıklarımıza "değdiğini" söyleyelim.

Nasıl mı?

Küçükbay'ın avukatı Turgut Kazan'ın duruşmada söylediği bir sözü aktaralım:

"Ama eşe dosta iş, iş koluyla ilgisiz insanlara iş yani yağ fabrikasına şehir planlamacısı, inanılmaz masraflar. Duvar reklamına devam, bir 3 buçuk milyon, 1 buçuk, 1 buçuk milyon daha. 3 Mercedes yok pahasına satılıyor ve yerine 3 yeni araç aynı firmadan kiralanıyor inanılmaz fiyatlarla. Yeni duvar ilanları devam ediyor. Durum bu. Şirketler batıyor. Fabrika batıyor."

Gerçekten de bu şikayetler itirazlara da yansıdı. Kayyım, bir anda 5 milyonluk duvar reklamı veriyordu. Öte yandan yargılamalar sonrasında FETÖ ile mücadeleden para kazandığı için soruşturulanlar arasında bir reklam şirketi sahibinin olması tesadüf değildi. Zira anlattığımız hikâyedeki "yeğen"in bir reklam şirketi vardı.

Görülüyor ki birileri bal tutuyordu, parmaklarını da yalıyordu.

Nereye varıyoruz?

Bu hikâye bize, FETÖ ile mücadele sürecinde, "devlet kadar iyi örgütlenmiş" bir oluşumun, sermaye transferiyle, en tehlikeli cezadan bile istediğini kurtardığını gösteriyordu.

Tekrarlayalım, "FETÖ ile mücadele" denilen ve zenginlerin kolaylıkla kurtulduğu bu süreç, "sermayenin el değiştirmesi"nde zor aygıtının nasıl kullanıldığını da gözümüzün içine sokuyor.

Özetle "zengin olan bedel vermeye" devam ediyor. Yargıya inancın kalan kırıntıları da siliniyor.

Siz siz olun, yine de masalların masumiyetine inanmaya devam edin...

"FETÖ Borsası" operasyonları

Biraz "gökten 3 elma düşmüş" gibi olacak...

Ama biz bu dosyayı yazarken, kamuoyunun gözünün önünde apaçık operasyonlar da yapıldı.

Size konuya dair birkaç örnek verelim...

Önce ajanslara düşeni aktaralım:

> "İzmir Cumhuriyet Başsavcılığı tarafından yürütülen soruşturma kapsamında Emniyet Müdürlüğü Asayiş Şubesi ekipleri, farklı suçlara karıştıkları belirlenen ve suç örgütü lideri Serkan K. ile bağlantılı oldukları tespit edilen şüphelileri gözaltına aldı."

Ancak o haberlerde önemli eksikler söz konusuydu.

Gözaltına alınanlar arasında eski AKP İzmir İl Başkan Yardımcısı Ahmet K. da vardı. Suçlamalar arasında bir dizi silahlı eylem dahil, yok yoktu. Ahmet K.'nın kurduğu iddia edilen çetenin silahlı kanadını Serkan K.'nın yönettiği ileri sürülüyordu.

Soruşturma dosyasında yer alan iddialardan biri de, çetenin, 2013-2016 yılları arasında İzmir'de FETÖ'cü olduğu iddiasıyla aranan kişilerden para aldığıydı. Bazı FETÖ şüphelilerinden, "Sizin FETÖ'cü olduğunuzu biliyoruz, yargıya gitmeden işinizi bağlarız" şeklinde para sızdırdıkları yönünde suçlamalar vardı. Gözaltıların ardından eski AKP yöneticisinin de aralarında bulunduğu 16 kişi "organize suç örgütü kurmak ve yönetmek, cinayet ve yağma" suçlamalarıyla tutuklandı.

Adliye kaynaklarından edinilen bilgiye göre, hem tutuklanan çete üyelerinin, hem de firari liderlerinden Serkan K.'nın, üst düzey bir emniyet müdürüyle ilişkili olduğu iddia ediliyordu. Hem yazışmalarla ortaya çıkanlara, hem de tanıklar tarafından öne sürülenlere göre, aranan FETÖ üyelerinin listesi, ilgili polis müdürü tarafından bu çeteye sızdırılıyordu. Yine iddia o ki, o FETÖ'cülere ulaşan çete de "yargıya gitmeden işinizi bağlarım" vaadiyle paralarını alıyordu.

Operasyon sürecinde Serkan K., Gürcistan'a kaçtı ve Interpol tarafından Gürcistan'da yakalandı. Ardından AKP'li siyasetçi Ahmet K. da "sağlık gerekçesiyle" tahliye edildi.

Bu süreçte en dikkat çeken ise cezaevindekilerden alınan ifadelerdi. Cezaevinde FETÖ'den yatan işadamı Tamer K., 13 Nisan 2017'de savcılığa verdiği ifadesinde, mafyanın kurtarmak için kendisine yaptığı teklifi anlattı.

Yakalanan Serkan K.'nın kendisini kurtarmayı teklif ettiğini söyleyen Tamer K.'nın iddiaları şöyleydi:

> "Benim yanımda istihbarat müdürüne 'Tamer K. yanımda, getireceğim' şeklinde mesaj attı. Kudret Müdür olarak kayıtlı olan kişiden 'bir saat sonra bekliyorum' yanıtı geldi."

Adliyede konuşulanlara göre tam da bu dönemde "Kudret Müdür" denilen polis, "önemli bir savcı" ile görülüyordu.

Emniyet'e giden ve üstünkörü bir sorguyla kurtulan Tamer K. "arama kararım olmasına rağmen elimi kolumu sallayarak çıktım" diyordu.

İfadeye göre, "kurtarmak" için Serkan K.'nın başını çektiği grubun Tamer K.'dan para talepleri sürüyordu. Para vermeyi reddeden Tamer K. sonunda kendisini hapiste buluyor, "eğer ilk başta istenilen 100 bin doları ve mafya Serkan K.'nin talep ettiği 500 bin TL'yi vermiş olsaydım, şu anda burada olmayacaktım" diyordu.

Tamer K., para vererek kurtulan işadamlarının ismini de İzmir Cumhuriyet Başsavcılığına veriyordu. Kendisini FETÖ ile tanıştıran kişinin de bunların arasında olduğunu söyleyen Tamer K., aynı kişinin bu kez karşısına "para ver kurtaralım" diyenler arasında çıktığını iddia ediyordu.

Kısacası...

FETÖ'den para ile kurtulma furyası, artık dedikodu değil savcılıkta kalın bir dosya, cezaevinde bir koğuş, poliste bir operasyon sırasıydı.

Son olarak...

Bir savcının daha başını, bu iddiaların yaktığını söyleyelim. Hem de İzmir bağlantısıyla, İstanbul'da.

İstanbul Anadolu Adliyesinde görevli Cumhuriyet Savcısı Levent Kandemir, İzmir'de devam eden soruşturmalara müdahale ederek menfaat sağladığı iddiasıyla görevden alındı. AKP'ye yakın *Sabah* gazetesinin haberine göre[31], İstanbul Cumhuriyet Başsavcı Vekili Ömer Faruk Yıldırım tarafından yürütülen soruşturma sonucu Kandemir hakkında iddianame düzenlendi. İddianamede şüpheli Savcı Levent Kandemir'in, İzmir'deki bir terör dosyasının şüphelileri hakkında soruşturmaya müdahale edeceği kanısı uyandırarak maddi menfaat elde ettiği belirtildi. Kandemir'in İzmir'den gelen bazı kişiler ile makamında görüşmeler yaptığı, bu görüşmelerin birisinde İzmir'de devam eden bir soruşturmaya müdahale vaadiyle para aldığı anlatıldı. İddianamede Savcı

---

31 Damla Kaya, "Bu da savcıya dolandırıcılık davası", Sabah, 9.12.2018, https://www.sabah.com.tr/yasam/2018/12/09/bu-da-savciya-dolandiricilik-davasi

Kandemir'in mali durumunda 660 bin 973 liralık açıklanamayan nakit fazlası olduğu tespit edildiği yazıyordu. İddianame Yargıtay'a gönderildi.

Ve evet... "FETÖ Borsası" suçlamasıyla bir savcı Yargıtay'da sanık sandalyesinde oturacak.

"Zambaklar çürümeye görsün, çok daha kötü kokarlar ayrıkotlarından" diyor William Shakespeare. Haliyle, adalet dağıtıcılarının suçlulardan daha çok koktuğu bir andayız.

Umarız, bu masalda kötüler kaybeder!

9. BÖLÜM

Bu Dosyada Yok Yok

6 Kasım 2017 tarihli *Milat* gazetesinin birinci sayfasında dikkat çeken bir haber vardı. "Havada Fetökulli" başlığını taşıyan haber şu satırlarla anons edildi:

> "BoraJet'i alan SBK Holding Yönetim Kurulu Başkanı Sezgin Baran Korkmaz'ın, bu işlemi teröristbaşı Fetullah Gülen'in bizzat talimatı ile yaptığı öne sürüldü. Korkmaz'ın iş ortağı B.Ö., BoraJet satışının tüm detaylarını anlattığı dilekçesini İstanbul Cumhuriyet Başsavcılığı'na verdi."

Gazetenin birinci sayfasındaki haberin altında Erdal Şimşek imzası, iç sayfadaki devamında ise Mustafa Yılmaz imzası vardı.

Bu ne demekti?

Başlığına gönderme yaparsak, bizzat bu haberin kendisi bir katakulli miydi?

"FETÖ'cü" ihbarı yaptığı dilekçesinin fotoğrafı da haberde yayımlanan B.Ö. kimdi? Film gibi bir hikayeye hazırsanız, başlayalım...

Kim bu dört isim

Adı, Bereket Öner.

1984'te doğdu. Eski ATO Başkanı Sinan Aygün'ün eski damadıydı. İşini soranlara "Gayrimenkul alım satımı yapıyorum" diyordu. Gelin görün ki, gasptan resmi evrakta sahteciliğe, dolandırıcılıktan yağmaya kadar birçok olaya adı karışmış bir isimdi.

Başı iyice belaya girince, Eylül 2017'de Antalya'dan İstanbul'a kaçtı.

Birkaç yıldır tanıdığı Recep Ercan Keskin'i aradı, iş konusunda yardım istedi. Açtığı o telefon, yeni bir serüvene ve dahası yeni belalara kapıydı.

Recep Ercan Keskin...

Keskin Holding Yönetim Kurulu Başkanı'ydı. "Sermaye Piyasası Kurulu'nun denetiminden geçen 3 milyar yatırım yapmış sanayici ve iş adamıyım" diye kendisini tanımlıyordu. Hakkında hayali ihracattan akaryakıt kaçakçılığına, resmi evrakta sahtecilikten rüşvete kadar birçok suçlamadan soruşturma yürütülüyordu. Türk Hava Kurumu (THK) 'nun Laleli'deki tesisini tartışmalı bir şekilde 2055'e kadar kiralaması ve kurumu zarara uğrattığı iddiaları nedeniyle THK ile davalıktı. Yargı süreci devam ederken, THK ile ilgili olumsuz haberleri hep aynı gazeteciye yaptırıyordu.

O gazeteci Erdal Şimşek'ti.

AKP'li *Milat* gazetesinin hem Yazıişleri Müdürü, hem de yazarıydı. *TRT Kurdî* kanalına dış politika üzerine program hazırlıyordu. *"Türkiye'de İstihbaratçılık ve MİT"* adlı bir kitaba imza attı. "Ben 1998'den beri FETÖ ile mücadele ediyorum" diyerek, Sezgin Baran Korkmaz'la ilgili haberi yapma motivasyonunu anlatıyordu.

1977 doğumlu Sezgin Baran Korkmaz, isminin baş harflerinden oluşan SBK Holding'in kurucusuydu. Binlerce öğrenciye aylık toplam 14 milyon TL burs verdiğini iddia ediyordu. BoraJet'i, ortakları arasında firari FETÖ'cülerin de olduğu isimlerden satın almasıyla ve Türk Hava Kurumu Üniversitesi'nin yöneticisi olmasıyla uzun süre tartışıldı. ABD'nin önde gelen gazetelerinden *New York Times*, eski CIA Direktörü James Woolsey ile görüştüğünü ve Fethullah Gülen'i itibarsızlaştırma kampanyası için 10 milyon dolarlık bir anlaşma teklif ettiğini ileri sürmüştü.

Gelin, işte bu dört ismi buluşturan öyküyü polis, savcılık ve mahkeme ifadelerinden aktaralım...

"MİT'ten abiler geldi"
Tarih: Eylül 2017.

Bereket Öner'in iddiasına göre, Recep Ercan Keskin bir görüşmede kendisine şunları söyledi:

> "Sen Sezgin Baran Korkmaz'la uzun süre iş yaptın. Korkmaz BoraJet'i FETÖ'nün Amerika'daki parasıyla, FETÖ'nün para yöneticisi Levon Termendzhyan'ın aracılığıyla hülleli şekilde aldı. Bu adamın FETÖ'cü olduğunu MİT biliyor. Ankara'dan, MİT'ten abiler gelecek. Sezgin Baran Korkmaz'ı paket yapacaklar. Uzun süre onunla iş yaptığın için, senin de paketlenme durumun söz konusu. Sezgin Baran Korkmaz iş yaptığın sürece seni çırak olarak kullandı, asıl parayı kendi aldı. Abiler bunu biliyor. Senin aile durumun zaten sıkıntılı, tutuklanırsan daha da zor durumda kalırsın. Bu nedenle, Ankara'dan MİT'ten gelecek abilerle seni görüştüreyim. Her şeyi anlat, onlar senin ifadeni alacak."

Bereket Öner, bu konuda ikna için yaklaşık 10-15 kez arandığını öne sürdü.

Ve bir gece yarısı yine telefonu çaldı. Arayan yine Recep Ercan Keskin'di.

Keskin "Acil olarak Ulus Liv Hospital'ın kafeteryasına gel" dedi.

Nedendi? Neden o saatte hastane kafeteryasına çağrılıyordu?

İddia o ki, "MİT'ten abiler geldi!"

Öner, 45 dakika sonra oradaydı. Recep Ercan Keskin ve yanında bir adam, kafeteryanın bahçe kısmında ayakta bekliyordu.

O adam "MİT'den gelen abi" olmalıydı!

Elinde tespihle çok sert şekilde "Bereket Öner sen misin" dedi. "Evet" yanıtını alınca, iddia o ki şöyle devam etti:

"Biz Ankara'dan MİT'ten geliyoruz. Recep Ercan Keskin bizim dostumuzdur, bana senden bahsetti. Sen de onun dostusun, onun dostu bizim kardeşimizdir. Biz Sezgin Baran Korkmaz'la ilgili bir dosya hazırladık. Bu konuyla ilgili senin ifadeni alacağız. Sen onunla uzun süre iş yapmışsın. Onu paket yapacağız, eğer sen dik durur her şeyi anlatırsan seni gizli tanık yapacağız. Sen bu saatten sonra uzak koruma altındasın, kimse sana bir şey yapamaz. Sen de bizim dediklerimize harfiyen uyacaksın. Yarın ifadeni alacağız, sonra ben direkt İstanbul Cumhuriyet Başsavcısı'na gideceğim, durumu anlatacağım. Bu saatten sonra dönüş yok."

10 dakikalık bu görüşme sona ermişti.

Hastanenin eksi ikinci katında bulunan acil kapısından birlikte dışarı çıktılar. Dışarıda Recep Ercan Keskin'in siyah renkli Mercedes Vito marka arabası, şoförü ve koruması vardı.

Orada...

Öner'in ileri sürdüğüne göre, Keskin'in koruması, üzerinde REK damgası bulunan Louis Vuitton marka çantadan 100 bin TL'yi çıkartıp "MİT'çi abi"ye verdi.

Recep Ercan Keskin daha sonra "Hayır, kesinlikle böyle bir para verilmedi" diyecekti. Hem paranın miktarını nereden biliyordu Bereket Öner?

Bu soruya yanıtı şuydu:

"Ben gayrimenkul alım satım işini yaptığım için, paranın 100 bin TL olduğunu anladım. Çünkü, 100 bin TL toplu verilirken bankalar tarafından dörtlü kuşet şeklinde özel bir bağ yapılır."

İddialar bitmiyordu: Parayı alıp açık kahve renkli çantasının içine koyan "MİT'çi abi", Keskin'e şöyle seslenecekti:

"Ercan, bu para ancak Ankara'dan gelen diğer arkadaşlara yeter. Geri kalanının tamamını yarın ifadeden önce almam gerekir, Adliye'ye dağıtacağım."

Sahi, neler oluyordu? Doğru muydu bunlar?
MİT'çiler neden Recep Ercan Keskin'den para alsındı?
Neden paranın geri kalanı Adliye'de dağıtılacaktı?
Bereket Öner'in iddiaları yenilir yutulur gibi değildi...

"İlk günden götünü başını sallamaya başladın"
Ertesi gün...
Öğleden sonra Recep Ercan Keskin'in Ulus'taki ofisinde buluştular. Keskin'in iki ofis çalışanı da oradaydı.

Daha önce avukatlık bürosunda çalışmış genç bir sekreter bilgisayarın başına geçti. "Anlat bakayım, Sezgin Baran Korkmaz'la hangi tarihte işe başladınız, nasıl çalıştınız, ne yaptınız?" diye sordu "MİT'çi abi!"

Bereket Öner daha konuya girmeden sözü kesildi: "Sen dur, sana zarar gelmeyecek şekilde ben yazdıracağım. Seni bu işin içinden çıkartacağım."

Ne şefkatliydi bu devlet! Elinde tespihle odada volta atarak hem sorular soruyor, hem de "yaz kızım" diyordu. Bereket Öner yanıt veriyor, başka da gıkı çıkmıyordu.

Ama altında ismi olan dilekçeyi okuyunca, "anlattığımın dışında şeyler yazdınız" diye itiraz etti.

"Sen daha ilk günden götünü başını sallamaya başladın, bu iş böyle olmaz. Cezaevine gir de aklın başına gelsin" diye çıkıştı "MİT'çi abi!"

Öner korktu, "tamam" dedi, ayağa kalktı.

İddia o ki... Tam o sırada... "MİT'çi abi", Recep Ercan Keskin'e "dediğimi tamamladın mı" diye sordu. Keskin "sus" işareti yaptı, "bu konuları daha sonra konuşuruz abi" dedi.

Ertesi gün sabah 9.00'da İstanbul Çağlayan Adliyesi'nin önünde buluşmak üzere ayrıldılar.

Dilekçenin fotoğrafı telefonlarda

Tarih: 3 Kasım 2017.

"MİT'çi abi", Bereket Öner'i aradı; "Müracat savcılığının önündeyim, oraya gel, numara al" dedi. Nasıl yani? Bu, her vatandaşın başvurduğu yöntemdi. Devletin istihbarat teşkilatının gizli ve büyük operasyonu da mı bu yolla yapılacaktı?

"İtirafçı" Öner işkillendi; "Ee, hani Başsavcı'ya gidecektik, niye müracat savcılığına dilekçe veriyoruz" diye sordu. "Önce dilekçeyi işleme sokacağız, dilekçeye bakacak savcı bey de orada olacak. Başsavcı ona baskı yapacak" yanıtını aldı.

Gelin görün ki, yanlış kapıyı çalmışlardı; "bu dilekçe FETÖ ile ilgili, terör savcılığına gideceksiniz" diyerek adliyenin yedinci katına yönlendirildiler.

FETÖ'nün kritik adamı paketlenecekti, adliyede paralar dağıtılacaktı, savcı bey bekliyordu, ama daha dilekçeyi verecekleri yeri bile bilmiyorlardı!

Bu ne ciddiyetsizlikti!

Gariptir, "MİT'çi abi" Bereket Öner'i yalnız gönderdi terör savcılığına. Ama, teslim ettiğinin kanıtı olan dosya numaralı suç duyurusunun fotoğrafını kendisine göndermesi konusunda sıkı sıkıya tembihledi. Öyle ya, acil şekilde MİT'e yollanması gerekiyordu o fotoğrafın!

Dediği oldu. Artık resmen başlayan yargı sürecinin fitili olan dilekçenin fotoğrafı hem "MİT'çi abi"de, hem de Recep Ercan Keskin'in telefonundaydı.

"MİT'çi abi" çıkışta Sezgin Baran Korkmaz'ın telefonunu istedi Bereket Öner'den. Nasıl yani?

"Paket edeceğim" dediği adamın, numarası da mı yoktu bir "MİT'çide?" Bu nasıl istihbarat teşkilatıydı?

Öner'in telefonu çaldı; Keskin dışarıda bekliyordu. Öner, "hani Başsavcı'ya çıkacaktık, sizi bekliyorum" diye sordu bir kez daha. "Gerisini bana bırak" yanıtını aldı.

Recep Ercan Keskin ve Bereket Öner birlikte arabadaydılar. Keskin'e sorsanız; "Ben adli süreçte yanında değildim, arabamla oradan geçerken aldım" diyecekti.

İddia o ki, aralarında şöyle bir diyalog geçti:

"- Bu adam tokatçı, bu işin içinde başka bir iş var, beni yakma!

- Bana bırak, izle gör. Bu işten sana milyonlar kazandıracağım. Sana bir zarar gelmeyecek. Sezgin Baran Korkmaz kim? Ben daha bu işe ablamı sokmuyorum. Ablamı da soksam yer yerinden oynar. Liv Hospital Hastanesi'nin sahibinin hanımı ablam..."

"MİT'çi abi" gazeteci çıktı!

Aradan 3 gün geçti...

Bereket Öner beyninden vurulmuşa döndü!

Zira, savcılığa verdiği dilekçe *Milat* gazetesinde haber olmuştu.

Gözlerine inanamadı. Haberin olduğu sayfada, "MİT'çi abi" dediği kişinin fotoğrafı da vardı.

O isim Erdal Şimşek'ti ve gazeteciydi!

Bereket Öner kandırıldığını net olarak şimdi anlamıştı.

Hemen yanına gittiği Recep Ercan Keskin'den, "Sezgin Baran Korkmaz'ı sen yaktın bugün, bir Sezgin Baran Korkmaz da sen niye olmayasın" yanıtını aldı.

Gazetede haberinin çıktığı günün akşamında Sezgin Baran Korkmaz'ın telefonu çaldı. Arayan Recep Ercan Keskin'di.

Korkmaz'ın iddiasına göre, Keskin bir süredir kendisini Söylemezler çetesiyle tehdit ediyordu.

Ya bu kez?

İddia o ki, Keskin telefonda "Barancığım geçmiş olsun, gazetelerden haberler duyuyoruz. Bu konuda sana yardımcı olabilirim" dedi. Korkmaz ise, "Sizden korkmuyorum. İstediğiniz iftirayı atabilirsiniz" diye yanıt verdi.

Recep Ercan Keskin'in son sözü "Bizim gazete haberleriyle alakamız yok. İstersen Bereket Öner ile seni görüştürürüz" oldu.

Sezgin Baran Korkmaz'ın bir iş ortağı vardı: ABD maliyesini dolandırmakla suçlanan, Türk vatandaşlığına başvurup ismini Lev Aslan Dermen diye değiştirdiği iddia edilen, Ermeni asıllı Levon Termendzhyan.

Recep Ercan Keskin'in Termendzhyan'ı da sürekli aradığı, hatta *Milat* gazetesindeki ilgili BoraJet haberinin linkini ona gönderdiği iddia edildi.

Termendzhyan'ın ise "Bunlar ayıp şeyler. Ben Türkiye'de yatırım yapıyorum. Sizi Cumhurbaşkanı'na şikâyet edeceğim" yanıtını verdiği resmi evraklara girdi.

"İstemeyerek size bir kötülük yaptım"

Gazeteci Erdal Şimşek cephesinde de ilginç gelişmeler oluyordu.

Sezgin Baran Korkmaz'ı FETÖ'cü ilan eden haber, *Milat* gazetesinin web sitesinde birkaç saat içinde yayından kaldırıldı. Bu ne demekti? Şimşek, hemen gazetenin genel yayın yönetmenini aradı.

İddia o ki, Sezgin Baran Korkmaz'ın Türkiye lehine lobi faaliyeti yapan, FETÖ karşıtı biri olduğunu öğrenmişlerdi. Evet, basılı gazetede yayımlandı ama web sitesinde bu hatadan dönmüşlerdi!

Kısa süre sonra...

Erdal Şimşek, "FETÖ'cü" diye yazdığı Sezgin Baran Korkmaz'ı aradı ve şunları söyledi:

"Sizden bana hakkınızı helal etmenizi istiyorum. Şimdi namazdan kalktım. İstemeyerek size bir kötülük yaptım. Milat gazetesinde hakkınızda haber yapan gazeteci benim. Bereket Öner, Recep Ercan Keskin ve ismini veremeyeceğim büyük mafya grubunun bir planı var. Çok dikkatli olun. Size yüz yüze konuyu anlatacağım."

Korkmaz'dan gizli kayıt

Tarih: 10 Kasım 2017.

Saat: 17.00

Erdal Şimşek, haberini yaptığı Sezgin Baran Korkmaz'ın ofisine gitti.

Korkmaz, bu görüşmeyi -iddia o ki, Emniyet'in bilgisi dahilinde- gizlice kayda aldı. O görüşmede bakın özetle neler konuşuldu...

Erdal Şimşek: Sizinle uğraşan yapı, benim anladığım kadarıyla sizin o finansör olan arkadaşınıza çökmek istiyorlar. Evet, Levon Termendzhyan'a çökmek istiyorlar. Bütün mesele bu. Bunlar bir iki mafya grubuyla anlaşmışlar.

Sezgin Baran Korkmaz: Bu aklı, Bereket denen çocuğa kim vermiş?

Erdal Şimşek: Recep'le, Söylemezler... Şu an Bereket'in güvenliğini Söylemezler sağlıyor. Şimdi o arkadaş çok korkuyor. Recep Ercan Keskin bunu 750 bin lira borca sokmuş. Ciddi ekonomik sıkıntısı var. (...) Bana nasıl geldi? Emeğim olan, yetişmesine sebep olduğum muhabirlerden bir tanesi, 'abi böyle bir iş var' dedi. 'Tamam' dedim. Recep Ercan Keskin'le görüştük. Baktım en son, mahalle kabadayı işte falan... Ben haber bakarım dedim, konuştuk.

Sezgin Baran Korkmaz: Peki, o muhabir kim? Sizi götüren... Çünkü başka yerlere de götürüyor bunu...

Erdal Şimşek: Bu *Yeni Şafak*'tan...

Sezgin Baran Korkmaz: Cabir mi?

Erdal Şimşek: Hı hı aynen öyle. O çocuk getirdi ve emeğim var onun yetişmesine. (...)

"Bak, gönül koymam"

Sezgin Baran Korkmaz: Peki, bu Bereket nasıl böyle bir işe girdi? Ben bu çocuğa ekmeğini verdim, hayatını verdim yahu...

Erdal Şimşek: Vallahi, çocuk herhalde uyuşturucu kullanıyor. Mimiklerinden belli, hep sürekli telefonla oynuyor. Rahatsız, krize giriyor, sigarayı kesin kullanıyor. O şey, uyuşturucu sigarayı...

Sezgin Baran Korkmaz: (...) 21 kişiyi dolandırmış.

Erdal Şimşek: GBT'si geldi. Sadece bu yıl iki tane iftira, evrakta sahtecilik, dolandırıcılık... 8-10 tane suç işlemiş 2017 yılında.

Sezgin Baran Korkmaz: 2017 yılında 23 tane dolandırıcılık var polis ve savcılık kaydında... (...)

Erdal Şimşek: (...) Devletin bir polisi bütün çeteye yeter.

Sezgin Baran Korkmaz: Devlet tabii, ben devletime güveniyorum.

Erdal Şimşek: İsmail amcayla bir konunuz varsa sizin arkanızda olur. İsmail amcayla baba evladı gibiyiz. Ben ona söyledim; 'amca' dedim, 'dikkat et, senin adını kullanıyorlar...' 'Kim, Sena mı' dedi; 'yok, Mustafa Söylemez diye biri' dedim. (...)

Erdal Şimşek: Sizden bir şey isteyeceğim. Neye inanıyorsanız, hangi değere, en kutsal değerlere, çocuklarımız için... Benden şüphelendiğin zaman, 'kardeş senden şüpheleniyorum' de. Bak açık söyleyeyim; hepimiz ekmek peşindeyiz. Ben gazeteciyim, başkasının kapısında çalışıyorum. Siz de başkalarının işlerini getirip götürüyorsunuz. Siz dik durun, şüphelendiğiniz anda 'kardeş görüşmeyelim' deyin. Bak, gönül koymam. (...) Üstadım siz şu anda kimin kuyruğuna bastığınızı düşündünüz mü, bilmediğim için...

Sezgin Baran Korkmaz: Fetullah Gülen'in! Bütün gazeteler, Amerika'da gazeteciler, Emre Uslu, hepsi benimle ilgili tweet'ler atıyor. Ben çünkü orada lobi faaliyetlerinde bulundum.

Erdal Şimşek: Aaa, konferansı falan yapan siz miydiniz?

Sezgin Baran Korkmaz: Tabi, tabi... Fetullah'la ilgili... Başka kimin ayağına bastım? Recep Ercan Keskin'in ayağına bastım. Çünkü onun dolandırıcı olduğunu herkese anlatıyorum. (...)

"Siz bana küçük bir bütçe oluşturun"

Erdal Şimşek: Esas başka bir iş var da...

Sezgin Baran Korkmaz: Nerede?

Erdal Şimşek: Daha nerede olduğunu bilmiyorum. İskendurun Limanı'nda ya da İzmit'te.

Sezgin Baran Korkmaz: Orada, 2016'da akaryakıt kaçakçılığından gözaltına yakalanmış.

Erdal Şimşek: Bu işler için kendim gideyim, isterseniz yanıma avukatınızı verin. Harcama yapmam lazım.

Sezgin Baran Korkmaz: Sen işini gücünü bırak abi, bu işin peşinde koştur.

Erdal Şimşek: O zaman siz bana küçük bir bütçe oluşturun. Koyalım onun masasına, petrol kaçakçılığı hâlâ devam ediyor Ercan'ın... Organize'den aradım... İzmir Organize ağabeyim. Bu yılın Mart ayında falan, çok yüksek para...

Sezgin Baran Korkmaz: Organize'ye mi para veriyorlar?

Erdal Şimşek: Yüksek paralar...

Sezgin Baran Korkmaz: Olabilir, doğrudur.

Erdal Şimşek: Ama İzmir Organize'deki adam çok düzgün biri. Ben soruşturdum, polisi de müdürü de amiri de... 'Teslim et' dediler. İzmit'te bizim şey var biliyorsun; Erzurumlular, Karslılar dolu. (...)

"Reise söyleyin, bizim medyadakilerin kulağını çeksin"

Erdal Şimşek: (...) Şimdi benim aklımdan geçen şu üstadım... İsterseniz profesyonel bir şey kurun veya bir tanıtan... Sizi medyadan gelecek saldırılara karşı şey yapacak... Yarın öbür gün göreceksiniz, başkalarının kuyruğuna basacaklar. Bir şey oluşturmamız lazım. Yani ne bileyim, bir internet sitesi, haber sitesi falan kurulur. Sizin Cumhurbaşkanı'yla aranız nasıl?

Sezgin Baran Korkmaz: İyi ilişkilerimiz...

Erdal Şimşek: Şahsen?

Sezgin Baran Korkmaz: Tabii canım, tanıdığımız.

Erdal Şimşek: O zaman reise söyleyin, bizim medyadakilerin kulağını çeksin. (...)

Sezgin Baran Korkmaz: (...) Biz kimseye 'yapmayın' diyemeyiz, yapın abi. Ne varsa, haber yapmak istiyorsan, yap. Ama sen yalan haber yapamazsın, anladın mı? Ben ayakkabı boyayarak gelmişim, anladınız mı? (...)

Erdal Şimşek: (...) Sizden tek ricam var, bu Ermeni'yi koruyun.

Sezgin Baran Korkmaz: Yok, ben onu korumak için yani...

Erdal Şimşek: Söylemezler çok acımasız. O zaman İhsan amcaya mı söylüyorsunuz, Mücahit ağabeye mi söylüyorsunuz... Mustafa ağabeye söylesinler, emniyet müdürüne...

Sezgin Baran Korkmaz: İstanbul Emniyet Müdürü'ne mi?

Erdal Şimşek: Evet, Mustafa ağabey çok kalenderdir. Hukukunuz yok. O zaman artık bizim Mücahit Bey söylesin. Çünkü bunlar bir polis olsun, bir ordu gelse, korkarlar.

Çünkü devletle savaşacaklar. (...) 10 tane koruman olsun, gelir vururlar. Ama bir tane olsa korkar, köpekleşirler. Ben bunları biliyorum, 27 yıldır gazeteciyim. (...)

MİT'teki İsmail amca

Erdal Şimşek: (...) Söylemezlerin yanındaki MİT'çi, ben İsmail amcaya söyledim.

Sezgin Baran Korkmaz: Ben ismini bilmiyorum, MİT'te çalışıyor mu halen?

Erdal Şimşek: İsmail amca 'pasif görevde' dedi. Şaşırdım; 'Allah Allah, emin misin' dedim. İsmail amcayı Diyarbakır bölge müdürüyken tanırım. Yaklaşık 19 yıldır.

Sezgin Baran Korkmaz: Birlikte çalıştık. Yani benim abimdir, dostumdur.

Erdal Şimşek: İsmail amcayı şimdi tekrar alacaklar haberiniz var mı; belki müsteşarın yanına geçme ihtimali var. O zaman yanınıza sağlam bir...

Sezgin Baran Korkmaz: O MİT'çinin adı önemli. İsmail amcaya söyledin mi?

Erdal Şimşek: İsmail amcaya söyledim (...) Ben hacı ile yarın konuşacağım Taksim'deki ofisinde. Fotoğraf falan çekeceğim, size WhatsApp'tan atacağım, nasıl istiyorsanız...

Sezgin Baran Korkmaz: 'Abi bak; bu, bunun adamı, bu da belgeleri... Bak burada vergi kaçakçılığı yapmıştı' desin; bitti benim için, anladın mı... Hani devlet kazansın, hukuk kazansın, adalet kazansın, onur kazansın.

Erdal Şimşek: O zaman, onu hemen oradan çekmeyelim.

Sezgin Baran Korkmaz: Tabii tabii, çekmeyelim yok abiciğim.

Erdal Şimşek: Hacıdan faydalanırsınız.

Sezgin Baran Korkmaz: Arasan hacı gibisini bulamayız.

Erdal Şimşek: Tamam babam, vallahi çok üzüldüm, çok mahcup oldum yani...

İtirafçı Öner Hürriyet'te

Özetle...

Sezgin Baran Korkmaz'ın gizli kaydından anlıyoruz ki:

Milat gazetesinin yöneticilerinden Erdal Şimşek, bir bütçe karşılığında, önce FETÖ'cü ilan edip sonra helallik istediği Sezgin Baran Korkmaz için çalışacaktı.

"MİT'te çalışan İsmail amcayla" yakınlığını sürekli vurgulayan Şimşek, bu çalışması kapsamında Recep Ercan Keskin aleyhinde bilgileri Korkmaz'a iletecekti. Bunun için de Keskin'in yakınındaki bir adamı kullanacaktı.

Tüm bu iç içe geçmiş ilişkiler yumağında...

Kendisini "MİT'çi" diye tanıtan Erdal Şimşek tarafından kandırıldığını iddia eden Bereket Öner de, bu iddiasıyla çelişir bir harekete imza atacaktı.

Ne miydi o hareket?

16 Kasım 2017 tarihli *Hürriyet* gazetesinde, Yalçın Bayer şöyle yazdı:

> "Ankaralı işadamı Bereket Öner (34) gazetemize gelerek bize iki dosya bıraktı. İstanbul Cumhuriyet Başsavcılığı'na 3 Kasım 2017'de verdiği dilekçe ile Sezgin Baran Korkmaz aleyhinde suç duyurusunda bulundu. Dilekçesine 'Birebir tanık olduğum ve gelişimine engel olamadığım organize terör ve mali kısım suçlarla ilgili itirafta bulunmak istiyorum' diyor."

Evet, *Milat*'ta yayımlanan iddiaların daha genişi, 10 gün sonra gazeteci Bayer'in köşesinde yayımlanmıştı.

Bereket Öner, "*Hürriyet* gazetesine Recep Ercan Keskin beni yolladı. Çünkü Yalçın Bayer'i kendi tanıyordu. Yalçın Bey'e, kendi şoförünü ve korumasını başıma dikerek yolladı beni. Kamera kayıtları alınsın, *Hürriyet* gazetesine hangi araçla gitmişim" diyerek kendisini savunacaktı.

Gelin görün ki; Erdal Şimşek de doğru bir soru soruyordu:

> "Hani ben MİT'çiydim? Hani benim gazeteci olduğumu bilmiyordu? Burada sadece ben değil, yaklaşık 10 civarında gazeteci kandırılıyor. Ben bir gazeteciyim ve kamu görevi görüyorum. Ortada bir terör örgütü söz konusuysa, bu terör örgütüyle ilgili ifşaatta bulunmak anayasal görevim. Daha

sonra haber kaldırıldı internet sitesinde ama, gazetede basıldı. Bende, *Türkiye*, *Diriliş Postası*, *Akşam*, *Star* gibi birçok gazetede basıldığı gibi"

Sahi, Bereket Öner ikili mi oynuyordu?

Hande Fırat'ın nikâh şahidi

Aradan birkaç gün geçti...

5 Aralık 2017 akşamı...

Hürriyet gazetesi Ankara Temsilcisi Hande Fırat ile işadamı Murat Özvardar Sheraton Otel'de yapılan nikâh töreniyle dünya evine girdi. Düğüne iş, sanat, siyaset ve spor dünyasından yüzlerce seçkin davetli katıldı.

Ama asıl beklenen Cumhurbaşkanı Recep Tayyip Erdoğan'dı.

Davetliydi, gelmesi bekleniyordu, ama yoktu.

Bakan Çelik mikrofonu aldı eline, "Sayın Cumhurbaşkanımız adına burada bulunuyorum. Kudüs'le ilgili toplantısı, telefon trafiği var. Kendisi benim gelmemi istedi" dedi.

Doğru muydu?

Zira, iddia oydu ki, Cumhurbaşkanı Erdoğan nikâha katılmaktan aldığı bir istihbarat sonucunda son anda vazgeçmişti. O istihbaratın başaktörü, ünlü çiftin nikâh şahitlerinden biriydi. Nikâhta, Aydın Doğan ve Ömer Çelik'in yanı sıra, Recep Ercan Keskin de şahitti.

Erdoğan'ın neden o nikâha katılmadığı...

Ya da Keskin'in neden, Erdoğan'ın katılmasının beklendiği o nikâhta şahit olmak için çabaladığı, nikâhtan birkaç hafta sonra belli olacaktı.

Recep Ercan Keskin Körfez Cumhuriyet Başsavcılığı'nın yürüttüğü soruşturma kapsamında 29 Aralık 2017'de tutuklandı. Keskin'e "hayali ihracat", "akaryakıt kaçakçılığı" ve "resmi evrakta sahtecilik" suçlamaları yöneltiliyordu.

İlginçtir...

Bir süre sonra, iddianame bile hazır olmadan Keskin tahliye edildi.

Bu şüpheli tahliyede, bir AKP'li Bakan'ın ve Erdoğan'ın bir danışmanının payı olduğu ileri sürülüyordu.

İddianame ne diyor

Sona geliyoruz...

Sezgin Baran Korkmaz'ın şikayetiyle, önce Bereket Öner ve Erdal Şimşek tutuklandı.

"Hayali ihracat ve akaryakıt" soruşturmasından tahliye olan Recep Ercan Keskin'in, bu soruşturmadan tutuklanması ise 22 Mart 2018'i buldu. Üçüne de "Birden fazla kişi tarafından birlikte yağma ve var olan suç örgütlerinin oluşturdukları korkutucu güçten yararlanarak yağma" suçlamaları yapıldı. İstanbul Cumhuriyet Savcısı Muhammet Akcaer tarafından hazırlanan 2 Nisan 2018 tarihli iddianame şu çarpıcı tespitler vardı:

> "Şüpheliler arasında yapılan telefon görüşmelerinin HTS kayıtlarının incelenmesinde: Olay tarihlerinde Erdal Şimşek'in kullanımındaki 0532 701 XX XX numaralı hat ile Recep Ercan Keskin kullanımımdaki 0532 395 XX XX numaralı hat arasında 31 defa, Bereket Öner'in kullanımındaki 0532 305 XX XX numaralı hat ile 7 defa, Sezgin Baran Korkmaz'ın kullanımındaki 0532 268 XX XX numaralı hat ile 19 defa görüşme yapıldı. Şüpheli Recep Ercan Keskin kullanımındaki 0532 395 XX XX numaralı hat ile Bereket Öner'in kullanımındaki 0532 305 XX XX numaralı hat ile 28 defa, müşteki Sezgin Baran Korkmaz'ın kullanımındaki 0532 268 XX XX numaralı hat ile 16 defa görüşme yapıldı. Söz konusu görüşmelerin müştekinin dilekçesinde belirtmiş olduğu tarih, saatler ve yerler ile örtüştüğü, müştekinin iddialarını doğrular nitelikte oldukları tespit edildi.
>
> Yapılan soruşturma neticesinde, her ne kadar şüpheliler birbirlerinin aksine beyanda bulunsalar da, müştekinin ve birbirlerinin iddialarını doğrular nitelikte beyanlarının olduğu, aralarındaki telefon görüşmelerinin suç tarihinde sıklaştığı, birbirleri ile sık görüşmediklerini beyan eden şüphelilerin sık görüşmelerinin hayatın olağan akışına aykırı olduğu

anlaşıldı. Bu haliyle şüpheliler Recep Ercan Keskin, Erdal Şimşek ve Bereket Öner'in eylem birliği içerisinde Söylemezler suç örgütünün adını kullanarak müşteki Sezgin Baran Korkmaz hakkında asılsız haberler çıkarıp, müştekiyi bu iddialardan kurtaracakları yönünde söylemlerde bulunarak, müştekiyi tehdit ederek, maddi menfaat temin etmeye çalışarak, üzerlerine atılı suçu işledikleri, şüphelilerin eylemleri tamamlanmadan müştekinin başvurusu üzerine suçun teşebbüs aşamasında kaldığı tüm dosya kapsamından anlaşıldı."

"Erdoğan beni sever"

Gelinen noktada...

Erdal Şimşek tutuklandıktan yaklaşık 4 ay sonra tahliye edildi. Ancak savcının itirazıyla tekrar tutuklandı.

Şimşek yeniden cezaevine girince, kim imdadına yetişti dersiniz?

Nedendir bilinmez; Sezgin Baran Korkmaz verdiği dilekçeyle şikâyetinden vazgeçti[32] ve Şimşek 13 Temmuz 2018'de yeniden tahliye oldu. Tıpkı, Bereket Öner ve Recep Ercan Keskin gibi...

Erdal Şimşek imzalı yazılarına şimdilik ara verse de, AKP yandaşı *Milat* gazetesinin künyesinde "Yazı İşleri Müdürü" olarak yer almaya devam ediyordu.

Ve...

30 Temmuz 2018'den itibaren yüzlerce, evet yüzlerce web sitesine sipariş bir haber düştü. Haberin başlığı "Cumhurbaşkanı Erdoğan'ın sevdiği iş adamları" idi.

---

32 "Şikâyetten vazgeçme", bize neyi mi hatırlattı? AKP Kayseri Milletvekili Mustafa Elitaş, gözaltına alınan FETÖ'cü iş adamları sevk edilmeden hemen önce Kayseri Adliyesi'nde görülmüştü. Saatlerce Başsavcı ile görüştüğü iddia edilen AKP'li Elitaş, hakkındaki "FETÖ Borsası" iddialarını yalanladı. Diğer yandan, aynı Elitaş Türkiye'de "FETÖ avcılığı" olduğunu belirtmiş ve şunları demişti: "Öyle söylentiler var ki;'FETÖ avcılığı' adı altında bir sektör oluşmuş. Türkiye'nin çeşitli yerlerinde var bu, belki bu iş Kayseri'de de var! O sektöre kurban olan insanlara diyorum ki; 'Korkmayın. Cesur olun, kim sizi tehdit ediyorsa, kim size şantaj yapıyorsa, gelin bana suçüstü yaptıralım kardeşim.' Olay bu! Bir iftiradan dolayı, herhangi bir paylaşımdan dolayı kimse kimseye 1 kuruş bedel ödemesin! Eğer o adam bunu yapıyorsa, FETÖ'den daha büyük haindir! Açık söylüyorum; birileri bir vatandaşı FETÖ'den tehdit ederek karşılığında para alıyorsa, o FETÖ'den daha büyük haindir. Alçaktır!"

Yüzlerce sitede kullanılan bu sipariş haberin fotoğrafında kim vardı, dersiniz: Eski yıllardaki bir yemek masasında; Recep Tayyip Erdoğan ile eşi Emine Erdoğan, AKP Kadın Kolları'nda yöneticilik yapan Hümeyra Keskin ve eşi Recep Ercan Keskin ile oturuyordu.

10. BÖLÜM

Bilal Erdoğan'ın "Dokunulmaz" Ortakları

Bilal Erdoğan olmak kolay değil.

Zira belki de, o sadece Cumhurbaşkanı'nın oğlu değil.

Biz de yakın zamanda fark ettik.

Bilal Erdoğan, Aile Bakanlığı'na bağlı Darülaceze'de idare meclisi üyesi olmuştu. II. Abdülhamit'in torunu Abdülhamit Osmanoğlu da aynı mecliste göreve başlamıştı.

Muhtaçlar için kurulan kurumu yönetiyorlardı.

İbni Haldun adına açılan üniversitede de o karşınıza çıkıyordu.

Cumhuriyetin kapattığı medreseler arasındaki Süleymaniye Medreseleri yeniden açıldı. Vakıflar Genel Müdürlüğü restore ettikten sonra İbni Haldun Üniversitesi'ne teslim etti. İbni Haldun Üniversitesi de burayı kampus yaptı. Açılışta kürsüde Bilal Erdoğan vardı. "Neden" diye sorarken fark ettik. Meğer Bilal Erdoğan üniversitenin mütevelli heyeti başkan vekiliymiş. Belediyenin desteğiyle yeni kampuslar açacak üniversiteyi o yönetiyormuş.

Bilim merakını da yeni keşfettik.

2019'un "Fuat Sezgin Yılı" ilan edilmesiyle, üniversiteler, İslam Bilim Tarihi Araştırmaları Vakfı ortaklığıyla projeler yapıyordu. 2010'da açılan vakfa, Gülhane Parkı'ndaki

155

binalar, müze yapması için teslim edilmişti. Fatih Sultan Mehmet Üniversitesi içinde bir de enstitü kuran bu vakıfta Bilal Erdoğan mütevelli heyeti üyesiymiş.

On parmağındaki on marifetler anlatmakla bitmezdi.

"Eğitimci"liği biliniyordu.

TÜRGEV, TÜGVA, YETEV, Kartal Eğitim Vakfı, İnsan ve İrfan Vakfı, İlim Yayma Vakfı gibi Milli Eğitim'le ilişkili birçok kurumda o vardı. Bunların tamamı, son dönemde eğitim sistemini şekillendirmesiyle dikkat çekiyordu. Bilal Erdoğan, imam hatipler için öğrenci hedefi de açıklıyor, gittiği illerde okul müdürleriyle toplantı da yapıyordu.

Üniversite ilişkileri İbni Haldun'dan ibaret değildi. Babasının adını taşıyan Recep Tayyip Erdoğan Üniversitesi'ni fiilen yöneten vakfın kurucular kurulunda vardı. Keza, Malezyalı milyarder Syed Mokhtar Albukhary'nin 200 milyon dolara kendi adına kurduğu üniversitenin mütevelli heyetinde de... Albukhary'nin üniversite anahtarını Bilal Erdoğan'a teslim ettiğini medyadaki haberlerde okumuştuk.

Bitmiyor; Bilal Erdoğan, Bosna Hersek Uluslararası Saraybosna Üniversitesi'nde bile karşınıza çıkıyordu. Üstelik bu kadar üniversite yönetirken, aynı anda Johns Hopkins Üniversitesi'nin İtalya'daki merkezinde 12 yıldır burslu doktora öğrenciliği yapıyordu.

Bir de sporcuydu.

Bünyesinde bir spor kulübünü ve araştırma enstitüsünü barındıran Okçular Vakfı'nın mütevelli heyetinde o vardı. İstanbul Belediyesi'nin tahsis ettiği arazilerde ve binalarda faaliyet yürütüyordu. Bilal Erdoğan, vakfın "ya Hakk" diye ok atan reklam yüzüydü.

Sadece bu kadar da değildi.

Dünya Etnospor Topluluğu'nun "taklit organizasyon" suçlamasına hedef olan Dünya Etnospor Konfederasyonu Yönetim Kurulu Başkanıydı. Festivallerinin baş konuğuydu. Rus basınına göre, Yakutistan'da yapılacak Mas Güreşi Turnuvası'nın Arnod Schwarzenegger ile birlikte davetlisiydi.

İşadamlığını biliyorduk. Denizcilikten hediyelik eşyaya, kozmetikten kuyumculuğa kadar çeşitli alanlarda şirketleri vardı. Erdoğan, şirketleri aracılığıyla "aile dostları"ndan akrabalarına kadar birçok kişiyle ortaktı. İstanbul'un büyük AVM'lerinde Gülhane Döner gibi bazı restoranlar bile, sahibi olduğu Doruk Izgara şirketi sayesinde onundu.

Türkiye Gençlik STK'ları Platformu kurulur da, Bilal Erdoğan yönetiminde olmaz mıydı? Cumhurbaşkanı Erdoğan'ın Kırgızistan Meclis Başkanı ile görüşmesinde, masada resmi sıfatı olmadığı halde Bilal Erdoğan oturuyordu.

Özetle, Bilal Erdoğan belki de sadece Bilal Erdoğan değildi.

İfadeye dahi çağrılmadı

Keza FETÖ denilince işler iyice karışıyordu.

Hatırlıyor musunuz?

FETÖ'nün işadamları örgütünün, Erdoğan'a meydan okuduğu toplantıydı.

17-25 Aralık operasyonuna karşı o dönem Başbakan olan Erdoğan "inlerine gireceğiz" demiş, yanıt TUSKON'dan gelmişti. TUSKON Başkanı Rızanur Meral "yakın gelecekte, kimlerin inlerde yaşadığını, kimlerin saklanacak in arayacağını, kimlerin müsvedde, kimlerin asıl olduğunu herkes görecek" diyerek açıkça Erdoğan'a meydan okumuştu.

Medyada "ihanet toplantısı" ifadeleriyle haber olan 2014 tarihli o toplantı, daha sonra bir davanın konusu oldu.

TUSKON davası İstanbul 23. Ağır Ceza Mahkemesi'nde görülüyordu. 86 sanığın olduğu davada, aralarında eski İstanbul Büyükşehir Belediye Başkanı Kadir Topbaş'ın damadı Ömer Faruk Kavurmacı'nın da olduğu az sayıda kişi tutuklu yargılandı.

Ancak asıl mesele, sanık olanlar değil olmayanlar noktasında çıkıyordu.

Hikâyeyi şöyle anlatalım...

TUSKON toplantısına katılan, hatta Ömer Faruk Kavurmacı'nın yanında, en önde oturan ünlü bir işadamı vardı. Adı Mehmet Gür'dü. İnşaattan sağlığa, turizmden enerjiye birçok alanda faaliyet yürüten Ortadoğu Grup'un İcra Kurulu Başkanıydı. Aynı zamanda holdingin veliahtıydı.

İş adamı Gür toplantıya TUSKON'un Marmara İş Hayatı Dernekleri Federasyonu (MARİFED) üyesi olarak katıldı. Toplantının hazirun listesinde Gür'ün katıldığını gösteren imza da vardı. TUSKON arşivlerine göre Gür, Marmara Bahar İşadamları Derneği'nin (MABİAD) Denetim Kurulu Üyeliği'ni yaptı.

TUSKON içindeki derneklerde görev alan, Cumhurbaşkanı Erdoğan'ın tehdit edildiği toplantıda en önde oturan Gür, o toplantıdaki birçok ismin aksine sanık olmadı. Hatta tanık olarak bile ifadeye çağrılmadı. Polisin ilgili toplantıyı soruşturarak, kare kare hazırladığı katılanlar listesinde de adı yer almadı.

Kısacası Mehmet Gür, FETÖ operasyonlarından "hasarsız" kurtuldu.

İşte tam da bu noktada, Mehmet Gür'ün durumu merak uyandırıyordu.

Sırrı neydi?

Türkiye'nin büyük holdinglerinden birini yöneten Gür'ün pek çok şirkette doğal olarak ortaklığı vardı. Bunlardan biri Ortadoğu Proje Geliştirme İnşaat Sanayi ve Ticaret Anonim Şirketi'ydi. Söz konusu şirkette Gür, Yönetim Kurulu Başkanı olarak görülüyordu. Ticari kayıtlarda şirket ortakları arasında BMZ (Bilal-Mustafa-Ziya) Grup da dikkat çekiyordu. BMZ Grup'un Cumhurbaşkanı Recep Tayyip Erdoğan'ın oğlu Bilal Erdoğan, kardeşi Mustafa Erdoğan ve eniştesi Ziya İlgen'e ait olduğu düşünüldüğünde; Mehmet Gür'ün Erdoğan Ailesi ile ortaklığı ortaya çıkıyordu.

Nitekim Ortadoğu Proje Geliştirme İnşaat Sanayi ve Ticaret Anonim Şirketi kayıtlarında, enişte İlgen, başkan yardımcısı ve imza yetkisine sahip olan yönetim kurulu üyesiydi. Kamuoyu İlgen'i, 15 Temmuz günü FETÖ'nün darbe girişimini Cumhurbaşkanı Erdoğan'a ilk haber veren kişi olarak biliyordu.

Erdoğan'ın açıkça tehdit edildiği TUSKON toplantısından hasarsız kurtulan Erdoğan Ailesi'nin ortağı Mehmet

Gür'ü, ulaştığımız bilgileri teyit etmek için aradık. Gür'ün avukatı Burak Boz, Gür'ün TUSKON üyesi olduğunu ve Erdoğan'ın tehdit edildiği toplantıda en önde, Ömer Faruk Kavurmacı'nın yanında oturan isim olduğunu doğruladı. Müvekkilinin Erdoğan'ın ailesiyle iş ilişkisini de kabul etti. En önemlisi, Mehmet Gür'ün 86 kişilik TUSKON davası dahil herhangi bir FETÖ davasında sanık olmadığının, hatta ifadeye bile çağrılmadığının altını çizdi.

Sürekli yapılan bir hatayı da düzeltelim. Kitabımıza konu olan Mehmet Gür, yine aileyle yakın ilişkileriyle bilinen, hatta Erdoğan Ailesi'nin oturduğu villaları yapan Mehmet Gür değildi. Evet, akrabalardı ve arada sadece isim benzerliği vardı.

Nihayetinde...

Erdoğan Ailesi'nin ortağı olan isim, karşımıza TUSKON'da, üstelik Erdoğan'ın tehdit edildiği toplantıda çıktı.

Aynı toplantıda yan yana oturan iki isimden birinin tutuklandığı, diğerinin ifadeye bile çağrılmadığı ilginç bir durumla karşı karşıyaydık.

Sanmayın ki sadece şirket sahipleri...

Erdoğan tehdit edildiği sırada ayağa kalkarak çılgınca alkışlayan bir isim daha vardı: Mehmet Ata Ceylan.

Kim miydi o?

Dönemin Ortadoğu Enerji Grup Başkanı'ydı. Yani, Erdoğan'ın ortağının holdinginde yöneticiydi.

Üstelik Ceylan sadece alkışçı değil, son genel kurulda bizzat TUSKON'un yönetimindeydi. 2010'da da Yedek Yönetim Kurulu Üyesi olan Ceylan, FETÖ'nün MARİFED isimli derneğinin delegesi olarak TUSKON Genel Kurulu'na katıldı.

Peki, Ceylan TUSKON davasında sanık oldu mu diye sorarsanız, size "hayır" yanıtını vermek zorunda kalacağız.

Özetle...

Yalnız Bilal Erdoğan'ın ortağı Mehmet Gür değil, şirketinin CEO'su da FETÖ soruşturulmalarından kurtuldu!

Eski ortaklığın hatırına mı?

"Bilal'in ortağı olmak", tamamen tesadüf diyebilirsiniz.

Öyleyse, size bir hikaye daha anlatalım...

Türkiye'nin en bilinen kuyumcularından Atasay Kamer'den bahsedelim.

Dede Atasay Kamer'den oğul Cihan Kamer'e ve FETÖ okullarından yetişme torun Atasay Kamer'e uzanan kuyumculukla ilgilenen aile, aynı zamanda Cumhurbaşkanı Erdoğan'ın oğullarıyla yıllar boyunca yaptığı ortaklıkla biliniyordu.

Bu ortaklık, nasıl kurulduğundan ödediği vergiye kadar uzun süre konuşulmuş ve soru işaretleri bir türlü giderilememişti.

İstanbul Ticaret Odası sicil kayıtlarına göre, 1995 yılında kurulan Atagold Kuyumculuk Tic. A.Ş.'nin yüzde 50'si Cihan, Atasay, Çiğdem ve Simay Kamer'e aitti. Diğer yüzde 50 ise, yakın zamana kadar Recep Tayyip Erdoğan'ın oğlu Bilal Erdoğan ile Burak Erdoğan'ın eşi Sema Erdoğan arasında eşit paylaştırılmış durumdaydı.

Gelelim konumuza...

Artık adını duymayan kalmadı. Adil Öksüz, 15 Temmuz darbe girişiminin mimarlarından biriydi. O gece Akıncı Üssü yakınlarında yakalandıktan sonra hâlâ kimsenin anlamadığı şekilde serbest kaldı ve sırra kadem bastı.

İşte Öksüz'ün de "aranan" olduğu Akıncı Üssü'ne ilişkin darbe iddianamesinde, Erdoğan Ailesi'nin eski ortağı Atasay Kamer ile ilgili dikkat çeken bir detay vardı.

"17.03.2016-21.03.2016 tarihleri arasında Adil Öksüz ile birlikte yurt dışına giriş-çıkış yapan kişiler" notuyla iddianamede yer alan belgede, ismi sayılan kişiler arasında kim vardı dersiniz?

Atasay Kamer!

Öksüz ve Kamer, darbeden 4 ay önce İstanbul'dan ABD'ye birlikte uçuyor ve birlikte geri dönüyordu.

Ankara Cumhuriyet Başsavcılığı Anayasal Düzene Karşı İşlenen Suçlar Bürosu, 1 Kasım 2016 tarihinde Atasay Kamer hakkında gözaltı kararı verdi.

Ancak bu gözaltı kararından bir haber çıkmadı!

Hazırlanan raporda, aynı Kamer'in başka FETÖ şüphelileriyle de yurtdışına giriş-çıkış yaptığı anlaşılıyordu.

Evet, Atasay Kamer hakkında çıkan gözaltı kararının gereği yapılamadı ve hakkındaki iddia da enteresan şekilde düştü.

Atasay Kamer kendini o kadar hazırlamıştı ki...

Şirketine kayyım atanacağını düşünerek, kendisini 27 Temmuz 2016 tarihinde işveren konumundan SSK'lı işçi konumuna geçirdi.

Ancak bir "el" bu operasyonu engelledi!

Kurtulduğu netleşince de bu kez gerçek görevine, yani Atagold'un genel müdürlüğüne atandı!

Biz bu duruma, bazı sözde gazeteciler gibi "onu da tutuklayın" demek için dikkat çekmedik. Zira, savcı ya da hâkim değiliz.

Asıl mesele şuydu...

Yazdık: Son yıllarda Türkiye'nin haklı bir biçimde en önemli gündemi olan "FETÖ ile mücadele", görülüyor ki başka hesaplarla beraber yürüyordu.

Adalet saraylarında olmasa da, bir yerlerde başka mahkemeler mi kuruluyordu? Başka beraatlar mı veriliyordu?

Galiba öyle, ne dersiniz?

II. BÖLÜM

Herkes Eşittir, Ama TUSKON Yöneticileri Daha mı Eşittir?

Türkiye'de herkes eşittir. Ama bazıları daha mı eşittir?

Bir zamanlar TUSKON'u (Türkiye İşadamları ve Sanayiciler Konfederasyonu) yöneten Eroğlu Holding Yönetim Kurulu Başkanı Nurettin Eroğlu'ndan söz ediyoruz. Kamuoyu onu, kotlarıyla meşhur Colin's ve Loft markalarının da sahibi olarak tanıyordu.

Darbe girişiminden 5 gün sonra savcının karşısında oturuyordu. Mahmutpaşa'da esnafken FETÖ ile tanıştığını söylerken, geri kalanını "daha sonra da bunlarla tanıştım, işlerim iyi gitti" diye anlatıyordu. FETÖ'nün medya kuruluşu Feza Gazetecilik'e ortak olmasını "yemin ederek söylüyorum, buraya ortak olduğumdan dahi haberim yoktu" diyerek açıklayan Nurettin Eroğlu, "beni Feza Gazetecilik A.Ş.'ye ortak yapmışlar" sözüyle, sanki yabancı birinden bahseder gibi konuşuyordu. İyi de, şirket belgelerinin birçoğunda imzası vardı! Acaba imza atarken bilinci mi yerinde değildi? Şöyle yanıt veriyordu: "Yılda bir defa genel kurul evrakları şirkete gelirdi. Ben de imzalardım."

Eroğlu ifadesinin devamında, *Zaman*'ın ortağı olduğunu ancak 2003 yılında öğrendiğini anlatıyordu. Her ne kadar "17-25 Aralık olayları olduktan sonra, 31 Aralık 2013 tarihinde şirketteki hissemi devrettim" dese de, Eroğlu'nun hisseleri nedense bir türlü devredilememişti! İşadamı bu konuda da FETÖ'yü suçluyordu: "26 Ağustos 2014 tarihli Ticaret Sicil Gazetesi'ndeki devir işlemlerinde bizi oyaladılar. Biz bana gösterdiğiniz bu sözleşmeyi yaptık. Ancak yönetim bizi oyaladı."

Peki, Eroğlu *Zaman*'a ortak olurken ne kadar ödedi?

"Ben hisselere ortak olurken para ödemedim."

Peki, ayrılırken ne kadar aldı?

"Daha doğrusu, ben bu gazeteye ortak olurken veya ayrılırken para ödemedim."

Ancak resmi kayıtlarda, hisse satışından Eroğlu'na para gittiği görülüyordu. Eroğlu yaptıkları usulsüzlüğü şöyle anlattı:

"Hisseleri 2013 yılı sonunda ben devrederken, Mehmet Akif Afşar bana 300 bin TL gönderdi. Parasını da tekrar geri aldı. Ben de parasını geri gönderdim. Çünkü ben gazeteden hisse alırken para ödemedim. (...) Resmi işlemlerin yürümesi adına bana para geldi ve geri gitti."

Böylece Feza Gazetecilik'e ortak olmanın ya da hisse satmanın parasal karşılığı olmadığını öğreniyorduk. Şirketin "serbest piyasa" içinde olmadığını, hissedarı da itiraf ediyordu.

Bu kurumlar himmet paralarıya kuruluyordu. Kamuoyunda tanınan işadamları ise bu kurumlarda "emanetçi hissedar" oluyor, ortak gibi görünerek ticari itibar sağlıyordu. Hisseler değişirken de gerçek bir alım satım olmuyordu.

FETÖ'nün "bunlar sıradan ticari kurumlar" sözü de bir palavraydı.

Hesap hareketleri ne diyor

Biz Eroğlu'nun "kurtuluş" hikayesine devam edelim...

Eroğlu Holding Yönetim Kurulu Başkanı Nurettin Eroğlu 16 Ağustos 2016'da iş adamları operasyonunda gözaltına alındı ve serbest bırakıldı. Bırakılmasının ardından "19 Ağustos günü ifademi verdim ve aynı gün işimin başına döndüm. İfademde, TUSKON ile hiçbir bağlantımın olmadığını; Eroğlu Holding'in, ne soruşturmaya konu olan TUSKON ile ne de FETÖ/PDY terör örgütüne finans sağlayan herhangi bir kurumla ilişkisi bulunmadığını sözlü olarak aktardım ve ilgili belgeleri takdim ettim" açıklamasında bulundu.

Ancak kazın ayağı hiç de öyle değildi.

TUSKON davası açılınca, örgütün belgeleri dosyalara girdi. Onlar içinde MASAK'ın (Mali Suçları Araştırma Kurulu) Eroğlu Holding hakkında hazırladığı rapor da yer alıyordu. Eroğlu Holding'in, kapatılan Bank Asya hesapları da not alınmıştı.

Buna göre, Holding'in 17 Aralık 2013'ten sonra da Bank Asya'daki para trafiği devam ediyordu. Son işlem tarihi Nisan 2016 olarak görünüyordu.

Nurettin Eroğlu'nun Bank Asya'daki kişisel hesabında da Mart 2016'ya kadar hareketlilik sürüyordu.

Malum, FETÖ lideri 17-25 Aralık'tan sonra hedef alınan Bank Asya'ya para yatırma çağrısı yapmış, Gülen'in "gönüllüleri" bankaya paralarını yatırmıştı.

Tıpkı...

İşte Eroğlu Holding'in de Ocak 2014'te hesap bakiyesi 177.866 TL iken, Şubat 2014'te 824.239 TL oldu. Nisan 2014'te ise hesap bakiyesi 1.277.760 TL'ye yükseldi.

Sadece bu kadar da değildi...

MASAK, Eroğlu Holding'in TUSKON ve TUSKON'a bağlı FETÖ derneklerinden FİADER (Florya İşadamları Derneği) ile olan para transferlerini de tespit etti. MASAK raporuna göre; Eroğlu Holding'in hesabından TUSKON'un hesabına toplamda 177.011 TL para aktarımı yapıldı. FİADER'e ise 4 parçada toplam 4.800 TL para gönderildi. Yine FETÖ'nün derneklerinden biri olan ve KHK ile kapatılan İŞHAD'a ise Holding'in hesabından 5.250 TL para aktarıldı.

MASAK raporunda, devam eden para transferlerinin ayrıntılarına da yer verildi:

-Türkçe Olimpiyatları'nı düzenleyen Uluslararası Türkçe Derneği'nin hesabına 3 Haziran 2013 tarihinde 59.000 TL...

-Kimse Yok Mu Derneği'ne ise biri 2011 yılında diğeri de 2013 yılında olmak üzere toplamda 29.800 TL para yatırıldı.

Eroğlu Holding'in para aktarımı yaptığı isimler arasında, "FETÖ imamı" olduğu gerekçesiyle tutuklanan Av. Mehmet Yusuf Burak da bulunuyordu.

Peki ya, patronu FETÖ ile tanışınca büyüyen Holding'e gelen paralar?

Buna göre, Holding ortaklarından Nurettin Eroğlu'nun hesabına ilki 30 Aralık 2013'te olmak üzere 3 parçada toplam 530 bin TL para yatırılıyordu. Parayı yatıran isim ise "Silahlı terör örgütü kurma ve yönetme" suçundan aranan Mehmet Akif Afşar idi.

Afşar'ı hatırladınız mı?

Eroğlu'nun darbeden sonra yukarıda verdiğimiz ifadesinde, hülleyle *Zaman* hissesini devrettiğini itiraf ettiği kişiden başkası değildi.

Holding ortaklarından Yavuz Eroğlu'na gelen bir para ise raporda özel olarak not ediliyordu. Rapora göre, Eroğlu'nun hesabına 23 Ağustos 2011 tarihinde 600 bin TL para geliyordu. Parayı gönderen Nizamı Isayev adında biriydi. MASAK, Isayev'in SGK kayıtlarında herhangi bir çalışma kaydına, Gelir İdaresi Başkanlığı kayıtlarında herhangi bir ortaklık bilgisine rastlanılmadığını ifade ediyordu.

MASAK raporunda konuyla ilgili şunlar yazıyordu: "Nizamı Isayev'in Yavuz Eroğlu'na gönderdiği 600.000,00.-TL havalenin kaynağı tespit edilememiş olup, bahse konu tutarın Nizamı Isayev'in hesaplarına nakit olarak yatırılıp daha sonra Yavuz Eroğlu'na havale olarak gönderilmiş olabileceği değerlendirilmektedir."

Davadan şüpheli kaçırma!

Eroğlu "koptuk" diyordu ya...

Ne tesadüf, raporda şirket ortağı Şahin Eroğlu'nun hesabından her ay burs olarak yatırılan paralar da vardı. 3 ayrı kişiye her ay düzenli olarak para yatırılıyordu. Onlar kim miydi? Para yatırılan kişiler, FETÖ'cü olduğu gerekçesiyle KHK ile görevden alınan 2 polis memurunun ve 1 emniyet müdürünün çocuklarıydı. Rapordaki hesap kayıtlarına göre, burslar Mayıs 2017'ye kadar düzenli olarak yatırıldı.

Sözünü ettiğimiz para transferleri içerisinde 17-25 Aralık'tan sonra olanlar da dikkat çekiyordu. Üstelik dava dosyasına giren raporlarda yapılan işaretlemeler soruşturmayı yürütenlerin de durumun farkında olduğunu anlamamızı sağlıyordu.

MASAK raporunda yer alan veriler, Eroğlu'nun bir türlü FETÖ'den "kopamadığını" gösteriyordu. Ancak yine bir "el" devreye girerek, Eroğlu'nu TUSKON davasından kaçırıyordu.

İfadesi alındı ama "sanık" olduğunu duyan yok!

Sahi, ne karşılığında?

Sadece "kot" demeyin...

LC Waikiki'nin açıklamadıkları

Siz onu LC Waikiki'den tanıyorsunuz.

Ünlü markanın "küçük ortağı" denilen, TUSKON'un Yönetim Kurulu Üyeliği'ni yapmış İsmail Hakkı Kısacık'tan söz ediyoruz. Zira TUSKON operasyonunda gözaltına alındığında, holding durumu "%7 ile küçük hissedarımızdır" diye açıklamıştı. Gerçekten de, bugün LC Waikiki'nin resmi sitesine girildiğinde ortaklık yapısına dair sıralamada yüzde 7.18 rakamının karşısında "Kısacık Ailesi" yazıyor.

Sabah gazetesine ise "TUSKON üyeliğiyle ilgili şirketimiz diğer ortaklarının haberi olmamıştır. İsmail Hakkı Kısacık, 17 Aralık 2013 sonrası yani yaklaşık 2 yıl önce TUSKON'la ilişkisini kesmiştir" denilerek, Kısacık'ın FETÖ'nün işadamları örgütüyle "sınırlı" bir ilişkisi olduğu vurgulanıyordu.

Peki, gerçekten bu kadar mıydı?

LC Waikiki'nin yaptığı açıklama doğru muydu? Yoksa birileri bir şeyler mi saklıyordu? Sahi medya neden bu işin peşine düşmüyordu?

Her şeyden önce...

17-25 Aralık'tan sonra Erdoğan'ın tehdit edildiği o meşhur TUSKON toplantısında, Kısacık'ın hemen FETÖ'cü Ahmet Küçükbay'ın yanında ayakta alkışladığı fotoğrafları olduğunu ve bunların dava klasörlerine girdiğini söyleyelim.

TUSKON davasına konuyla ilgili kapsamlı bir MASAK raporunun girdiğini de hatırlatalım. Rapor esas olarak, hem Kısacık'ın, hem LC Waikiki markası ortaklarının, hem de bir LC Waikiki iştiraki olan Taha Grup'un para ilişkilerini inceliyordu.

Rapora mercek tutulduğunda...

Hem Kısacık'ın, hem de LC Waikiki CEO'su Mustafa Küçük dahil bir dizi ortağın ve yetkilinin 17-25 Aralık'tan sonra da FETÖ kurumlarıyla para ilişkisinin sürdüğü görülüyordu.

Hangi birini söyleyelim...

İsmail Hakkı Kısacık'ın, 20 Ocak 2014'te yani 17-25 Aralık'tan sonra TUSKON hesabına 150 bin TL göndermesini mi?

Kısacık'ın 2014 yılı Temmuz ayında bile, ABD'de faaliyet yürüten ve FETÖ ile bağlantılı olduğu ileri sürülen Wellspring Cultural And Educational Foundation isimli kuruluşa para transferini mi?

Florya İşadamları Derneği TUSKON'a bağlı FETÖ derneklerinden biriydi. Buraya, 2015 yılı Nisan ayına kadar İsmail Hakkı Kısacık'ın, 2014 Şubat'ına kadar LC Waikiki Yönetim Kurulu Başkanı Vahap Küçük'ün para aktarmasını mı?

Ne tesadüf, 2014 yılı başlangıcında CEO Mustafa Küçük'ün Bank Asya hesabına 2 milyon TL'nin üzerinde giriş oluyordu. 2014 yılı sonuna kadar hesapta büyük miktarda para görünmeye devam ediyordu.

MASAK raporunda, FETÖ ile iltisaklı kişilerle, okullarla, şirketlerle para trafiği sayfalarca anlatılıyordu. İlişkiler o kadar giriftti ki, 2015 yılının Ekim ayında Yönetim Kurulu Başkanı Vahap Küçük'ün KHK ile ihraç edilen Çorum Vali Yardımcısı'na verdiği burs bile rapora girmişti.

Ancak...

Gelin görün ki...

LC Waikiki'yi yaratanları, bu soruşturmalar teğet geçmişti. TUSKON'da Yönetim Kurulu üyesi olan Kısacık tutuksuz sanık olurken, Bank Asya'ya milyonlar yatıran Küçük TUSKON davasında kendisine yer bulmamıştı!

Nedense yandaş medya da, birkaç örnek hariç bu işi pek kurcalamamıştı!

Soru yanıttır aslında: Sebebi ne olabilir sizce?

"Her ayrıcalığın bir vergisi vardır" diyor Emerson.

TUSKON'cuların ayrıcalığının vergisi nereye gitti acaba?

12. BÖLÜM

Ülker'in FETÖ ile İmtihanı

Önce bir hatırlatma:

FETÖ'nün en büyük gelir kaynağı olan kurumlar; Kaynak Holding, Koza-İpek Holding ve Asya Katılım Bankası, yani Bank Asya idi.

O dönemki adıyla Asya Finans, 24 Ekim 1996 tarihinde açıldı. Kurdele kesimine Tansu Çiller'den Recep Tayyip Erdoğan'a, Abdullah Gül'den elbette ki Fethullah Gülen'e kadar birçok kritik isim katıldı.

Tansu Çiller açılış kurdelesini keserken, hemen arkasında Asya Finans Yönetim Kurulu Başkanı İhsan Kalkavan vardı.

Bugün FETÖ firarisi olan Kalkavan, 15 Temmuz darbe girişiminden hemen sonra ABD'den konuşmuş ve şöyle demişti:

> "Aslında Bank Asya'nın kurucu başkanı ben olmayacaktım. Ülker Grubu kurucu ortaklarından Selçuk Berksan Bey olacaktı. Selçuk (Berksan) Bey, o dönem hukuki bir sıkıntısından dolayı başkan olamadı."[33]

Ülker ve Berksan kelimelerinin, FETÖ ile nasıl yan yana geldiğini anlatmalıyız.

[33] "İhsan Kalkavan: Hormonlu büyüyen yapı, ülkeye ihanet etti!", Deniz Haber, 15.8.2016, https://www.denizhaber.com.tr/ihsan-kalkavan-hormonlu-buyuyen-yapi-ulkeye-ihanet-etti-haber-69705.htm

Ülker Grubu 1944 yılında kuruldu.

Kuran, aslında Asım Berksan'dı. Askerden gelen kardeşi Sabri'yi kurduğu işe ortak etmişti. Yıllar sonra, bisküvilerinin markası "Ülker", soyadları "Berksan"ın önüne geçtiği iddiasıyla mahkemenin yolunu tuttular. İki kardeş, 26 Ağustos 1954 tarihinde verilen kararla soyadlarını "Ülker" yaptı.

Asım Ülker'in oğulları Selçuk ve Faruk, 1979'da soyadlarını değiştirerek, ailenin eski soyadı Berksan'ı geri aldı.

İki kardeşin ortaklığı, çocukların yönetime girmesiyle bozuldu ve 43 yıl sonra sona erdi. 13 Mart 1987 günü, ağabey Asım Ülker kurucusu olduğu Ülker Grubu'ndan istifa etti.

Gün geldi...

Ülker'in kurucusu Asım Ülker'in oğulları, gelinleri ve hatta torunları FETÖ'nün Bank Asya'sının A Grubu imtiyazlı ortakları arasında oldu:

Abdurrahman Selçuk Berksan, Ömer Faruk Berksan, Ahmet Levent Berksan, Ayşe Tülin Berksan, Fatma Emine Berksan, Bülent Berksan, Mehmet Sinan Berksan, Mehmet Berksan...

Hepsi, bugün Ülker Grubu'nun sahibi olan Murat Ülker'in çok yakınlarıydı.

Yakınlık üzerinden bir suçlama yapacak değiliz. Kesişen yollara ve kafa karıştıran bazı noktalara dikkat çekmeyi amaçlıyoruz.

Hatta...

Ülker'in Bank Asya'daki milyonları

Bank Asya için sonun başlangıcı olarak, 17-25 Aralık 2013 operasyonları gösterilebilirdi. AKP-FETÖ savaşının en ivme kazandığı o dönemden sonra, FETÖ "Bank Asya'ya para yatırın", AKP ise "Bank Asya'dan para çekin" talimatları veriyordu.

İşte bu nedenle, FETÖ'nün talimatı sonrasında Bank Asya'ya para yatıranlar "olağan" şüpheliydi. Yargı da 17-25 Aralık 2013 ile bankaya el konulduğu 2015 yılları arasındaki Bank Asya hesap hareketlerini mercek altına aldı. Hazırlanan raporlar, Ankara Cumhuriyet Başsavcılığının 2014/37666 sayılı soruşturmasına ve Ankara 4. Ağır Ceza Mahkemesi'nde görülen 2016/238 esas sayılı FETÖ Çatı Davası'nın ek klasörlerine girdi. Söz konusu raporlarla tespit edilen bazı FETÖ şüphelileri, ülke çapında birçok davada sanık oldu.

Neden "bazı" dediğimize gelirsek...

Yıldız Holding'e mercek tutalım.

Ülker'in bugünkü sahibi olan Murat Ülker'in Yönetim Kurulu Başkanı olduğu holdinge...

Eldeki veriler, 30 Kasım 2013 - 24 Aralık 2014 arasını kapsıyor.

Yani 17-25 Aralık operasyonlarından hemen önce ile Bank Asya'ya TMSF tarafından el konulmasından hemen önce arasındaki yaklaşık bir yılı...

Hazırlanan rapora göre, Yıldız Holding'in 2003'ten beri Bank Asya'da hesabı vardı. (Bank Asya'nın imtiyazlı ortakları arasında olan Berksanlar, o yıllarda Ülker'de de pay sahibi miydi acaba?)

Yıldız Holding'in hesabındaki tutarlar ve artışlar, ilgili tarihlerdeki bakiye durumu şöyle raporlandırılmıştı:

30 Kasım 2013: 25 milyon TL. 31 Aralık 2013: 50 milyon TL. 24 Aralık 2014: 115 milyon 825 bin TL.

Yani:

30 Kasım 2013 - 24 Aralık 2014 arasında, Yıldız Holding'in Bank Asya'daki hesaplarında 90 milyon 825 bin TL artış vardı. Bu rakam FETÖ'ye dair yapılan soruşturma ve dava dosyalarında yer aldı.

"Kredi aldık, fazlasını restorasyon için tuttuk"

Peki, Yıldız Holding'in Bank Asya hesabında "90 milyon 825 bin TL" gibi bir artışın nedeni neydi? Holding FETÖ'nün bankasına neden böyle bir para yatırmıştı? Ve bu artışın, FETÖ'nün "Bank Asya'ya para yatırın" talimatıyla eş zamana denk düşmesi ne anlama geliyordu?

Yıldız Holding, söz konusu artışın gerekçesi olarak, Bank Asya'nın elindeki Adapazarı Şeker Fabrikası'nın ve şirketinin satın alınması için aynı bankadan çekilen murabaha kredisini gösterdi. Söz konusu satış bedelinin 182 milyon TL olduğu, Bank Asya tarafından daha önce açıklanmıştı.

Yıldız Holding'in Bank Asya'daki para artışına dair savunması şuydu:

"Yıldız Holding ile Bank Asya arasında Eylül 2013'te tamamlanan; acze düştüğünden dolayı bankanın aktifine geçmiş bulunan Adapazarı Şeker Fabrikası ve şirketinin satın alma anlaşmasının bir parçası olarak, banka tarafından Yıldız Holding'e kredi verilmesine ve atıl duran fabrikanın tekrar memleket ekonomisine kazandırılması, yeniden çalıştırılması ve yeni istihdamların yapılabilmesi için karşılıklı anlaşmaya varılmıştır. Ve fabrikanın sahibi olduğu Adapazarı A.Ş. Yıldız Holding tarafından satın alınmıştır.

Aynı tarihlerde banka ile yapılan anlaşma gereği Aralık/2020 vadeli 265.000.000,- TL geri ödemeli murabaha kredisi anlaşması yapılmıştır. Fabrika peşin alınmış, aynı bankadan alınan bu murabaha kredisi ile peşin ödemesi yapılmıştır. Bahse konu kredinin satış bedelinden fazlası yine fabrikanın restorasyonu, ihyası ve çiftçi avanslarının ödenmesi için yine aynı bankada mevduat olarak tutulmaya devam etmiştir. Tüm para hareketleri bu satış ve kredi ilişkisinin detayı olan günlük ticari teamüllere uygun ticaretin gereği olan para hareketleridir.

Şirket(ler)imiz tüm bu süreçte bankaya borçludurlar. Bankanın muhataralı dönemlerinde dahi, yöneticilerin tüm ısrarına rağmen bahse konu kredinin erken ödeme ve kapatılması yapılmamış, mevcut mevduatla iktifa edilmiştir. Haliyle herhangi bir mevduat artışı ve/veya destek söz konusu olmayıp bilakis aksinden bahsedilebilir.

Esasen ilgili bankaya mevduat artışı ve para yatırılması, yönetimine Kayyım atanmasını müteakiben yönetimin talebi üzerine yapılmıştır. Neticede, ilgili bankanın TMSF'ye devrinden sonra da bankanın tasfiyesine başlanmış, TMSF ve Kayyım yönetimindeki bankanın yönetiminin talebi üzerine tasfiye sonrası bakiye sıfır olacak şekilde 11 Kasım 2016 tarihinde sözleşme yapılmış ve tüm kredi borcu ödenerek sonlandırılmıştır.

Yıldız Holding'in 20'den fazla yerli ve yabancı banka ve katılım bankası ile çalıştığı dikkate alındığında ilgili katılım bankasından kullanılan kredi miktarı ve onun devamı olan mevduat ilişkisi; banka ve finans kurumlarındaki toplam finans hacminin %1'inin bile altındadır.

Yukarıda anlaşıldığı üzere bakiye en başından itibaren eksi olarak devam etmiş ve tarafımızdan ilgili bankaya destek sayılabilecek hiçbir hareket ve işlem tesis edilmemiştir."

Ortak arsa da çıktı

Açıklama böyleydi.

Gelin görün ki, Murat Ülker'in Yönetim Kurulu Başkanı olduğu Yıldız Holding'in FETÖ ile birlikte anılması sadece Bank Asya ile ilgili değildi.

Şansızlığa bakın ki, FETÖ'nün en önemli kurumlarından Kaynak Holding ile ortak arsası vardı!

Bu ortaklık ilişkisinden dolayı FETÖ'den soruşturuldukları iddiası gündeme gelince, Yıldız Holding Yönetim Kurulu Başkanı Murat Ülker Twitter adresinden, "Ortalığı sebepsiz yere telaşe verenler var. Alnımız ak, işlerimiz temiz, çalışmaya devam ediyoruz" mesajını paylaştı.

Gerçekten sebepsiz yere miydi?

Yıldız Holding Başkan Yardımcısı Ali Ülker *Yeni Şafak* gazetesine konuştu. FETÖ'cü Kaynak Holding ile ortaklığın 2010 yılına dayandığını belirten Ülker, "bu işin bizi bulması bizi üzdü" dedi ve ekledi:

> "Bizim ortak olarak bulunduğumuz bir arsa kooperatifi vardı. Kaynak Holding de bu arsaya ortak olduğu için ilgili hadise yaşandı. Kaynak Holding'e kayyım atandıktan sonra kayyım paralarını alıp, bu ortaklıktan çıkmak istedi. Tabii avanslar vardı içeride. 'Avansları verin' dediler kooperatife. Biz 'veremeyiz' dedik."

Ülker, şöyle devam etti:

"Çünkü herhangi bir şekilde para transfer edersek kayyım dahi atanmış olsa sıkıntı olur. Mahkeme kararıyla biz bu paraları iade ettik ve arsa üzerimize geçti. Olan bütün hadise budur. Mahkeme ile tescil edilmiş ve mahkemede sonuçlanmış bir hadisedir."

17/25 Aralık sürecinin ardından kayyımın talebine benzer bir talebin Kaynak Holding'den de kendilerine iletildiğini belirten Ali Ülker, o günlerde yaşadıklarını da anlattı. Ülker şunları söyledi:

"Kaynak Holding 'biz paramızı alıp çıkmak istiyoruz' dediği zaman ona da müsaade etmedik. Çünkü siz şaibeli duruma düştünüz. 17-25 Aralık sürecinden sonra kusura bakmayın biz size hakları olmasına rağmen, kendi paraları olmasına rağmen 'hiçbir şeyi kooperatiften dışarıya çıkaramayız' dedik."

Boydaklar ile banka ortaklığı
Sadece bunlar da değildi...
Sabri Ülker 2001 yılında Faisal Finans'ı aldı, adını Family Finans'a çevirdi.
Akçeli evlilikler önemliydi.
Ülker, Boydak Grubu'nun elindeki Anadolu Finans ile birleşmeye gitti ve 2005 yılında bu evlilikten Türkiye Finans Katılım Bankası doğdu.
Her şey güllük gülistanlıktı. Ta ki, AKP ile FETÖ'nün arasına kara kedi girene kadar!
Zira...
Boydak Grubu FETÖ'den soruşturuluyor, aile üyeleri hapse giriyor ve gözler Türkiye Finans'a çevriliyordu. Çünkü FETÖ'den yargılanan Boydak Grubu'nun bankada yüzde 22,3'lük hissesi vardı.
Murat Ülker de, sahibi olduğu Gözde Girişim şirketinin bankadaki yüzde 10,57'lik hissesiyle Boydaklar ile ortaktı!

Yani, tesadüfe bakın ki, tıpkı kuzen Berksanlar'ın Bank Asya'daki hali gibi, FETÖ'nün finans ayağının yer aldığı bir bankada ortaklığı vardı Ülker Ailesi'nin.

Sonuç...

15 Temmuz darbe girişiminden kısa süre sonra, Türkiye Finans Katılım Bankası Yönetim Kurulu Başkan Yardımcısı Mustafa Boydak görevinden istifa etti. Kayyım atanan Boydaklar'ın bankadaki hisselerinin satışı için ise görüşmeler sürüyordu.

Dünürlerin ortak kaderi

Tüm bu FETÖ iddiaları sürerken...

Ülker Grubu, özellikle 15 Temmuz'dan sonra sermayesini yurtdışına kaçırmakla suçlandı. Cumhurbaşkanı Erdoğan da, eski distribütör ortağı olduğu Ülker'i, isim vermeden de olsa kamuoyu önünde eleştirdi.

Bu soruşturma dosyası iddiaları yakın gelecekte nereye varır, bilinmez ama...

Ülker Ailesi'ni bu süreçte heyecanlandıran başka gündemleri de vardı.

Dedik ya, akçeli evlilikler önemliydi.

Bir de, akçenin sahiplerinin evliliği vardı. ABD'li yazar Logan Pearsall Smith, "Zengin olmanın en berbat yanı, zenginlerle birlikte yaşamak zorunda olmaktır" demiş zamanında. Berbat mı bilmiyoruz, ama önemli olduğunun farkındayız. *Hürriyet*'ten Toygun Atilla'nın haberinden öğrendik:[34] Yıldız Holding Yönetim Kurulu Başkanı Murat Ülker ve Rixos Grubu Yönetim Kurulu Başkanı Fettah Tamince'nin çocukları hayatlarını birleştirme kararı aldı. Tamince'nin kızı Hatice daha 21 yaşında, Ülker'in oğlu ise 25 yaşındaydı.

"Mutlu bir aile erken bir cennettir" diyor Bernard Shaw.

Tesadüfe bakın ki!

Fettah Tamince de, tıpkı dünürü Murat Ülker gibi FETÖ ile sık sık anılacak ama şans onun da yüzüne gülecekti.

---

34 Toygun Atilla, "Yılın düğünü mayısta", Hürriyet, 2.11.2018, http://www.hurriyet.com.tr/ekonomi/yilin-dugunu-mayista-41005897

13. BÖLÜM

İdolü Gülen Olan Patronun Kurtuluşu

Üzerinizden bir tank geçse ne olur? Daha zoru, iki tank geçse?

15 Temmuz gazisi Sabri Ünal o gece sağ çıkmayı başardı. Birinciden hasarsız kurtuldu ama ikincinin paletleri kol ve bacağına denk geldi. Uzun süre hastanede yattı ve hayata döndü. Sembollerden biriydi. Yolda karşılaşsanız "bir yerden tanıyorum" diyecek kadar televizyonlarda, gazetelerde gördünüz onu. Cumhurbaşkanı, kürsüye çıkarıp alnından öpmüştü.

Gelin görün ki, yazdıklarından sonra ise belki "hain" ilan edilecekti.

AKP Sözcüsü Ömer Çelik çıkıp 15 Temmuz mağdurları için toplananlara "vatandaşlarımızın yaptığı cüzi bir yardım" ifadelerini kullanmıştı. Sabri Ünal ise ona "milletin 15 Temmuz şehitleri için topladığı yardıma 'cüzi' diyerek hakaret ettiğinizin de farkında mısınız" diye yanıt vermiş ve "yemin ediyorum AK Parti'ye benden oy alamayacaksınız" demişti. "Siz gevezelik yaparken biz ameliyattaydık" hatırlatmasında bulunan Ünal, "15 Temmuz madalyasını da alın kendinize takın" diyerek meydan okuyordu.

Bir hafta sonra ise dediğini yaptı.

Gazi kimliğini, gazi madalyasını, seyahat kartını iade etti. Kendisine sağlanan tüm ayrıcalıkları reddediyor, "15 Temmuz gecesi sokağa fırlamak kendi aptallığımdı" diyordu. Dil kursu parasını ödeyemeyince madalyasını rehin veren bir gaziye, kendisini 'aptal gibi' hissettiren ve öfkelendiren neydi?

O sorunun da yanıtı vardı:

"*Zaman* gazetesi imtiyaz sahibini FETÖ'cü bulmayan devlet..."

Gazilikten istifa eden Gazi Ünal'ın dolan bardağını taşıran, öyle anlaşılıyor ki, Fettah Tamince hakkında "kovuşturmaya yer yok kararı" verilmesiydi.

Nasıl taşırmasın?

Fethullahçılarla çocukluktan tanışan, Pensilvanya'ya defalarca Gülen'i ziyarete giden, FETÖ'nün çağrısıyla açtığı üniversitesi ve vakfı 15 Temmuz'un ardından kapatılan, AKP-FETÖ kavgasının ardından *Star* gazetesini elden çıkarıp *Zaman* gazetesine ortak olan Tamince'nin yargıdan "tertemiz" çıkması herkesi şaşırtmıştı.

Cumhurbaşkanı Erdoğan'ın da sıkça tatil yaptığı Rixos Otelleri sayesinde Türkiye'nin tanıdığı, "çok kısa sürede" onlarca oteliyle büyüyen Tamince'nin sırları çoktu.

Düşünün, 37 yaşındayken 12 tane oteli olan bir hızlı büyümeden söz ediyoruz. Otel dediysek, üç, dört yıldız anlamayın. Her biri beş yıldızlı hatta ötesinde hizmet veriyordu. Cumhurbaşkanı Erdoğan'ın Tamince'yi sevdiği biliniyordu. Tamince ise medyanın önüne daha çok Fethullah Gülen sevgisiyle geldi.

"Yaptıklarımı takip ediyor, bana destek oluyor, Türkiye aşığı bir adam Tayyip Bey. Tanıdığım ilk günden beri haftanın 3-4 günü onu rüyamda görüyorum" diyen Tamince, "Fethullah Hoca benim için bir değerdir, bir idoldür; sık sık Amerika'ya gidip ziyaret ediyorum" ifadeleriyle Gülen'e bağlılığını anlatıyordu.

Çocukluğundan beri Gülen'in vaazlarını dinlediğini söylemesi, Işık Evleri'nde yetiştiği yorumlarına neden oluyordu. Nitekim verdiği ifadelerle doğrulandı.

Yurtiçinde ve yurtdışında Gülen'in okulları gibi hızlı büyümesi ise "Gülen sermayesi" yakıştırmalarına sebep oldu.

Bu da, olan bitenle açığa çıktı.

Dosyasında her şey var

Biz konumuza geri dönelim...

Gazilikten istifa eden Ünal'ı isyan ettiren karara sizi geri götürelim.

Tamince'nin adına bir "hukuk başarısı" denilebilecek bu karardaki genç avukatı tanımıyorduk. Adını yazınca fark ettik. Ortaklığını Cumhurbaşkanı Erdoğan'ın avukatı Mustafa Doğan İnal'ın yaptığı ofisin çalışanıydı.

İlk değildi, *Cumhuriyet* gazetesinden Alican Uludağ yazdı:

Antalya'da da açılan FETÖ soruşturmasında savunmayı Erdoğan'ın avukatlarından Ahmet Kürşat Köhle üstlenmiş ve Tamince yine takipsizlik kararıyla "aklanmıştı."

"Tamince'nin mütevelli heyeti başkanı olduğu Uluslararası Antalya Üniversitesi'ne yapılan bağışlardan 24 milyon TL'nin nereye harcandığının belli olmadığı" yönündeki şikâyeti değerlendiren Antalya Savcısı Erkan Gözkaya, "muhtemelen", "olabilir" ifadelerini kullandığı bir gerekçeyle Tamince hakkında takipsizlik vermişti.

Oysa Antalya'daki dosyaya giren belgelerde Tamince'nin FETÖ kurumlarıyla ilişkileri madde madde şöyle yer alıyordu:

"Gaye Vakfı'nın Mütevelli Heyeti Başkanı olduğu, Gevher Sultan Vakfının Mütevelli Heyet üyesi olduğu, Yedi Renk Sanat Vakfı'nın kurucusu olduğu, Türk Rus Kültür Vakfı'nın kurucusu olduğu, Tolerans Vakfı'nın kurucusu olduğu, TUSKON'un üyesi olduğu..."

Örgütün ileri gelenlerine gönderdiği paralar, MASAK raporuyla belgelenmişti. FETÖ kurumlarının toplantılarına Tamince'nin kuruluşlarının sahiplik ettiği de fotoğraflarıyla görülüyordu.

Dosya adeta bağırırken savcı takipsizlik vermekte ısrar ediyordu.

Dosyaya itiraz eden Nizamettin Sağır, aslında hepimizin içinden geçeni söylüyordu:

"FETÖ ile ilgili dosyaların işin içerisinden çıkılmaz bir hal alması ve bu suretle devletin ve hukuk sisteminin mücadelesini sekteye uğratacak bir sonucu doğuracaktır."

Üstelik savcılıklar sadece Tamince'nin dosyasını kapatmakla kalmıyorlardı. Tehlike daha büyüktü. Zira *Zaman*'dan TUSKON'a hemen hemen tüm FETÖ kurumlarına bulaşmış Tamince'nin ilişkileri de sorgulanamaz hale geliyor, Tamince bağlantılı FETÖ'cüler de bu yolla temizleniyordu. Öyle ya zincir Tamince halkasından koparılınca artık zincir olmaktan da çıkıyordu.

Zaman hisselerini nasıl savundu

İstanbul Cumhuriyet Savcısı İsmet Bozkurt'un yazdığı kapatma kararında ise şüpheli olarak hem Fettah hem eşi Duygu Tamince şüpheli olarak yer alıyordu. Kararda FETÖ bağlantılı şirketlerdeki ortaklıklar, örgütün derneklerine üyelikler, Bank Asya'ya yatan paralar, örgütün vakıf ve üniversitesindeki sahiplik sıralanıyordu. Gizli tanıklar Ufuk'un ve Sultan'ın, açık tanık Selim Külahlı'nın Orta Asya'daki ihaleler dahil FETÖ-Tamince ilişkisine dair ifadeleri aktarılıyordu. İfadelerde Tamince'nin bir kısmı yurtdışındaki FETÖ bağlantıları, isim isim yer alıyordu.

Ancak bunlar dava açmak için iddia makamını belli ki tatmin etmiyor ki, savcılık şu sonuca varıyordu: "Bu haliyle şüphelinin, FETÖ/PDY silahlı terör örgütünün gerçek amaç ve niyetinin ortaya çıktığı, yapının 17-25 Aralık darbe teşebbüslerinden sonra, FETÖ/PDY örgütü ile irtibat ve iltisakı bulunduğuna dair yeterli delil elde edilemediği..."

İyi de...

Tamince 17 Aralık 2013'ten sonra FETÖ'nün yayın organı *Zaman*'a resmen ortak oldu; bu, örgütle irtibat ve iltisak değil de nedir?

Diye sorarsanız, savcının yanıtı şuydu:

"Şüphelinin Feza Gazetecilik (Zaman) A.Ş.'den kısa dönem pay alarak kısa bir dönem hissedar olması tespitiyle ilgili şüpheli savunmasının aksine delil bulunmadığı..."

Neymiş o "aksine delil bulunmayan" savunma? Neler söylenmiş, diye baktığımızda savcılık kararında şunu gördük:

"Feza Gazetecilik A.Ş.'de önceden tanıdığı Ekrem Dumanlı ve Hidayet Karaca'nın, 2013 yılı sonlarında Feza Gazetecilik A.Ş.'nin bir kısım hisselerini kendisine devretmeyi teklif ettiklerini, kendisine pay devri teklifi geldiği dönemde o zaman Cemaat olarak bildiği yapıyla ilişkili yayın organlarının özellikle çözüm sürecini yıpratmak amacıyla hükümete yönelik eleştirel yazı ve haberler yayımlayarak algı oluşturmak istediklerini gördüğünü, kendisinin ise çözüm sürecinin desteklenmesi gerektiğine inandığını, çözüm sürecine karşıt ve Hükümeti yıpratmaya yönelik yayın politikasını değiştirmek için o dönem bulunduğunu, bu şekilde Cemaat olarak bildiği yapıya ait yayın organlarının Hükümet karşıtı yayın politikasını değiştirmek, bazı konularda müdahil olarak denge olabilmek düşüncesiyle Feza Gazetecilik A.Ş.'den pay almaya razı olduğunu, payları devraldıktan sonra *Zaman* gazetesi başta olmak üzere yayın grubunun hükümet karşıtı politikasını değiştirmek için elinden geldiğince mücadele ettiğini, ancak kısa bir süre sonra yayın politikasını değiştiremeyeceğini anladığını..."

Tamince, 17-25 Aralık'tan sonra FETÖ ilişkili üniversiteyi ve vakfı himaye etmesini ise şöyle açıklıyordu:

"Bu üniversiteden ayrılmak istediğini en üst düzey devlet makamlarına ilettiğini, ancak kendisine üniversiteden ayrılmayarak mütevelli heyeti başkanı olarak kalması, üniversitenin idari ve akademik kadrosunun FETÖ/PDY örgütü elemanlarından temizlenmesi talimatlarının verildiğini, bu talimatlardan sonra üniversiteyi iltisaklı devlet kurumları ile koordineli çalışarak FETÖ/PDY örgütü elemanlarından temizlemek için çalışmalar yaptığını..."

Tamince ifadesinin devamında "devlet kurumları ile samimi çalışma ve işbirliği" yaptığını söyleyerek, "2014 Mayıs ayından itibaren" FETÖ'den uzaklaştığını anlatıyordu.

Siz tatmin oldunuz mu? Biz olmadık...

Aklama kararına yansımayanlar

Sizi bir belgeye daha götürelim.

15 Temmuz darbe girişiminden bir hafta sonra... Elbette, İstanbul Cumhuriyet Başsavcılığı o gün FETÖ şüphelileriyle dolup taşıyordu. Hakkında gözaltı kararı verildiği basına düşen Fettah Tamince de, 23 Temmuz 2016 günü savcıya ifade veriyordu.

İfadeyi incelediğimizde, Tamince'nin aklandığı karara yansımayan bazı ayrıntıları gördük.

İfadeden aktaralım:

> "15 Kasım 2013 günü. Çözüm sürecindeki girişimleri doğru buluyordum. Ancak FETÖ grubu insafsızca hâlâ eleştirel yazı ve haberler ile algı oluşturmaya çalışıyordu. Ben de bu grubun imamlarından olan Barbaros isimli kişi ile görüştüm. Fethullah Gülen'e söyleyin, bu kadar eleştirel yayınlar yapmayın, dedim. Bu konuşmadan sonra Hidayet Karaca birgün beni gördü. 'Sen Barbaros'a Hocaefendi'yi arattın. Ben o zaman hocanın yanındaydım. Hoca bana 'siz eleştirilere devam edin, bu eleştirileri de on kat daha artırın' dedi. Senin için de 'bu Fettah saftır, onu kullanıyorlar' dedi.'"

Fettah Tamince kendi ifadesine göre FETÖ imamıyla rahatça görüşüyor, ona Gülen'i arattırıyordu. Savcılık "kim bu Barbaros" diye sorunca ise, gerçek ismini bilmediğini, telefonunun da kendisinde olmadığını söylüyordu.

Telefon kayıtlarından buldular mı, bilmiyoruz!

Savcılığın kararına almayı "unuttuğu" bir ayrıntı daha dikkatimizi çekiyordu. Tamince 17-25 Aralık'tan hem önce, hem de sonra Pensilvanya'ya gittiğini, darbeden sonra verdiği o ifadede anlatıyordu. Bakın neler söylüyordu:

> "Antalya'da işlerimin başındayken 17 Aralık olayı oldu. İçişleri Bakanı'nın oğlu alındı. FETÖ medyası tamamen üstlerine çullandı. Ben bütün bu olanlardan, bunun Fethullah Gülen'in darbe teşebbüsü olduğunu anladım. Bu tehlikeyi görmem nedeniyle, Pensilvanya'ya gittim. Fethullah Gülen ile görüştüm. Ona endişelerimi anlattım. 'Siz cemaati cennetin kapısı olarak gösterdiniz. 'Bir elinde Kuran bir elinde bilgisayarlı gençlik yetiştireceğiz' dediniz. Ama bu gençliğin yetişmesi için gayret gösteren Hükümet'e yönelik harekete geçiliyor. Siz daha önceki söylemlerinizde 'ehliyet imandan önce gelir, liyakat esasına dikkat edilmesi lazım' diyordunuz' demem üzerine; 'Zamanı gelince o dediğinize geliriz. Şimdi, hükümet bizim adamlarımıza kıyamaz. Bizim adamlarımıza dokunmasın. Bunu da iletebiliyorsan git Başbakan'a (Erdoğan) ilet' dedi. Ben de bu hususu, devletin ilgili hususlarına (birimlerine demek istiyor) FETÖ'nün devlet ile pazarlık yapmak istediğini söyledim."

Anlattığı sohbetin ayrıntıları ne kadar doğru, bilmiyoruz. Ancak görünen o ki, Fettah Tamince, Gülen'den Erdoğan'a mesaj taşıyordu.

"Sizi uçağımla Türkiye'ye götüreyim"

Daha da şaşırtıcı bir ayrıntı vardı. Gülen'i çeşitli kereler ziyaret eden Tamince, yaptığı teklife ifadesinde şöyle yer veriyordu:

> "Fethullah Gülen'e, sizi kendi uçağım ile Türkiye'ye ben götüreyim; konuşmalarınızda ülke özlemi çektiğiniz anlaşılıyor. Hükümetin de dindar olduğunu anlatıyorsunuz. Kendi

uçağım ile sizi götüreyim dediğimde, 'şimdi değil, zamanı gel-diğinde gideriz' dedi."

Tamince'nin aktardığına göre FETÖ savcısı Zekeriya Öz bile kendisini tehdit etmişti. Tamince'nin Dubai'deki oteline giden Öz, Tamince kendisini karşılamayınca "ben seni ge-tirtmesini bilirim' diyerek tehditvari sözler kullanmıştı.

Gelin görün ki, Tamince'nin FETÖ ile yaşadıkları bunlar-dan da ibaret değildi. İfadesinde nedense Balyoz kumpasına karşı çıktığını da sıkıştıran Tamince, aldığı yanıtı şöyle akta-rıyordu:

> "Antalya'da avukatlık yapan Tarık (Hasan) Şen bana 'Bu çok büyük bir mesele. Sen bunu algılayamazsın. Bizim bazı arkadaşlarımız da bunlarla birlikte cezaevinde yatıyor."

İfadede bir gariplik daha vardı...

AKP ile kavga başlayınca *Zaman* gazetesi ile Bank Asya'nın sahipliğini ayrıştırarak hukuken kendine rahatlama sağlayan FETÖ, hisselerin bir bölümünü Fettah Tamince'ye devredi-yordu. Tamince'nin ifadesinde, "acaba ne kadar verdi" soru-suna yanıt arayınca, şu cevabı gördük:

> "Onlar bana uygun fiyat ile sattılar. Kaç para olduğunu ha-tırlamıyorum."

Tamince, FETÖ'nün *Zaman*'ına ortak oluyor ama ne kadar ödediğini bilmiyordu!

İşte Tamince'nin ifadesinden savcılığın kapatma kararına girmeyen kısımlar böyleydi...

Erdoğan'ın avukatları yönetimde

Ve lakin, savcılık kararında başka kafa karıştıran noktalar da vardı.

Örneğin...

Duygu Tamince için de kapatılan "Koza İş ve Kadın Der-neği üyeliği" gibi bir dizi kriteri yeterli delil saymayan savcılığın, Tamince'nin Bank Asya hesabı için yaptığı dikkat çeken bir yorum vardı.

"Bank Asya'daki hesabına 31 Ocak 2014 tarihinde 179.14 gr. karşılığı (162.059,78 TL değerinde) hurda yatırdığı" tespitinin ise, neden örgüt suçu sayılamayacağını Savcılık şöyle açıklıyordu: "(17-25 Aralık) Bu tarihten sonra tespit edilen hesap açtırma eyleminin ise şüphelinin sosyo-ekonomik durumuna göre küçük meblağlı olması nedeniyle, örgüt liderinin talimatı, örgütün genel stratejisi doğrultusunda yapılmış bir eylem olarak değerlendirilmesi için yeterli delil bulunmadığı..."

Gördünüz mü; Herkes için suç olan "Bank Asya delili" soyadı Tamince olanlara pek uğramıyordu.

Antalya ve İstanbul'un dışında Tamince'nin Konya'daki FETÖ soruşturmasının da kapandığını hatırlayınca ilginç bir tablo ortaya çıkıyordu. "Devletle samimi işbirliği" mi, "çözüm süreci çabası" mı, yoksa rüyasında Erdoğan'ı görecek kadar kendisini iktidara yakın konumlandırması mı, bilinmez. Ama şurası kesin ki, bir "el" Tamince'yi FETÖ çukurundan çekip çıkarmıştı.

Bu "el" sayesinde mi bilinmez, 15 Temmuz'un ardından kapatılan Fettah Tamince'nin himayesindeki Gaye Eğitim Sağlık Spor ve Çevre Vakfı yeniden açılmış, sahip olduğu Antalya'daki üniversite de yoluna devam etmişti.

Bugün o üniversitenin sitesine girip, "mütevelli heyetinde kim var" diye bakın.[35] Başkan Fettah Tamince'nin altında Cumhurbaşkanı'nın avukatları Ahmet Özel, Ahmet Kürşat Köhle, Mustafa Doğan İnal ve yine İnal'ın bürosundan Tevfik Günal'ın adlarını göreceksiniz. Antalya Valisi Münir Karaloğlu da nasıl olmuşsa, FETÖ'den kurtulan üniversitenin mütevelli heyetinde yer bulmuştu! AKP'li Antalya Belediye Başkanı Menderes Türel ve AKP Antalya Milletvekili de hali hazırda Gaye Vakfı yönetimindeydi!

"Tamince'nin hukuk başarısı"nın belki de mimarı olan Erdoğan'ın avukatları, vekili ve belediye başkanı bugün Tamince ile birlikte vakıf üniversitesi yönetiyordu!

---

35 "Antalya Bilim Üniversitesi Mütevelli Heyet Listesi", https://antalya.edu.tr/tr/universitemiz/mutevelli-heyeti

Rektörünün "üniversitenin kurulması da FETÖ ile bağlantılıydı" diye itiraf ettiği bir üniversiteye giren ve çıkan para trafiğini araştıran devlet görevlileri nerelere ulaştı ve ne kadarının üstüne gitti, bilemiyoruz.

Ancak Fettah Tamince FETÖ döneminde nasıl yükseldiyse, sonrasında da aynı şekilde himaye görmeye devam ediyordu.

14. BÖLÜM

TRT'nin Şahin'ine Nasıl Kanat Gerildi

"Yezid'in tahsis ettiği lojmanda kalmam!"

İddia o ki, bu cümle bir vali eşinin ağzından çıktı.

"Yezid" diye tanımlanan Cumhurbaşkanı Erdoğan'dı.

Eşi "FETÖ ablası" olmakla suçlanan o vali ise, "eşim sadece yaş itibariyle abladır" diyecekti.

Kapatılan İbrahim Şahin dosyasını açalım...

Yüzde 84'ünü TRT'ye o soktu

Türkiye onu, 10. Cumhurbaşkanı Ahmet Necdet Sezer'in iki kez veto ettiği, Abdullah Gül'ün ise Cumhurbaşkanı olur olmaz oturttuğu *TRT* Genel Müdürlüğü koltuğunda tanıdı.

Nasıl tanımasın?

2007-2014 yılları arasında *TRT* Genel Müdürü olarak görev yaptı. *TRT*'den ihraç edilen FETÖ'cü 435 personelin 368'i, yani yüzde 84'ü, onun döneminde kuruma alındı. Halkın vergileriyle ayakta duran *TRT* ve onun genel müdürü, Fethullahçı militanlarıyla Cumhuriyet'in tüm değerlerine düşmanca yayın yaptı.

İbrahim Şahin için kırılma FETÖ'nün 17-25 Aralık 2013 operasyonlarından sonra oldu. Dönemin Başbakan'ı Erdoğan, Şahin'in görüşme taleplerini hep reddetti. Kısa süre sonra, tüm üst düzey bürokratlara verilen ve Şahin'in de sahip olduğu Başbakanlık Serbest Giriş Kartı iptal edildi.

İbrahim Şahin, yakın akraba oldukları iddia olarak kalsa da, Binali Yıldırım'a en yakın bürokrat oldu. Kadere bakın ki, Yıldırım'la yıldızı hiç barışmayan Ahmet Davutoğlu'nun Başbakanlığı döneminde *TRT* Genel Müdürlüğü'nden alındı. Artık Samsun Valisi'ydi.

İşte bu sürgün, İbrahim Şahin'i ve eşini çok öfkelendirdi. Samsun kulislerinde, Vali Şahin'in eşinin ağzından "Yezid'in tahsis ettiği lojmanda kalmam!" cümlesinin çıktığı konuşuldu, durdu.

O eş ki, AKP Milletvekili Şamil Tayyar defalarca hakkında "Kesin bilgimle hâlâ ısrarla söylüyorum, İbrahim Şahin FETÖ'cüdür. Karısı FETÖ'cü ablaların lideridir..." diyecekti.

İbrahim Şahin için çanlar 15 Temmuz darbe girişimi sonrası yeniden çalacaktı.

FETÖ organizasyonu Türkçe Olimpiyatları'nı *TRT* kanallarından canlı yayımlamakla övünüp, o yayınlarda "Hocaların Hocası" dediği Fethullah Gülen'e "sonsuz teşekkür eden" İbrahim Şahin için şikâyetçiye gerek var mıydı? Varmış demek ki, iş eski bir *TRT* çalışanına kaldı. Ya da...

"Ya da"sı şu:

Elimizde, İbrahim Şahin'in FETÖ üyesi olmadığını iddia eden bir karar var. Altında Samsun Cumhuriyet Başsavcısı Ahmet Yavuz'un imzası bulunuyor.

Başsavcı'nın İbrahim Şahin'i nasıl akladığını, bizzat kendisinin kaleme aldığı "kovuşturmaya yer olmadığına dair karar"ı masaya yatırarak inceleyelim.

Gömleğin düğmesi

Abdurrahman Keskin 22 yıl *TRT*'de çalışmış, kurumun Dış Yayınlar Haber Müdürlüğü'nü yapmış bir gazeteciydi. Darbe girişiminden kısa süre sonra, 26 Ağustos 2016'da Samsun Cumhuriyet Başsavcılığı'na başvurdu.

Özetle, İbrahim Şahin'in cemaat mensubu olmayan *TRT* çalışanlarını çeşitli suçlamalarla kurumdan diskalifiye ettiğini, yerlerine FETÖ yayın organlarından elemanları *TRT*'ye doldurduğunu, ihalelerde FETÖ'yü destekleyen şirketlerle anlaştığını anlattı.

Gömleğin düğmesi daha başta yanlış iliklenmişti. İbrahim Şahin'in *TRT*'yi nasıl FETÖ'nün çiftliği haline getirdiğini öğrenmek için Abdurrahman Keskin'in yetersiz ifadesine gerek yoktu; açık kaynaklarda daha fazla belge ve bilgi vardı. Ama işte amaç, soruşturma açmaktan ziyade kapatmaksa, böylesi taktiklere ihtiyaç vardı.

Keza...

Şikâyetçi Abdurrahman Keskin'in, şüpheli İbrahim Şahin'in FETÖ'cü, *TRT*'nin de FETÖ yuvası olduğuna dair gösterdiği tanıkların beyanları da ilginçti. Başsavcıya konuşan *TRT* yöneticileri, ağız birliği etmişçesine "bilgi sahibi değiliz" diyordu. Düşünün ki, 15 Temmuz darbe girişimi olmuş ve devletin tüm kademelerinde FETÖ temizliği yapılıyor, ama *TRT* yöneticileri kurumlarındaki ayyuka çıkmış FETÖ yapılanmasını görmemiş, duymamış, bilmiyormuş!

Dedik ya, kapatmak için açılmıştı bu dosya.

Bir virgül koyalım...

Savcılar ve hakimler rahatsız

Tarih: 28 Nisan 2017.

Cumhurbaşkanı Erdoğan'ın kuzeni Cengiz Er'in sahibi olduğu Süper Haber sitesi, akşam saatlerinde çok çarpıcı bir haber geçti.

Buna göre, basın kartı sahipleri üzerinde yapılan inceleme sonucu, İbrahim Şahin'in de FETÖ'nün gizli iletişim ağı ByLock'u kullandığı belirlendi.

Çok konuşulan bu habere, İbrahim Şahin'den zehir zemberek bir yalanlama geldi. Şahin açıklamasında şöyle dedi:

> "Ne telefonuma yüklediğim, ne kullandığım vaki değilken bu çirkef yapının içine beni çekmeye çalışanlarla hukuk önünde sonuna kadar mücadele edeceğim. Sayın Cumhur-

başkanımızla, Sayın Başbakanımızla bu kadar yakın çalışan biri olarak, onlara ihanet edecek kadar kansız biri değilim."

Bu haberden ve yalanlamadan kısa süre sonra...

Habertürk yazarı Fatih Altaylı 7 Haziran 2017 tarihli köşesinde "1800 ByLock'u olan Vali" başlıklı bir yazı kaleme aldı. Altaylı yazısında, ismini vermediği savcıların ağzından şunları aktardı:

> "Halen görevde olan 12 valinin ByLock kullanıcısı olduğunu biliyoruz, ama hiçbir şey yapamıyoruz. Bir valinin ByLock'la yaptığı tam 1800 mesajlaşma var. Çok açık. Hepimiz biliyoruz. Ama dokunamıyoruz."

Altaylı ertesi günkü köşesinde de, ByLock'çu valilere dair İçişleri ve Adalet Bakanlığı'nın sessiz kalmasını eleştirdi.

"Çıt yok" dediği o gün telefonu çaldı Altaylı'nın. Arayan İstanbul Cumhuriyet Başsavcılığı idi. Altaylı isim vermedi ama anlaşılan o ki Başsavcıvekili Önder Yaman'a bildiklerini anlattı.

Fatih Altaylı tanık olarak verdiği ifadesinde özetle şunları söyledi:

- *Habertürk* gazetesi Haber Müdürü Zülfikar Ali Aydın'ın sözlerine itibar ettiği hâkimlerden ve savcılardan aldığı bilgiye göre; halen aktif görevde olan ByLock kullanıcısı 12 vali vardı, bunlara da hiçbir işlem yapılmadı. Bunlardan biri de İbrahim Şahin'di ve 1800 ByLock mesajı bulunmuştu.

Evet... Fatih Altaylı ilgili yazılarındaki bilgileri Zülfikar Ali Aydın'dan duyduğunu, Aydın'ın kaynağının da hâkimler ve savcılar olduğunu belirtiyordu. Peki Altaylı'nın işaret ettiği Gazeteci Aydın ne diyordu? Onun da ifadesi alındı ve ağzından özetle şunlar kaydedildi:

- Fatih Altaylı'nın köşe yazılarına konu olan bilgileri, şahsi dostluklarımın bulunduğu yargı mensuplarıyla sohbetlerden elde ettim. Gazetenin yazı işleri toplantısında, FETÖ ile mücadelede bazı ByLock kullanıcısı valiler hakkında soruşturma yapılmamasından yargı mensuplarının da serzenişte bulunduğundan bahsettim. Kamuoyunda FETÖ'cü olarak adı geçen ve kendisi de yalanlama mahiyetinde basın açıklaması yapan Samsun Valisi İbrahim Şahin dışında 10-12 Valinin daha ByLock kullanıcısı olduğu konuşuldu.

İki gazetecinin ifadeleri üzerine, İstanbul Cumhuriyet Başsavcılığı İbrahim Şahin hakkında FETÖ üyeliğinden soruşturma başlattı. Ancak daha sonra o dosya, Şahin'in vali olduğu Samsun'un Cumhuriyet Başsavcılığı'na gönderildi.

Kim bu "bayan"

Peki iddialar doğru muydu?

İbrahim Şahin ByLock kullanıcısı mıydı?

1800 ByLock mesajı bulunmuş muydu?

"Hadi FETÖ üyeliği dosyasını kapadınız, ByLock'unu ne yapacaksınız" diye serzenişte bulunan bazı AKP'lilere, Şahin'in yüksek makamlardaki dostlarının "bir yolunu bulacağız" dediği doğru muydu?

Samsun Cumhuriyet Başsavcılığı'nın aktardığına göre, Ankara Emniyet Müdürlüğünün tespiti özetle şöyleydi:

- 0532 788 63 XX numaralı hat, şüpheli İbrahim Şahin adına kayıtlıydı.

- Bu telefon hattına 5 Ocak 2016'da ByLock yüklendi.

- Ancak yapılan incelemelerde mesaj, mail vs. içeriklerine rastlanmadı.

Ankara Emniyeti'nin bu tespitleri üzerine, Samsun Cumhuriyet Başsavcılığı İbrahim Şahin'i aklayan şu değerlendirmelerini kaleme aldı:

- Şüpheli İbrahim Şahin adına tesis edilmiş birden çok cep telefonu hattı var.

- Şahin'in Valilik görevinde ve günlük yaşantısında kullandığı hat başka.

- İbrahim Şahin'in, kendi adına kayıtlı olan ByLock yüklü telefon numarasını fiilen kullandığına dair tespit yok.

- İbrahim Şahin'in 1 Mart 2014 tarihinde aldığı bu hatta, ByLock 5 Ocak 2016'da yüklendi.

- Şahin 15 Eylül 2014'te Samsun'a Vali oldu, ama bu hat hep Ankara'da görünüyor.

- ByLock yüklü telefon hattı İbrahim Şahin adına kayıtlı ama bir bayan tarafından kullanılıyor.

- Suçta ve cezada şahsilik vardır, İbrahim Şahin'i sorumlu tutamayız.

İbrahim Şahin'in ByLock dosyası Başsavcı Ahmet Yavuz tarafından işte böyle kapatıldı. Tüm bu tespitlerin doğru olduğunu varsaysak dahi...

Sormasak olmuyor:

İbrahim Şahin *TRT* Genel Müdürü iken, yani Ankara'da görevdeyken aldığı bu hattı, Samsun'a gittiği tarihe kadar, yani 6 buçuk ay boyunca hiç mi kullanmadı?

Diyelim ki, hat Samsun'da kullanılmadı... Peki, İbrahim Şahin Samsun'a Vali olduktan sonra hiç mi Ankara'ya gitmedi?

Sahi, Samsun Cumhuriyet Başsavcısı'nın "ayrıca soruşturuluyor" diye not düştüğü, İbrahim Şahin'e ait telefon numarasını ve o telefonda ByLock'u kullanan "bayan" kimdi?

Bu dosya kapanmadan kısa bir süre önce...

Dönemin AKP Gaziantep Milletvekili Şamil Tayyar, *Aydınlık* gazetesi yazarı Sabahattin Önkibar'a şöyle diyecekti:

"İbrahim Şahin'in hem kendisinde, hem de eşinde ByLock var ve bu konuda yüzde yüz doğru bilgi sahibiyim."

"Görünen o ki, Şamil Tayyar ikna olmayacak" deyip, devam edelim.[36]

"Devletin genel politikasıydı"

Peki...

İbrahim Şahin kendisini nasıl savundu?

---

36 Şamil Tayyar'ın kendi memleketi Gaziantep'te de FETÖ Borsası olduğuna dair çok fazla iddia var. Tayyar'ın dediği gibi, "milyon dolarlar dönüyor!" FETÖ'cülere ait hastanelerin devirleri, Gaziantep Üniversitesi Rektörü'nün bağlantıları, cezaevindeki büyük ailelerin büyük rüşvetlerle kurtarılması gibi birçok konu zaman zaman gündeme geliyor.

Alınan ifadesinde, uzun uzun kendisinin nasıl başarılı bir *TRT* Genel Müdürü olduğunu anlattı önce. Ve sonra ekledi:

> "Bu hain örgüt sadece *TRT*'de değil, devletin hemen hemen tüm kurumlarında, kendilerine gösterilen olumlu yaklaşımı suistimal ederek kadrolaştı. Belki de *TRT*, bu kurumlar içerisinde oran ve sayı olarak en az FETÖ'cünün kadrolaştığı kurum oldu."

İbrahim Şahin savunmasında, kendisinden sonra *TRT* Genel Müdürü olan Şenol Göka'yı ise isim vermeden şöyle işaret etti:

> "Ayrıldığım Eylül 2014 ile darbe teşebbüsünün yaşandığı 15 Temmuz 2016 arasında geçen yaklaşık 2 yıllık süreçte bu örgütle hiç mücadele edilmemiş olacak ki, hiçbir personelin bu iddiayla kurumdan ilişkisi kesilmedi. Bunlar örgüt üyesi iseler, bu zaman diliminde de örgüt üyelikleri devam etmiştir, bunun kabahatini bana yüklemek haksızlık. Bu arada görev yapan idareciler neden gerekli araştırma ve soruşturmaları yapıp tedbirler almadılar?"

İbrahim Şahin, "ilk taşı günahsız olan atsın" ana fikriyle özetlenebilecek bir savunma stratejisi uyguluyor ve şöyle devam ediyordu:

> "*TRT*'ye personel alımında tek başına yetkim bulunmuyor. Devletin genel politikası çerçevesinde yönetim kurulu kararı ve bağlı olunan bakanlığın uygun görüşü veya muvafakatı ile alımlar gerçekleşti."

İbrahim Şahin'in "devletin genel politikası" derken ne demek istediği açıktı; "bağlı olunan bakanlık" diye isim vermediği kişi ise kuşkusuz Bülent Arınç'tı. Zira, Şahin'in genel müdür olduğu uzun yıllar *TRT*'den sorumlu Başbakan Yardımcısı Arınç'tı.

Şahin, *TRT*'ye Fethullahçıları alırken Arınç'ın da "uygun görüşü veya muvafakatı" olduğunu ima ediyordu.

Gelin görün ki...

Aynı zamanda avukat olan Bülent Arınç ise, "cübbemi tekrar giyerim" diyerek yargılanan Fethullahçılara göz kırptığı o dönemde, sorumlu olduğu *TRT*'nin kendisine ambargo uyguladığını açıklayacaktı.

Eğer bu açıklama doğruysa, Arınç'ın *TRT* programlarına çıkarılmaması ile İbrahim Şahin'in koltuğunun sallanmaya başladığı tarihler örtüşüyordu.

Bir süreliğine de olsa, birlikte gözden düşüyorlardı.

STV'nin FETÖ'cü olduğunu bilmiyormuş

Şüphe yok ki, İbrahim Şahin'in kendisini savunurken söylediği en çarpıcı söz, Fethullahçı *Samanyolu TV*'den yaptığı transferlere dairdi. Zira Şahin "FETÖ'cü oldukları daha sonra ortaya çıkan *Samanyolu* grubundan kişiler" diye bir tanımlama yapıyor ve ekliyordu:

"Kuruma alındıkları dönemde Samanyolu'dan gelenler FETÖ'cü olarak bilinmiyordu. Hatta yayın politikaları o dönemde hükümet, devlet, AK Parti yanlısı görüldüğünden, bunların geçişine izin verildi. Gerçek yüzlerinin ortaya çıktığı 17/25 Aralık 2013 tarihinden sonra, bunlardan hiçbir kimse kendi dönemimde TRT'ye alınmadı."

Bakınız...

TRT'ye personel alımı için "AK Parti yanlısı" görünmenin geçer akçe olduğuna dair itirafı tarihe not düşelim.

Ama aptal yerine de konmayalım.

Zira, bu ülkenin yurtseverleri, isim isim kurum kurum Fethullahçı çeteyi defalarca ve yıllarca deşifre etmedi mi?

Sahi, MİT Müsteşarı Hakan Fidan 7 Şubat 2012'de tutuklanmak istenmedi mi?

Erdoğan bile Haziran 2012'de "devlet içinde devlet oldular" demedi mi?

Yani, geçiniz "gerçek yüzlerinin ortaya çıktığı 2013" lakırdısını...

Çok severler A'raf Suresi'ne atıf yapmayı:

"Kulakları vardır duymazlar, gözleri vardır görmezler, dilleri vardır gerçekleri söyleyemezler!"

Operasyon itirafı

İbrahim Şahin'in Samsun Cumhuriyet Başsavcısı'na verdiği ifadesinde dikkat çeken noktalardan biri de şu cümleydi:

"AGB reyting ölçme şirketinin haksızlıklarını ortaya çıkartıp Türkiye'den çekilmek zorunda bıraktık."

Evet, bu cümle çok kritikti. Zira, Şahin FETÖ'cü olmadığı iddiasıyla verdiği ifadesinde, FETÖ'nün yaptığı bir operasyonla övünüyordu.

Ne mi demek istiyoruz?

Anlatalım...

Tarih: 14 Aralık 2011.

Reyting ölçümlerinde usulsüzlük yapıldığı iddiasıyla başlatılan soruşturma kapsamında gözaltılar yapıldı. Reyting ölçümleri yapan İsviçre merkezli AGB Nielsen şirketinin İstanbul'daki ofislerinde de arama yapıldı; çalışanları gözaltına alındı.

Fatmagül'ün Suçu Ne, Ezel, Aşk-ı Memnu, Yaprak Dökümü, Adını Feriha Koydum, Kavak Yelleri, Muhteşem Yüzyıl, Hırsız Polis, Kuzey Güney, Bir İstanbul Masalı, Umutsuz Ev Kadınları, Doktorlar, Arka Sokaklar, Binbir Gece adlı dizilerin izlenme oranlarının şüpheli olduğu iddia edildi.

Operasyonun perde arkasında Fethullahçı çete vardı. Amaç, reklam pastasından yüzlerce milyon dolarlık payı FETÖ'nün kanallarına akıtmaktı. Akıtıldı da...

Keza, baskın yapılan AGB'nin işvereni konumunda olan Televizyon İzleme Araştırmaları Komitesi'nin (TİAK) başkanlığına, hemen operasyon öncesi kim getirilmişti; hatırlayalım: Bugün ağırlaştırılmış hapisle cezalandırılan, Fethullahçı Samanyolu Yayın Grubu'nun Başkanı Hidayet Karaca!

FETÖ üyesi Karaca, yaptıkları operasyonun hemen sonrasında AGB'nin reyting ölçme hakkını iptal etmiş, bu görevi kendi örgütlerinin kontrolündeki TNS'ye vermişti.

Sözün özü...

İbrahim Şahin, FETÖ şüphelisi olarak verdiği ifadede, FETÖ'nün işte bu kumpasına sahip çıkıyordu. Bu itirafı dinleyip de, "siz ne dediğinizin farkında mısınız" diye sorgulayacak bir savcı da olmadığı için, Şahin belli ki rahattı!

Başsavcı böyle akladı

Sona yaklaşıyoruz...

Yukarıda yazdık; tekrarlayalım:

Bizzat *TRT*'nin resmi raporuna göre; *TRT*'den FETÖ'cü olduğu için ihraç edilen 435 personelin 368'i, yani yüzde 84'ü, İbrahim Şahin'in döneminde kuruma alınmıştı.

Bu somut gerçekliğe rağmen, Samsun Cumhuriyet Başsavcısı şu satırlarla dosyayı kapayacaktı:

> "İddia edildiği gibi şüpheli tarafından *TRT*'nin çok sayıda FETÖ'cü personel ve yöneticiyle doldurduğu savı, *TRT*'den Başsavcılığımıza gönderilen rakamlarla uyuşmadı. *TRT*'den FETÖ'cü oldukları iddiasıyla ilişiği kesilenlerin bu tasarruflara itiraz ettikleri de dikkate alındığında, gerçek rakam bu süreç sonucunda netleşecek. Bütün personel sayısına oranla az sayıda FETÖ'cünün *TRT*'de istihdam edilmesi, tek başına şüphelinin örgüt üyesi olduğunu kabule yeterli değil. FETÖ terör örgütünün yıllara sâri olacak şekilde devletin tüm kurumlarına sızma yöntemlerini kullanmada aşırı mahir olması nedeniyle, başlangıçta bunları tespit etmek çok zordu. Nitekim hemen hemen tüm devlet kurumlarında *TRT*'den daha büyük oranda kadrolaşma yoluna gittikleri, 15 Temmuz darbe girişimi sonrasında tasfiyelerle ancak anlaşılabildi."

Görüyor musunuz Başsavcıyı...

Neymiş; İbrahim Şahin'in *TRT*'ye aldığı kişilerin yüzde 84'ünün FETÖ'cü çıkması az bir sayıymış!

Neymiş; belki de bunlar FETÖ'cü de değilmiş!

Neymiş; FETÖ sızmada çok mahirmiş, İbrahim Şahin n'apsınmış!

Neymiş; hem sadece *TRT* miymiş mesele, başka kurumlarda neler neler oluyormuş!

Kurucusu olduğu derneği bilmiyormuş

Bakınız...

YÖNETDER'i bilir misiniz?

Yani, Uluslararası Yöneticiler Derneği'ni...

Devletin tüm kurumlarının tepe yöneticileri kurdu bu derneği.

Amacı ise, devletteki önemli koltuklara Fethullahçıların getirilmesini organize etmekti.

Bir nevi, FETÖ'nün bürokrat yapılanmasının merkeziydi.

İşte bu derneğin kurucularından biri kimdi, dersiniz?

İbrahim Şahin!

Şahin *TRT* Genel Müdürü olduğu 2010 yılında bu derneğin kuruculuğuna imza attı. Bir buçuk yıl sonra da -nedendir bilinmez- üyelikten çıkarıldı.

Gelin görün ki, bu derneğin kurucusu olduğundan İbrahim Şahin'in haberi yokmuş!

Bağlantısı olanların hapsinin istendiği, devlete alınanlar için "üyesi FETÖ'cüdür" kriteri olarak listelenen YÖNETDER, konu İbrahim Şahin olunca masum bir organizasyon haline geliyordu. Başsavcı "üye olduğu ve üyelikten çıkartıldığı tarihlerde, henüz FETÖ terör örgütü devlet organları ve kamuoyu tarafından terör örgütü olarak görülmüyordu" diyecekti!

"Hangi kamuoyu" diye sorsak, havada kalır mı sorumuz?

Başsavcı hukuk metni değil, güzelleme mahiyetindeki kararında İbrahim Şahin'in "çok yönlü, çalışkan bir bürokrat" olduğunu yazıyor ve ekliyordu:

> "*TRT*'de yapılan seçim yayınları ve propaganda konuşmalarında iktidardaki AK Parti'ye ve şimdiki Cumhurbaşkanımız Recep Tayyip Erdoğan'a daha fazla süre verip, muhalefete süre vermediği suçlamalarına muhattap oldu. O dönem başta HDP Genel Başkanı ve aynı zamanda Cumhurbaşkanı adayı

Selahattin Demirtaş olmak üzere bütün muhalefetin çok yoğun, ağır eleştiri ve saldırılarına maruz kaldı. Muhalefetin bu konudaki beyanları FETÖ medyasında yoğun şekilde desteklenerek haberleştirildi."

Evet, Başsavcı diyordu ki; *TRT*'de Erdoğan'a çok, muhalefete az süre verdi, nasıl FETÖ'cü olur!

Hem veda etti, hem dosyayı kapadı

Son noktadan önce, bir virgül daha koyalım...

Tarih: 21 Haziran 2017.

Samsun Valisi İbrahim Şahin, Bakanlar Kurulu'nca yayınlanan valiler kararnamesiyle merkez valiliğine alındı.

Türkçesi; kızağa çekildi.

Görevden alındığı akşam bir veda yemeği düzenlendi.

O yemeğe katılanlardan biri de, yukarıda sayfalarca anlattığımız aklamaya imza atan Samsun Cumhuriyet Başsavcısı Ahmet Yavuz'du.

Başsavcı Ahmet Yavuz, hakkında FETÖ soruşturması yürüttüğü İbrahim Şahin'in neden kızağa alındığını sorgulamadı.

Bununla da kalmadı, o yemekte şunları dedi:

"Bu akşam, Samsun'a bir kazanç olarak gördüğüm çok değerli bir insanı uğurlamanın hüznünü yaşıyoruz. Samsun'da çalışmak gerçekten herkes için bir şans. Bizim görevimizde Samsun gibi bir yere gelmek için, bu meslekte en az on beş yıl geçirmeniz gerekiyor. İsteseniz de kolay kolay sizi buraya vermezler. Buralarda çalıştıktan sonra da ayrılmak ayrı bir hüzün. Ama biz Sayın Valimizi buradan yeni bir başlangıç için uğurluyoruz. Bunu bir görev değişimi olarak görüyoruz. Sayın Valimizin sorun çözmedeki yeteneği takdire şayan. Bizlere her konuda destek olan Sayın Valimize bundan sonraki hayatında ve yaşamında sağlık ve başarılar diliyorum."[37]

---

[37] "Valimiz Sayın İbrahim Şahin Samsun'a müjde vererek veda etti", T.C. Samsun valili internet sitesi, 21.6.2017, http://samsun.gov.tr/egitim-bizim-olmazsa-olmazimiz

4 ay sonra...

17 Ekim 2017'de...

Yukarıdaki "duygusal" konuşmayı yapan Samsun Cumhuriyet Başsavcısı Ahmet Yavuz, İbrahim Şahin'in FETÖ üyesi ve ByLock kullanıcısı olmadığına karar verdi.

İbrahim Şahin için söylediği söze atıfta bulunup bitirelim:

"Sayın Başsavcının sorun çözmedeki yeteneği takdire şayan!"

15. BÖLÜM

FETÖ'nün Kurtarıcısı Yargıtay'ın Başında

Bu kitabın yazıldığı sıralarda, Yargıtay Başkanı İsmail Rüştü Cirit, FETÖ itirafçılarından şikâyet ediyordu. Şikâyetinin nedeni, itirafçıların Yargıtay üyelerinin ismini vermesiydi.

Cirit tedirgin olmakla kalmamış, "son zamanlarda bazı FETÖ itirafçıları, geçmişi, görev anlayışı, duruşu itibarıyla başından beri terör örgütü FETÖ ile mücadelesi bilinen Yargıtay üyesi arkadaşlarıma karşı FETÖ elebaşısının 'İtirafçı ol, iftira et' talimatına uygun olarak soyut ve mesnetsiz iddialarda bulunmak suretiyle haysiyet cellatlığına soyunmuşlardır" diye duruma sert bir tepki de göstermişti.

Biz bu ifadeleri gülümseyerek dinledik.

Neden mi?

Fethullah Gülen hakkında 2008 yılında beraat kararı vererek, onun önünü açanlardan en önemli isim, bugün Yargıtay Başkanı olan İsmail Rüştü Cirit'ti de ondan!

Sadece Cirit değil, isim isim hatırlatmaya, "şimdi nerededirler" sorusunun peşinden koşmaya devam edelim...

2000 yılında Gülen'e terör soruşturması başlatan, Cumhuriyet Savcısı Nuh Mete Yüksel'di. Yüksel, kendisine kurulan kaset kumpasıyla bertaraf edildi.

Yüksel'den sonra davayı kaldığı yerden sürdüren Savcı Hamza Keleş, verdiği mütalaada "Gülen Grubu, ılımlı İslam adı altında, demokratik kuralları kullanarak devletin kurumsal temellerini değiştirmeyi amaçlamaktadır" diyerek Gülen'in terörden cezalandırılmasını istedi. Keleş, bu yüzden yıllar sonra özel yetkileri alınarak sürgün edilecek, adı Ergenekon kumpasına karıştırılacaktı.

Devam edelim...

Ankara 2 No'lu DGM, 10 Mart 2003 tarihinde Gülen kararını verdi. Daha doğrusu, "veremedi" diyelim. Zira Başkan Hüseyin Eken ile üye hâkimler Yunus Karabıyıkoğlu ve Mehmet Maraş'tan oluşan heyet "hükme bağlanmasının ertelenmesi" kararını verdi.

Zira o dönem çıkan 4616 sayılı kanun, 23 Nisan 1999 tarihine kadar işlenen suçlarda şartlı salıverme, dava ve cezaların ertelenmesi imkânı tanıyordu. Gülen'in 19 Mart 1999 tarihinde Türkiye'yi terk ettiği kararını da hatırlatan heyet, "sanığın ABD'ye gittiği tarihten itibaren atılı suçla ilgili bir faaliyet içerisinde bulunduğuna dair herhangi bir delil ibraz edilmediği gibi, yargılama aşamasında da mahkememizce buna dair herhangi bir delil elde edilememiştir" ifadelerini kullandı.

Yetmedi...

Gülen için avukatlarının sunduğu sağlık raporlarını "sanık aksi ispatlanmayan bu rapora göre ciddi sağlık sorunlarının çözümüyle meşguldür" sözleriyle yorumlayarak, Gülen'in ABD'de tabiri caizse "olaylara karışmadığı" söylenmiş oldu. Sonuç olarak mahkeme, Gülen'in 5 yıl içerisinde terör suçu işlemezse davanın ortadan kalkmasına, aksi olursa davanın yeniden ele alınmasına karar verdi.

Peki Gülen'in ABD'den terör faaliyetinde bulunamayacağı kararını veren Mahkemenin Başkanı Hüseyin Eken bugün neredeydi?

Artık şaşırmayacaksınız ama Eken, bugün Yargıtay 11. Ceza Dairesi Başkanı'ydı. Hâkim Yunus Karabıyıkoğlu bu kitap hazırlanırken İstanbul Anadolu Adliyesi'nde 3. Ağır Ceza

Mahkemesi'nde görev yapıyordu. Mehmet Maraş ise Ankara Hakimi'ydi.

Gülen'in elini rahatlatan yasa

5 Mayıs 2006'da 3713 sayılı Terörle Mücadele Kanunu'nun "terör tanımı" başlıklı 1. maddesinde yapılan değişiklik ile, terör örgütü tanımına cürüm işleme ve silahlı eylem şartı getirildi.

En önemlisi, o dönemde "silahsız terör örgütü" tanımının tekliften çıkarılmasını bizzat FETÖ istemiş, çıkarılması için Erdoğan da mücadele etmişti.

Yasanın çıkmasından sonra olanlardan söz edelim...

Gülen'in avukatları yasayı gerekçe göstererek, Gülen'in ertelenen kararının beraat sonucuyla hükme bağlanması için mahkemeye başvurdu. Ankara 11. Ağır Ceza Mahkemesi 5 Mayıs 2006'da oybirliği ile Gülen için "erteleme" kararını bozarak, "beraat" kararı verdi. Kararda "sanık Fethullah Gülen'in sübut bulmayan ve unsurları oluşmayan atılı suçtan beraatına" denilerek Gülen aklandı. Bu kararı veren heyetin başında Mehmet Orhan Karadeniz bulunurken, üyeler Ramazan Aksan ve Kadir Kayan'dı.

Karadeniz 2008 yılında emekli oldu.

Gülen hakkında "beraat" kararı veren hâkimlerden Ramazan Aksan kim miydi? Yakın dönemin Ankara Bölge Adliye Mahkemesi Başkanı idi. Gülen için açılan terör davasında "beraat" kararı veren Aksan, 15 Temmuz başarısız darbe girişiminin ertesi günü medyanın önüne çıkmış, FETÖ için "devleti ele geçirmeye çalışan bir terör örgütü" tarifini kullanmıştı.

Ne erken bir uyanış ama değil mi! Ankara Bölge Adliye Mahkemesi Başkanı Aksan'ın Gülen için bu "şaşırtıcı" dönüşümüne eklememiz gerek bir ayrıntı daha vardı...

Ankara DGM Cumhuriyet Savcısı Nuh Mete Yüksel açtığı soruşturmada, 3 Ağustos 2000 tarihinde Ankara 1 No'lu DGM Yedek Hâkimliğine başvurmuş, Gülen'in gıyaben tutuklanmasını istemişti. Talebi reddederek Gülen'in tutuklanmasını engelleyen, yine Hâkim Ramazan Aksan'dan başkası değildi.

Gülen'i beraat ettiren heyette bulunan üçüncü ve en bilinen hâkim ise Kadir Kayan'dı. Genelkurmay Seferberlik Tetkik Kurulu'nda (Kozmik Oda) günler süren arama yapmasıyla tanınan Kayan, 2011'de Yargıtay üyesi seçildi. Sürecin kumpas olduğunun ortaya çıkmasının ardından hakkında soruşturma başlatılan Yargıtay 7. Ceza Dairesi Üyesi Kadir Kayan, darbe girişiminden 2 hafta önce emeklilik dilekçesi verdi. Darbeye kadar nedense kimsenin "dokunmadığı" Kayan, 15 Temmuz'dan sonra firar etti.

Bir önemli ayrıntıya daha dikkat çekelim...

2006'da Gülen'i silahsız olduğu iddiasıyla "terörist" sınıfından çıkaran karar, aslında çok daha önemli bir sorunu beraberinde getiriyordu: Velev ki silahsız!..

Devletin içinde örgütlenmek, yargıda ve kollukta yuvalanmak, kamu gücünü kendi dini örgütü için kullanmak ve hatta bir kalkışma günü için TSK'da hazırlanmak suç değil miydi!

2006 kararı, Gülen'i önce "silahsız" sonra "suçsuz" ilan ederek aslında "paralel devlet yapılanması"nın hukuken önünü açıyordu.

Bahsedeceğiz, bu durumu o günlerde fark edenler de olacaktı...

Yerel mahkemenin "beraat" kararı süreci bitirmedi.

Ankara 11. Ağır Ceza Mahkemesi'nin Gülen hakkındaki beraat kararına, hem yazar Ergun Poyraz hem Cumhuriyet Savcısı Salim Demirci itiraz etti. Kararın bozularak Gülen'in cezalandırılmasını istediler.

Yargıtay 9. Ceza Dairesi, 5 Mart 2008 günü Gülen'in beraatını onadı.

Poyraz'ın davaya katılma yetkisi olmadığını söyleyerek başvurusunu baştan reddeden mahkeme, Savcı Demirci'nin temyiz talebini ise "Gülen'in terör faaliyetinde bulunduğuna dair inandırıcı delil bulunmadığı" gerekçesiyle reddetti.

Karar yine oybirliğiyle alınmıştı.

Beraat kararı veren 9. Daire Başkanı Mahmut Acar, heyetteki diğer hâkimler ise Neşecan Seber, Abdurrahim Özer, Ekrem Ertuğrul, Ayşe Doğan'dı.

Gelelim yine aktörlere...

Davayı temyize götüren Ergun Poyraz uzun yıllar Ergenekon kumpasıyla tutuklu kaldı.

Savcı Salim Demirci'nin ise karardan iki gün sonra, yani 7 Mart 2008 günü, gizli çekim bir ses kaydı yayınlandı. Yıllar önce Nuh Mete Yüksel'in başına gelenlerin benzeri onun da başına gelmişti. Kayıtta Demirci, Diyarbakır'daki uygulamalar nedeniyle dönemin Başbakanı Tayyip Erdoğan'ı ve Efkan Ala'yı eleştiriyordu. Demirci, temyiz için başvurduğu Yargıtay'da bu kayıt nedeniyle sanık oldu. Yıllar süren davaya Erdoğan ve Ala müdahil oldu. Demirci, yasadışı kayıtları kabul etmediği davada beraat etti. Ancak Demirci hakkında "Zincirleme şekilde görevi ihmal ve görevi kötüye kullanmak" iddialarıyla da suçlamalar yapıldı ve teftiş başlatıldı.

Bitmedi.

Gülen'in cezalandırılmasını istemenin bedelini ödemeye devam edecekti.

Savcı Demirci, 2004 ile 2007 yılları arasında toplam 64 dosyayı 3 aydan 4 yıla kadar, bir kısmını ise zaman aşımı süreleri dolana kadar sürüncemede bırakmakla suçlandı. Ve bu nedenle de yargılandı. Mahkeme, eylemin "görevi kötüye kullanma" değil, "görevi savsaklama" suçunu oluşturduğunu belirterek, Demirci'yi 7 ay 15 gün hapis cezasıyla cezalandırdı ve bu cezayı para cezasına çevirdi.

Demirci, yediği sürgünlerin ardından Antalya'da Cumhuriyet Savcılığı görevini sürdürmeye devam etti. Tarihin ironisi midir, FETÖ soruşturmaları başlayınca ilgilendiği dosyalar arasında FETÖ'nün yasadışı dinlemeleri de vardı!

Peki ya, beraat kararı veren 9. Daire Hâkimleri?

Başkan Mahmut Acar, üyeler Neşecan Seber, Abdurrahman Özer daha sonra emekli oldu.

Ayşe Doğan ise 2011-2015 aralığında Yargıtay 12. Ceza Dairesi'nde başkanlık yaptı. 2015 yılındaki Yargıtay başkanlık seçimlerinde yayımlanan "paralel bildiri" ile gündeme gelen Ayşe Doğan'a, Yargıtay seçimlerindeki "paralel blok oy" yetmedi ve Doğan başkanlığı kaybetti. Seçimin ardından "emekli oldu."

Yargıtay 9. Dairesi'ne daha sonra başkan yapılan ve Balyoz davası dahil olmak üzere FETÖ kumpaslarına destek veren Ekrem Ertuğrul hakkında, ancak 15 Temmuz'dan sonra yakalama kararı çıkarıldı ve Ertuğrul tutuklandı.

17'ye 6 çıkan karar

Süreç devam etti...

Yargıtay Cumhuriyet Savcılığı, Yargıtay 9. Ceza Dairesi'nin kararına itiraz etti. Savcılık itirazında "Laik düzeni yıkmak amacıyla örgüt oluşturan ve yöneten sanığın eyleminin 765 sayılı TCK'nın 313/2-4. maddesi unsurları itibariyle tartışılıp değerlendirildiğinde cürüm işlemek için teşekkül meydana getirilmesi suçunda aranan delillerin yeterli ve kesin olduğu görülmüştür. Sanık Fethullah Gülen'in ülke içinde oluşturup, daha sonra ülke dışında organize edip yönettiği örgütün, Türkiye'de mevcut Anayasal düzeni değiştirmek ve laiklik ilkesini de kaldırarak, yerine şeriat esaslarına dayalı devlet kurmak amacında olduğu, aşamaları, tebliğ, cemaat ve cihat temelinde, yurt içinde ve dışında dershane, okul, üniversite, yurt, hazırlık kursları ve kurduğu şirketler aracılığıyla eğitimli bir kadro ve ekonomik bir güç oluşturarak, yönetimde teşkilatlanmayı, devlet idaresini ele geçirmeyi hedeflediği, sanık Fethullah Gülen'in yurt dışına çıktığı 21 Mart 1999 tarihinden sonra da aynı amaç doğrultusunda faaliyetlerini sürdürdüğü, teşekkülün varlığını koruduğu sonucuna varılmıştır" ifadelerini kullandı.

Dosya Yargıtay Ceza Genel Kurulu'na geldi.

Bu kez karar oybirliği ile olmadı.

24 Haziran 2008'de alınan kararda 23 hâkim birbirinden farklı tavırlar aldı.

6 hâkim Yargıtay Savcılığının itirazının kabulünü birbirinden farklı gerekçelerle isterken, 17 hâkim ise bu talebi reddetti. Sonuç olarak Yargıtay Ceza Genel Kurulu, Gülen'in beraatını oyçokluğuyla kesinleştirdi.

İtirazın kabul edilmesi yönünde oy kullanan hâkimler şöyleydi: Zeki Aslan (8. Ceza Dairesi Başkanı), Celal Aras, Ali

Rıza Çınar, Sezai Akbulut, Ahmet Karayiğit, İbrahim Şahbaz.

Yargıtay Savcısının talebini reddederek beraatı onayan hâkimler ise şöyleydi: Osman Şirin (Birinci Başkanvekili), Hayrettin Cevheroğlu (5. Ceza Dairesi Başkanı), Turan Demirtaş (7. Ceza Dairesi Başkanı), Osman Yaşar (4. Ceza Dairesi Başkanı), Mahmut Acar (9. Ceza Dairesi Başkanı), Celal Altunkaynak (6.Ceza Dairesi Başkanı), Mahmut Gül, Şükrü Türktemel, Abdurrahim Özer, Ali Muhlis Karakaş, Mehmet Mutlu, Halil Akdağ, İsmail Rüştü Cirit, Sabri Eyüp Yağcı, Abdulkadir İlhan, Erkan Öztürk, Osman Baş.

Gardıroptan çıkan davetsiz misafirin mahcubiyeti

Listede dikkatinizi çekmiş olmalı.

Gülen'i rahatlatan ve beraatını kesinleştiren, hatta "paralel devlet" kurmasına cevaz veren kararın altında imzası olan hâkimlerden İsmail Rüştü Cirit, bugün Yargıtay Başkanı idi.

Öğrendik ki Cirit, Gülen'in beraatına yalnız oy vermekle kalmamıştı.

Gülen'e dokununca tutuklanan eski Savcı İlhan Cihaner'in avukatı Turgut Kazan'dan aktaralım:

> "Gerçeğin doğru anlaşılması için, Cirit'e (...) Gülen'in Beraatı konulu YCGK (Yargıtay Ceza Genel Kurulu) toplantısına, nöbetçi olmadığı halde, bir daire başkanı sıfatıyla katılıp yaptığı uzun konuşmada neler söylediği, sorusu sorulup cevabı alınmalıdır."

Yargı kulislerinden edindiğimiz bilgiye göre Cirit, özellikle bu toplantıya katıldı. Bu kararın öncesinde Gülen'in beraatinin onanması için kritik bir de konuşma yaptı. O günün şahitleri, Cirit'in Gülen'in "terörist" sayılamayacağını nasıl "içten" anlattığını unutmuyor!

Peki diğerleri?

Osman Şirin, Hayrettin Cevheroğlu, Turan Demirtaş, Osman Yaşar, Mahmut Acar, Celal Altunkaynak, Mahmut Gül, Şükrü Türktemel, Abdurrahim Özer, Ali Muhlis Karakaş, Sabri Eyüp Yağcı, Abdulkadir İlhan, Osman Baş emekli oldu.

Mehmet Mutlu bu kitap yazılırken Yargıtay'da 7. Ceza Dairesi Başkanı'ydı.

Halil Akdağ'ın 15 Temmuz darbesinden sonra Yargıtay üyeliği son buldu.

Tarihe not düşülmüş, biz de düşelim...

Merak edenler de açıp bakabilir, söz konusu Yargıtay kararında uzun bir şerh vardı. Gülen'in beraat kararını bozmayı savunan Hâkim Celal Aras'a aitti.

O gün azınlıkta kalsa da, bugün daha iyi anlaşılacak ifadelerle dolu metinde, Gülen'in devleti ele geçirme niyeti olduğu, bunun Gülen yurtdışına gittikten sonra da devam ettiği, Gülenciler'in cebir uygulamasa dahi faaliyetlerinin suç teşkil ettiği anlatılıyordu.

Görülüyor ki, bugünün "FETÖ ile mücadele şampiyonu" Yargıtay Başkanı İsmail Rüştü Cirit, o gün Celal Aras gibi Gülen'e karşı direnmek yerine, Gülen'i kurtarmak için çalışmıştı. Ve hatta kurtaran oyu vererek "paralel devlet"in gazına basmasını sağlamıştı.

Sadece o mu?

Gülen'in sanıklık serüvenini mahkeme mahkeme inceledik.

Şu tespiti yapmak yanlış olmazdı: FETÖ'ye karşı ülkenin bağışıklık sistemi sayılabilecek isimler birer birer yok edilirken, ötekiler yükselmek için FETÖ'ye tutundu. Ve bugün oturdukları koltukların sıcaklığının yarısını belki de FETÖ'ye borçlulardı.

Haliyle, Yargıtay Başkanı Cirit'in başlangıçtaki sözleri gardıroptan çıkan davetsiz misafirin mahcubiyetini yansıtıyor gibiydi.

Kumpasçılarla derin muhabbet

Cirit denilince pek çok kişinin aklına kuşkusuz "akbil davası" geliyordu. Recep Tayyip Erdoğan'ın "görevi başında zimmetine para geçirmek veya mal edinmek" suçlamasıyla hapsi istenen davada, Cirit beraat kararı verdi. Yükselişi hep bu olaya bağlansa da, yargıçlıkla pek de bağdaşmayan bir arabuluculuğun içinde de Cirit'in rolü vardı.

17 – 25 Aralık operasyonu sonrasında FETÖ'cü Savcı Zekeriya Öz, dönemin Başbakan'ı Tayyip Erdoğan'ın yolsuzluk operasyonunu durdurması için kendisine iki kişi gönderdiğini söylemişti. Öz, "Sayın Başbakan tarafından açıklanmadan önce Yüksek Yargı kökenli olan, daha önceden tanıştığım ve saygı duyduğum iki kişi bizzat Sayın Başbakan tarafından bana gönderilmiştir. Bursa'da bir otelde görüştüğüm bu kişiler Sayın Başbakan'ın bana çok kızgın olduğunu, hakkımda ağır laflar ettiğini, bir mektup yazarak kendisinden özür dilemem gerektiğini, hükümete yönelik soruşturmaların derhal durdurulmasını, aksi takdirde zarar göreceğimi ve bunun sonuçlarının benim için ağır olacağını, emniyete neden gittiğimi, bunun herkesi çok kızdırdığını söylediler." ifadelerini kullanmıştı.

Bu iki isimden biri o dönemin Yargıtay 13. Ceza Daire Başkanı olan İsmail Rüştü Cirit'ti. Cirit, Erdoğan'ın isteğiyle FETÖ'cü savcı ile arabuluculuğa soyunmuştu. Bu olayın ortaya çıkmasının ardından yaptığı açıklamada "Başbakan tarafından görevlendirilmesinin, tehditte bulunmasının, 'soruşturmayı kapatın demesinin' söz konusu olmadığını" söyledi. Ancak görüşmelerini ve çabalarını reddetmedi.

Cirit'in Ergenekon kumpasçılarıyla irtibatı Zekeriya Öz sohbetinden ibaret değildi. Ergenekon kumpası hâkimlerinden Hüsnü Çalmuk'un, 2015 yılında Yargıtay Başkanı İsmail Rüştü Cirit'i ziyaret ederek Ergenekon davasına ilişkin sunum yaptıkları itirafı, halen dava dosyasındaydı.

Ayrıntılandırırsak...

FETÖ'nün yargı örgütlenmesi mensubu olma suçlamasıyla Kocaeli Cezaevi'nde tutuklu bulunan Çalmuk, kendi davasına bakan Yargıtay 8. Ceza Dairesi hâkimleri hakkında 9 Ekim'de suç duyurusunda bulundu. Söz konusu hâkimlere "görevi kötüye kullanma" ithamında bulunan Çalmuk, dilekçesinde ise bir sırrı da ifşa etti.

FETÖ bağlantılı hâkimlerden oluşan İstanbul 13. Ağır Ceza Mahkemesi, 5 Ağustos 2013'teki Ergenekon davasında "örgüt var" kararı vermişti. Sanıkların birçoğunu da Ergenekon örgütü üyeliği ve yöneticiliğinden mahkûm etmişti.

Yargıtay 16. Ceza Dairesi'ndeki temyiz duruşmaları ise 6 Ekim 2015'te başlamıştı.

Çalmuk'un dilekçesindeki ayrıntıya göre; Ergenekon kumpası mağduru olan sanıkları mahkûm eden ve bugün FETÖ'den yargılanan hâkimler, temyiz duruşmalarından önce Yargıtay'da bir sunum yaptı. Ergenekon kumpasında yaptıkları yargılamayı savunan hâkimlerin brifing verdiği kişi ise Yargıtay Başkanı olan İsmail Rüştü Cirit'ti.

Çalmuk dilekçesinde söz konusu sunumu şöyle anlattı:

> "Mahkeme heyetinde bulunan hâkimler olarak, Yargıtay 1. Başkanı İsmail Rüştü Cirit Bey'i 2015 yılı adli yılbaşı öncesindeki günde ziyaret ederek, dosya ile ilgili olarak kendisine sunum yapmış, 'Ergenekon Davası' dosyasının tamamen delillere dayanan, hukuki bir karar olduğunu belirterek açıklamalar yapmıştık."

2015-2016 adli yılının 1 Eylül 2015'de başladığı hatırlanırsa, brifingin 31 Ağustos'ta gerçekleştiği anlaşılıyordu. Brifing, 17-25 Aralık soruşturmalarının başlamasından 2 yıl sonraya denk geliyordu. Neymiş, 17-25 Aralık milatmış! Peh!

Yargıtay hâkimlerine, Ergenekon sanıklarının Anayasa Mahkemesi eliyle AKP'yi kapatmaya çalıştıklarını ve algı yönetimi yaptıklarını anlattıklarını söyleyen Çalmuk, şöyle devam etti:

> "Yargıtay 1. Başkanı, Yargıtay üyelerinden yeniden heyetler oluşturduklarını belirtmişti."

Görülüyor ki Cirit, Yargıtay'da duruşmalar başlamadan FETÖ'cü hâkimler ile görüşerek, davanın seyrini değiştirme umudu veriyordu. Cirit'e kalsa, belki de FETÖ Ergenekon kumpasında amacına ulaşmış olacaktı.

Kritik isimlerle onlarca görüşmesi çıktı

Yargıtay Başkanı Cirit'in FETÖ irtibatları tesadüflere dayalı değildi. Ankara'da FETÖ davalarını en iyi takip eden gazeteci Müyesser Yıldız, dava dosyalarından öyle bilgiler aktardı ki, insanın ağzını açık bırakıyordu.

Şöyle anlatalım...

Bank Asya'nın da *Zaman* gazetesinin de sahiplerinden olan örgütün siyaset ve finans dünyasında en kritik isimlerinden biri Ali Çelik'ti. FETÖ'nün çatı davasında sanık olan Çelik, tüm kritik örgüt yöneticileri gibi göz göre göre yurtdışına kaçtı.

Çelik hakkında 31 Temmuz 2015 günü teknik ve fiziki takip kararı alınmış ve polis tarafından 20 Ağustos 2015'e kadar izlenmişti. 21-24 Ağustos arasında takip edilmeyen Çelik, 25 Ağustos'ta da firar etmişti.

Yargı sürecinde Ali Çelik'in telefon görüşme kayıtları ortaya çıkarıldı. Çelik, "FETÖ Çatı Davasında" ağırlaştırılmış müebbet hapis cezasına çarptırılan AKP eski Milletvekili İlhan İşbilen'i dahi sadece 4 kez aramışken, 15 Temmuz'un beyni Adil Öksüz'le 2 görüşmesi bulunurken, Yargıtay Başkanı Cirit ile tam 93 görüşmesi vardı. Çelik'in 8 kez de "Yargıtay 1. Başkanlık adına kayıtlı" sabit hatlarla görüştüğü, resmi tutanaklarda yer alıyordu. Özetle, FETÖ'nün kritik ismi ile Yargıtay Başkanı İsmail Rüştü Cirit, nedense çok sık görüşüyordu.

Sadece bu kadar da değildi...

"FETÖ'nün Emniyet yapılanmasının kurucu mimarlarından biri" olan, Emniyet Genel Müdürlüğü 1. Hukuk Müşavirliği ve POL-SAN (Polis Bakım ve Yardım Sandığı) Başkanlığı döneminde, "Üst yargı imamlığına" getirildiği söylenen Osman Karakuş'un da bu süreçte telefon kayıtları ortaya çıktı. Türkiye Futbol Federasyonu Tahkim Kurulu üyeliği de yapan Karakuş'un, "Yargıda en etkili isimlerden biri" olduğu sır değildi. Bu nedenle konuşmalarda özellikle yargı mensuplarıyla görüşmeleri merak uyandırıyordu. Hakkında çıkan yakalama kararını 1 hafta önce öğrenen Karakuş, 22 Eylül 2015'te diğer FETÖ imamları gibi yurtdışına kaçmıştı.

Sormasak olur mu: Acaba yargı ilişkileri mi, ona bu avantajı sağlamıştı?

Şöyle söyleyelim...

Yargıtay Başkanı olan İsmail Rüştü Cirit ile Osman Karakuş'un mahkeme kayıtlarına giren ve tespit edilebilen tam 63 görüşmesi vardı. "Tespit edilebilen" diyoruz çünkü, nedendir bilinmez Karakuş'un kayıtlarda toplamda 7 aylık görüşme trafiği yer alıyordu. 2011'deki 1 aylık sürede 6, 2012'deki 2 aylık sürede 19, Mayıs-Haziran 2013'deki 1,5 aylık sürede yine 19 görüşmeleri vardı. 17-25 Aralık süreci dönemi ve sonrasında ise Cirit ile Karakuş 18 kez görüşmüştü. 10'u 17 Aralık'tan önce, 4'ü 17-25 Aralık sürecinde. 25 Aralık'tan sonraki görüşme sayısı ise 4'tü. Cirit ile Karakuş'un tespit edilen son görüşmesi, iktidar medyasının Karakuş'la ilgili haberleri yapmaya başlamasından sadece 3 gün önce, 30 Ocak 2014 günü saat 14.55'te, 119 saniyelik bir konuşmaydı.

Özetle Yargıtay Başkanı Cirit, FETÖ'nün en kritik isimleriyle sürekli temas halindeydi.

Bu temasları, tavla muhabbeti sanmayın!

Gelin sizi sadece bir örnekle, "Cirit'in FETÖ'nün kumpas davaları sürecinde nerede durduğu" sorusunun yanıtına götürelim...

Göbekteki rolü

Savcı İlhan Cihaner'e, Erzincan'da kurulan Ergenekon kumpasında karşımıza İsmail Rüştü Cirit çıkıyordu.

Nasıl mı?

Önce Cihaner'in avukayı Turgut Kazan'dan hikâyeyi dinleyelim:

> "Bilindiği gibi, Cihaner davasında bir başsavcı, bir ordu komutanı ile çok sayıda yüksek rütbeli asker ve 3 MİT görevlisi için tuzak kurulmuştu. Apaçık bir oyun oynanıyordu. Ama bir tek bu davada kumpas başarılı olamadı. Yargıtay, birleştirme ve tahliye kararı vererek, Erzurum ve İstanbul'daki Pensilvanya bağlantılı yargıçların oyununu bozdu.
>
> İşte bu aşamada, Cirit'in hangi safta yer aldığını görüyoruz. Birleştirme konusu Yargıtay Ceza Genel Kurulunda

(YCGK) görüşülüp, davanın Yargıtay 11. Ceza Dairesinde görülmesi gerektiği kararı verilirken, tam 13 sayfa muhalefet şerhi yazan Cirit, inanılmaz bir gerekçeyle davanın Pensilvanyalı yargıçlara teslim edilmesini istemiştir.

Gerçekten, sahte belge ve gizli tanıklarla TSK'nın tasfiye edildiğini dile getiren Cirit, o muhalefet şerhinde 'Dursun Çiçek'in düzenlediği adli tıp kurumu, emniyet ve jandarma kriminal raporlarıyla anlaşılan belgeye' ve 'müşteki Ahmet Demir, gizli tanıklar Erzincan, Munzur, Efe... beyanlarına' vurgu yaparak, Pensilvanya'nın Erzurum ve İstanbul mahkemesi kararlarını 'tamamen hukuki temellere dayanan manifesto niteliğinde çok güzel bir karar' olduğunu söylüyor. Ve Yargıtay'ın kumpası bozma kararını yerin dibine batırmaya çalışıyor. Şimdi, Cirit'in adlarını saydığı gizli tanıkların bir bölümü 23 yıla kadar hapis cezasına çarptırıldığı gibi, müşteki dahil diğerleri tutuklu olarak yargılanıyor.

Asıl önemlisi, Cirit'in övüp göklere çıkardığı (ikisi de oyçokluğuyla verilmiş) kararları veren Pensilvanya bağlantılı yargıçlardan, Erzurum kararını veren Mustafa Karatay ile İsmail Şahin meslekten çıkarılıp tutuklanmışlardır. İstanbul kararını veren Hasan Hüseyin Özese yine meslekten çıkarılmış, tutuklanmıştır. Sedat Sami Haşıloğlu ise meslekten çıkarılmıştır, kaçaktır. İşte, manifestonun kahramanları bunlardır. Ve TSK sahte deliller/gizli tanıklarla toprağa gömülürken, Cirit bu kahramanların yanında saf tutmuştur."

Turgut Kazan, Yargıtay Başkanı Cirit'in kumpasların yamacındaki değil, bizzat göbeğindeki rolünü net olarak anlatmıştı.

Gerçekten de avukat Kazan'ın sözünü ettiği Cihaner kararında, Cirit'in uzun bir şerhi vardı. FETÖ'nün savcılarının faaliyetlerinin övüldüğü, Cihaner'in Yargıtay'da değil FETÖ hâkimleri tarafından özel yetkili mahkemelerde yargılanması gerektiğini söylüyordu. Cirit şerhinde FETÖ'den tutuklanan Ergenekon hâkimlerinin Cihaner kararı için "manifesto niteliğinde çok güzel bir karar" diyerek nerede durduğunu gösteriyordu. "Sanık İlhan Cihaner'e atılı bulunan silahlı terör örgütüne üye olma suçlaması görevle hiçbir şekilde bağdaşmayan, ilişkili olmayan ve görev nedeniyle işlenemeyecek olan 'mütemadi' bir suçtur" diyerek Cihaner'e FETÖ'yü soruşturduğu için kurulan kumpası meşrulaştırıyordu. "Bugün burada verilen karar 'millet adına' görev yapan yüksek yargının itibarını tekrar kazanmaya başlaması adına bir dönüm noktası olamamıştır" ifadeleriyle, Cihaner'in FETÖ'ye teslim edilmemesine karşı adeta isyan ediyordu.

Kısacası İsmail Rüştü Cirit, Yargıtay'ın zirvesinde FETÖ kumpaslarına destek vererek çalışıyor, FETÖ imamlarıyla da sürekli görüşüyordu. Fethullah Gülen'i beraat ettiren tarihi karara imza atıyor, kumpas dosyası Yargıtay'a gelirken FETÖ'cülerle görüşerek planlama yapıyordu.

Sahi...

İsmail Rüştü Cirit'e dair deliller sıradan bir vatandaşta olsa, sizce bugün nerede olurdu?

Yanıtınızı duyar gibiyiz. Ama o bugün, en tepede Türk yargısını yönetiyor.

FETÖ ile mücadelede nerede olduğumuzun maalesef özeti değil mi?

16. BÖLÜM

Diyanet'in Başının Saklı Geçmişi

15 Temmuz darbe girişiminde en kritik rollerden birini, tartışmasız FETÖ'nün askeri imamlarından Adil Öksüz oynadı. Darbe gecesi Akıncı Üssü'nde yakalanan Gülen'in dizinin dibinde yetişmiş Öksüz, nasıl olduysa aynı gün serbest kaldı ve kaçarak sırra kadem bastı. İktidar, Öksüz'le ilgili yurtdışında herkesi suçladı. Ancak ne hikmetse, Öksüz'ün yurtiçindeki yoldaşları pek tartışılmadı. Öyle ki, darbe gecesi dönemin Başbakanlık Müşaviri Ali İhsan Sarıkoca'nın bile Öksüz'ün gözaltında olduğu Kışla Jandarma Karakolu'na gelerek Adil Öksüz'le görüştüğü ortaya çıkmış, FETÖ'nün imamlarından olduğu darbeden aylar önce iddianamelere giren Öksüz hakkında yargı hiçbir şey yapmamıştı. Nitekim darbe gecesi Öksüz'ü her şeye rağmen serbest bırakanlar da halen akla yatkın bir açıklama yapmadı. Sorsanız, "tarla bakmaya gelmiştim" diyen Öksüz'e inandık diyeceklerdir!

Gelelim konumuza...

15 Temmuz darbe girişiminin yaşandığı saatlerde MİT binasında Müsteşar Hakan Fidan'la yemekte olan Diyanet İşleri Başkanı Mehmet Görmez'in görevine, darbeden bir yıl sonra son verildi. Nedenleri çok tartışıldı. En çok yapılan suçlama, Diyanet'te FETÖ ile yeterince mücadele etmemesiydi. Bu suçlamayı en çok Işıkçılar Cemaati'nin yayın organı Türkiye

gazetesi yaptı. Kimilerine göreyse, Görmez'in Şiilerle mezhep duvarlarını incelten politikaları Türkiye İslamcılarını rahatsız etmişti. İsmailağa Cemaati'nin vitrinindeki isimlerden "Cübbeli Ahmet Hoca" lakaplı Ahmet Mahmut Ünlü'nün, Görmez için "Diyanet'e bundan tehlikelisi gelmemiştir diye düşünüyorum. Rabbim, vatana millete bağlı ve Ehli Sünnete sadık hayırlı bir reis nasib eylesin" demesi boşuna değildi. (Türkiye'de dincilerin bir klasiği olarak; Cübbeli bu sözleri Görmez görevdeyken değil, görevi bıraktıktan sonra söyledi!)

Nihayetinde...

Altına milyonluk Mercedes çekilmesiyle, Diyanet'in ensete cevaz veren fetvalarıyla kamuoyunda yıpranan Görmez'in koltuğuna, FETÖ ile daha sert mücadele edeceği iddiasıyla Ali Erbaş oturdu.

"Diyanet" deyip geçmeyin...

Diyanet İşleri Başkanlığı'nın 2019 bütçesi, 10,4 milyar lirayla devletin 29 kurumunu geçti. Diyanet, bu bütçesi ile Dışişleri, Enerji ve Tabii Kaynaklar, Sanayi ve Teknoloji bakanlıklarını geride bıraktı. Kurumun personel sayısı 120 bin civarındaydı. Seçimlerden darbe girişimlerine kadar hemen her örnekte görüldüğü gibi, yurtiçinde ya da yurtdışında kurum adeta büyük bir propaganda üssü.

İşte böyle bir dev örgütün başına, din perdesi altında örgütlenen FETÖ ile mücadele iddiasıyla oturtulan Ali Erbaş kimdir dersiniz?

Kendi internet sitesinde yer alan özgeçmişine göre Erbaş, 1997-2002 yılları arasında 5 yıl Sakarya Üniversitesi İlahiyat Fakültesi Dekan Yardımcılığı, 2006-2011 yılları arasında iki dönem aynı fakültenin dekanlığını yürüttü. 2003-2011 yılları arasında Sakarya Üniversitesi'nde Senato Üyesi, 2006-2011 yılları arasında ise aynı üniversitede yönetim kurulu üyesi olarak görev yaptı. 2011 yılında Diyanet İşleri Başkanlığı Eğitim Hizmetleri Genel Müdürlüğüne atandı.

Öksüz'le çalışma arkadaşı

Erbaş, 15 Temmuz'un en önemli isimlerinden Adil Öksüz'le aynı dönemde Sakarya Üniversitesi'nde görev yaptı. Hayır, Adil Öksüz'le Diyanet İşleri Başkanı Erbaş arasındaki tek ortak özellik bu değildi.

15 Temmuz'dan sonra gözler Öksüz'ün öğretim görevlisi olduğu Sakarya Üniversitesi'ne çevrilmişti. Sakarya Üniversitesi İlahiyat Fakültesi Dekanı Prof. Dr. Hacı Mehmet Günay, Adil Öksüz'ün üniversiteye Suat Yıldırım tarafından alındığını söylemişti.

Ali Erbaş'la Suat Yıldırım'ı buluşturan yer ise FETÖ'nün en önemli platformlarından biri olan KADİP/Kültürlerarası Diyalog Platformu'nun yönetim kurulu oldu. Suat Yıldırım, KADİP'in yönetim kurulu başkanıyken, Ali Erbaş da yönetim kurulu üyesiydi. Unutulmasın, Suat Yıldırım da FETÖ'nün sembol isimlerinden birisiydi. Dinlerarası Diyalog tezlerini İslam içinden geliştiren Yıldırım, kimilerine göre Fethullah'ın koltuğuna ondan sonra oturabilecek kadar kritik bir otoriteydi.

Abant Toplantıları'ndan "Kimse Yok Mu" Derneği'ne

Erbaş, FETÖ lideri Fethullah Gülen'in onursal başkanı olduğu Gazeteciler ve Yazarlar Birliği'nin her yıl düzenlediği Abant Toplantıları'nın da katılımcıları arasındaydı.

Ve Kimse Yok Mu Derneği...

Dernek, darbe girişiminden sonra OHAL KHK'sıyla FETÖ'yle iltisaklı olduğu gerekçesiyle kapatıldı. Yeni Diyanet İşleri Başkanı Ali Erbaş ise derneği önemseyenler, faaliyetlerine katılanlar arasındaydı. Derneğin Sakarya'da düzenlediği bir geceye katılan Erbaş yaptığı konuşmada derneğin çalışanları olan FETÖ'cülerden "gönül erleri" diye bahsetmişti.

Evet, Erbaş FETÖ'nün en önemli platformlarından biri olan KADİP/Kültürlerarası Diyalog Platformu'nun yönetim kurulu üyesiydi.

Evet, FETÖ'nün Abant Toplantıları'nın müdavimleri arasındaydı.

Evet, FETÖ'nün kapatılan Kimse Yok Mu Derneği'nin etkinliklerinde vitrine çıkıyor, onlar için "gönül erleri" diyordu.

Ve keşke sadece bu kadar olsaydı!

Daha önce söyledik; Adil Öksüz'ü 1994 yılında, henüz bir yüksek lisans öğrencisiyken üniversiteye alan ve okulda himaye eden isim eski Dekan Prof.Dr. Suat Yıldırım'dı. FETÖ sanığı Yıldırım, 4 Eylül 2015'te firar etti.

Yıldırım, Sakarya'da İlahiyat Fakültesi'nin kurucuları arasındaydı, "üniversitenin imamı" olarak biliniyordu. Belki de tüm bu nedenlerle Sakarya İlahiyat Fakültesi, FETÖ'nün kalelerinden biriydi.

Şimdiki Diyanet İşleri Başkanı Erbaş işte bu fakülteden çıktı. Suat Yıldırım'la hem okulda, hem FETÖ kurumlarında beraber çalıştı.

Ve tabii Adil Öksüz'le de.

Gelelim konumuza.

Sahi, Adil Öksüz'ün doktora tezi neydi?

YÖK arşivinde Öksüz'ün 2003 tarihli tezi "Ceza Hükümleri açısından Tevrat ve Kuran" başlığını taşıyor.

FETÖ'nün Dinlerarası Diyalog Projesi'ne uygun şekilde, iki kutsal kitabı ceza hükümleri açısından karşılaştırıyordu.

Tavır olarak iki kitabın ceza kanunlarının benzeştiğini öne süren Öksüz, Tevrat'ın ceza hükümlerinin zina ya da cinayet gibi suçlarda sanılanın aksine Kuran'dan daha sert olduğunu öne sürüyordu.

Şaşırmadık, Öksüz'ün tez danışmanı Suat Yıldırım'dan başkası değildi.

Öksüz, Yıldırım'ın danışmanlığında hazırladığı tezini jüriye sunarak "doktor" unvanını kazandı.

Peki, bu jüri kimlerden oluşuyordu?

Öksüz'ü 'doktor' yaparak akademide önünü açan isimler kimlerdi?

Hayatın "tesadüfleri" şaşırtıcı!

Zira, Öksüz'ün jürisinde gözümüze hemen Diyanet İşleri Başkanı Ali Erbaş çarpıyordu.

Malum, Suat Yıldırım'dan söz ettik; FETÖ çatı davasında sanık olan Yıldırım, şu an firarda.

Jürideki diğer isim, FETÖ'nün ekran yüzlerinden, *STV* programcısı ve İlahiyat Fakültesi Tefsir Bölümü öğretim üyesi

Prof. Dr. Davut Aydüz darbeden sonra tutuklandı.

Jürideki Muhammed Aydın, Sakarya Üniversitesi Temel İslam Bilimleri Bölümü'nde akademisyen ve son günlere kadar adı Erbaş'la birlikte Diyanet İşleri Başkanı adayları arasında geçen isimdi. (Nedense Diyanet'in başına geçeceği düşünülen isimler, hep Sakarya Üniversitesi İlahiyat Fakültesi'nden çıkıyor). Aydın'ı sık sık *TRT*'de dini programlarda görebilirsiniz.

Jüride Sakarya'dan olmayan, Marmara Üniversitesi'nde görevli kişi ise Yakup Çiçek. Kamuoyunda son olarak intihal davasıyla gündeme gelen ve bir konferansta başkasının tebliğini sunmasını "sehven oldu" diye açıklayarak ceza almaktan kurtulan Çiçek, Marmara Üniversitesi İlâhiyat Fakültesi'nde ve Yakın Doğu Üniversitesi İlâhiyat Fakültesi'nde öğretim üyeliği yaptı.

İşte belki de, Türkiye tarihinde bugünden bakıldığında "ne tezmiş, ne jüriymiş, ne savunmaymış" dedirtecek Adil Öksüz'ün doktorasının kısa öyküsü böyle.

Unutmadan yazmalıyız, tezin kaynakçaları arasında olmasa olmaz tabii ki Fethullah Gülen de vardı.

Evet...

Türkiye'de darbenin mimarlarından Adil Öksüz'ü "doktor" yapan çalışma arkadaşı Ali Erbaş, Diyanet İşleri Başkanı oldu. Keşke biraz Adil Öksüz'ü anlatsa da öğrensek, nasıl önünü açmışlar...

Ve sahi, yoksa 15 Temmuz sanıldığı gibi başarısız olmadı mı?

Alevi imamı

Devam edelim...

FETÖ'nün "Alevi imamı" olduğu belirtilen isim, Osman Eğri.

Çorum'daki Hitit Üniversitesi Rektör Yardımcısıydı.

Osman Eğri sık sık Alevileri kapsayan faaliyetlere imza atıyor; Alevi derneklerinin kurulmasına ön ayak olduğu gibi, Alevi dedelerini Pensilvanya'ya götürme çabalarıyla adını duyuruyordu.

Fethullah Gülen'in Abant Platformu'nun önemli isimleri arasında yer almıştı. Eğri, Amerika Alevi Bektaşi Vakfı'nın da kurucusu.

15 Temmuz darbe girişimi öncesinde Türkiye'den ayrıldığı biliniyor. Almanya Dışişleri Bakanlığı'nda müşavir olarak görev yaptığı iddia ediliyor.

İşte Türkiye'de aranan Eğri, Diyanet'te de etkili olan isimlerden biriydi.

Osman Eğri'nin Diyanet'teki rolünü, AKP'ye yakın *Sabah* gazetesi yazarı Hilal Kaplan, kayınpederi üzerinden gelen FETÖ'cülük iddialarına karşılık yaptığı açıklamada şöyle anlatmıştı:

> "Kayınpederimin, Çorum Hitit Üniversitesi'ndeyken yakın olmakla suçlandığı ve şimdi FETÖ'cü olduğu ortaya çıkan Osman Eğri'nin Diyânet Vakfı Yayınları'ndan çıkan ona yakın kitabı vardır. 'Alevilik Masası' âdeta kendisine teslim edilmiştir."

Evet, Diyanet "Alevilik Masası" kurmuş, onu da bir FETÖ'cüye teslim etmiş!

Gerçi "ne istediniz de vermedik" tezine uygun bir durumdu!

Osman Eğri-Adil Öksüz ilişkisi

15 Temmuz'un hemen ardından Osman Eğri yine gündeme gelmişti.

Anadolu İnanç Önderleri Derneği ve Dedeler Birliği Başkanı Hıdır Bulut, *Karar* gazetesine verdiği röportajda, Osman Eğri'ye dikkat çekiyordu. Hıdır Bulut, Osman Eğri'nin bağlantıda olduğu çok kritik bir isimden söz ediyordu:

> "Osman Eğri, Ankara Çukurambar'da beni 15 Temmuz'un kilit ismi Adil Öksüz'le tanıştırdı. Etrafı kalabalıktı. Adil Öksüz, 'Osman Bey seninle ilgili bazı şeyler söyledi. Yahu sen bu AK Parti'de ne görüyorsun? Sen gel bize kardeş ol' dedi. Adil Öksüz'e cevap olarak 'Türkiye Cumhuriyeti'nde herkesle

kardeşim' dedim. 'Kiminle kardeş olmazsın?' diye sordu. 'Fe-
tullah Gülen'le kardeş olmam' dedim. 'Niye Hocaefendi'yi
eleştiriyorsun?' dedi. 'Papa'nın yanında oturan adam benim
dostum olmaz' dedim. 'Sizin göreviniz nedir?' diye sordum.
'Devlet dediğin benim' dedi. Çay paramı kendim ödeyip kal-
kıp yanlarından gittim."

Bu anlatımların yanı sıra, Adil Öksüz-Osman Eğri ikilisi-
nin yakın ilişkide olduğunu gösteren bir başka ayrıntı ise, Hi-
tit Üniversitesi İlahiyat Fakültesi Dergisi'nde yer alıyor.

Osman Eğri'nin Hitit Üniversitesi Rektör Yardımcısı oldu-
ğundan bahsetmiştik.

Hitit Üniversitesi İlahiyat Fakültesi Dergisi'nin 2013 tarihli
12. sayısında Adil Öksüz'ün "Zerdüşt ve Avesta üzerine genel
bir değerlendirme" başlıklı bir yazısı yayımlanmıştı. Osman
Eğri de bu derginin yayın kurulunda yer alıyordu.

O sempozyumdan Diyanet İşleri Başkanı çıktı

Peki, Diyanet'te ve ilahiyat fakültelerinde bu kadar etkili
olduğu belirtilen Osman Eğri, Adil Öksüz dışında başka ki-
minle ilişkideydi?

8-9 Kasım 2014 tarihlerinde "Uluslararası Alevi-Bektaşi
Klasikleri Sempozyumu" düzenlenmişti. Bu sempozyum, Sa-
karya Üniversitesi, Türkiye Diyanet Vakfı ve Atatürk Kültür,
Dil ve Tarih Yüksek Kurumu öncülüğünde gerçekleştirilmişti.

Elbette işin içinde yine FETÖ ve onun imamı vardı.

Bu sempozyumun konuşmacıları arasında iki isim dikkat
çekiyordu. Biri Prof. Dr. Osman Eğri. Diğeri ise yeni Diyanet
İşleri Başkanı Prof. Dr. Ali Erbaş.

FETÖ'nün Diyanet'te hangi bağlantısını kazısanız, altın-
dan Ali Erbaş çıkıyordu!

Cumhuriyete alerjisi var

Bakınız, samimi dindarların Atatürk'le ve Cumhuriyet'le
hiçbir sorunu olmadı. Ancak Türkiye'de başta FETÖ ol-
mak üzere din istismarcısı örgütlenmeler ve tarikatlar hep

Atatürk'ü hedef aldı. Kuracakları iktidar için Atatürk'ü ve Cumhuriyet'i hep engel olarak gördüler.

Ali Erbaş da bunlardan biriydi.

İslam'ı sözde en iyi bilenler arasındaydı. Sorsanız, Kuran'ı ezbere okurdu. Ama nedense bugün İslam'la ilgisinin olmadığını söylediği FETÖ'nün hep burnunun ucundaydı. Bilmiyor muydu, yoksa işine mi gelmiyordu? Bildiğimiz, Erbaş'ın FETÖ ile bir ortak noktasının da Cumhuriyet ve Atatürk alerjisiydi.

Onun döneminde hutbelerde, açıklamalarda Diyanet hep Atatürk'ü unuttu!

"Balık baştan kokar" derler ya, Diyanet Ali Erbaş'tan başlayarak kokuyordu!

Sizi Diyanet İşleri Başkanı Ali Erbaş'ın, İhya TV'de, "İhya Öncüleri" isimli programda yaptığı konuşmaya götürelim de, ne demek istediğimizi daha iyi anlayın.

Erbaş konuşmasında babasının hatıralarını dinleyerek büyüdüğünü belirtti ve şunları söyledi:

"Benim babam da 1921 doğumluydu. Merhum. Onun hatıralarını hep dinleyerek büyüdük. Okula gittiğimizde, Kur'an kursuna gittiğimizde, Kur'an öğrenmek için gittiğimizde, Karadeniz'in bir dağ köyü... Aman yarabbi bu ne korkudur ki, Karadeniz'in bir dağ köyünde dışarıda nöbetçi tutuyorlar, acaba bir jandarma gelir de bizim hocamızı alıp götürür mü, diye dışarıda bekliyorlar. Akşam evlerine Kur'an-ı Kerim'i götürmüyorlar. Tarlanın duvarlarında herkesin bir taşı var, o taşı çekiyor, Kur'an'ı taşın içine koyuyorlar, taşı oraya yerine koyuyor ki eve götürmesin Kur-an'ı. Bu ne korkudur, nerede yaşadık bunu biz. Bu nasıl bir şeydir?"

Sıbyan mektepleri çağrısı

Erbaş o dönemlerin geçtiğini belirterek, bir de çağrı yaptı:

"Ama elhamdülillah bunlar geçti. Biraz önce hocamız beni tanıttılar. Eğitim Hizmetleri Genel Müdürüyüm Diyanet İşleri

Başkanlığı'nda. Şu anda bizim 4 yaşında, 5 yaşında, 6 yaşında ülkemizde 50 bine yaklaştı öğrenci sayımız ve resmi kayıtlı. 4-6 yaş Kuran kurslarını açtık. Sizlerden gayret bekliyoruz, destek bekliyoruz. Her mahallede nasıl ki Ali Ulvi Kurucu döneminde, onun döneminin bir miktarında Sıbyan Mektepleri varsa, şimdi Sıbyan Mektepleri'ni ihya edelim yeniden. Bu fırsatı iyi değerlendirelim."

Ali Erbaş'ın babasına dayanarak anlattığı tabii ki palavraydı. FETÖ'cüler de tıpkı Erbaş gibi Kuran'ın Cumhuriyet döneminde yasaklandığı yalanını uydurdular. Kuran ne Cumhuriyet döneminde, ne öncesinde, ne sonrasında bu topraklarda hiç yasaklanmadı. Keza, Atatürk'ün Kuran'ın doğru anlaşılması için yaptırdığı tefsirler halen kütüphanelerde duruyor.

Ancak yasaklanma palavrasına hem Ali Erbaş'ın hem de eski dostu FETÖ'cülerin sarılması sürpriz değildi.

Zira samimi inanca sahip olan yurttaşların, ülkelerinden manen koparılıp ajanlaştırılması, kendi ordusuna, yargısına, aydınına, özetle kendi vatanına kumpas kuran hale getirilmesi için bu yabancılaşmanın üretilmesi gerekiyor. Ali Erbaş da "babam söyledi" diyerek, neresinden uydurduğunu bilmediğimiz tezleriyle dindarlarla Cumhuriyet'in arasını açmaya çalışıyordu. Bu kafanın FETÖ ile bu kadar iç içe olması bizim açımızdan hiç de şaşırtıcı değil.

İnanıyoruz ki, Ali Erbaş'ın babası samimi bir dindardı. Ona böyle hikâyeler anlatmıyordu. Ve kuşkusuz görseydi, Erbaş'a "oğlum FETÖ'cülerle bu kadar düşüp kalkma" derdi!

Laikliğe de karşı

"FETÖ'nün darbe girişimi size ne gösterdi" derseniz, ilk yanıtımız "laikliğin önemi" olacaktır. Zira inançları insanların maneviyatının konusu yapmazsanız, bir süre sonra din üzerinden boğazlaşma kaçınılmaz olur. 15 Temmuz buydu. Bugün iktidardakiler ne kadar inkâr ederlerse etsinler, bir zamanlar "alnı secdeye değiyor, zarar gelmez" dedikleri dinci militanlar tarafından yapılmıştı. Avrupa'da yüzlerce yıl süren mezhep/tarikat savaşına laiklik çözüm olmuştu. Papazlar kiliselere gönderilmiş, toplum dini örgütlenmelerden uzaklaştırılmıştı.

İşte tam da bu nedenle devleti ele geçirerek toplumun üzerinde terör estirmek isteyen dinci örgütlenmeler laikliği hep hedef aldı. FETÖ, laikliğin can düşmanıydı. 17-25 Aralık'a kadar İslamcılarla bu açıdan hep aynı yerdeydi.

Bir de şifreleri vardı.

Takiyyeci dinciler, konuşmalarında laikliği hedef alırken bir kavramsal oyun oynadı. Laikliğe saldırmak yerine "sekülerizm"e saldırdılar. Böylece, Anayasa'nın değişmez maddelerinden olan laikliğe karşı suç işlemediklerini savundular. Oysa "sekülerizm" derken, kastettikleri laiklikten başkası değildi.

Evet, bu kitabın amacı siyaset teorisi değil. Sekülerizm ile laiklik arasındaki benzerlik ve farklılıkları anlatmayacağız. Ancak bir şekilde belirteceksek; laikliğin, din istismarcılarına karşı sekülerizmden çok daha keskin bir çözüm sunduğunu hatırlatalım.

Bunları neden söyledik?

Çünkü Diyanet İşleri Başkanı Ali Erbaş, görevi teslim aldığı gün yaptığı açıklamada şunları söyledi:

> "FETÖ/PDY'nin genç beyinleri sömürerek, insanımızın hayır duygularını istismar ederek, gizemli ve bulanık bir din anlayışıyla itikadi ve ameli düzlemde oluşturduğu hasarı onarmak için 15 Temmuz şehitlerimiz başta olmak üzere kanlarıyla bu toprakları bize vatan kılan bütün şühedanın emanetine sahip çıkıp, şehit ve gazilerimize milletçe sadakatimizi göstermek için umut olan, dua alan ülkemizin örnek teşkilatı başkanlığımızın; dağınık zihinleri toplamaya, parçalanmış gönülleri birleştirmeye, fitne ateşinde yitirilen ümmetin tevhit ve vahdet pınarında dirilişine vesile olmak için Allah ve resulünün ezeli ve ebedi çağrısını sekülerizm ve hiçbir değer tanımama kıskacında debelenen insanlığa ulaştırmak için her zamankinden daha çok çalışmamız gerekiyor."

Ali Erbaş, FETÖ'cülerle iş tuttu, suçlu yine sekülerizm oldu, iyi mi!

Görüldüğü gibi Erbaş, takiyye konusunda da Fethullahçılarla yarışır durumda.

Ne diyelim, FETÖ kendine bir Diyanet İşleri Başkanı arasa, bundan iyisini bulamazdı.

Emin olun, bu anlattığımız bağlantıların onda biri herhangi bir vatandaşta olsa kendisini müebbetle yargılanırken bulurdu. Ama FETÖ ile mücadele bazılarına işlemiyordu. Maalesef!

17. BÖLÜM

Gülen'in Kasetleri:
Fethullah Zengin Sever

Türkiye 15 Temmuz kanlı darbe gecesine bir günde gelmedi.

Ünlü Prusyalı General Carl von Clausewitz "savaş politikanın başka araçlarla devamıdır" diyor ya, politika da savaşın başka bir aracıydı. Kimi zaman tanklarla yapıldıysa, kimi zaman da ses kasetleriyle yapıldı. 17-25 Aralık yolsuzluk soruşturmasının ardından patlayan karşılıklı kaset dalgasının galibi, tartışmasız Gülen'in örgütüydü. Zira kasetlerden anlaşılıyordu ki dinleme konusunda FETÖ'cüler daha derine sızma yapmışlardı. Dışişleri Bakanlığı'ndaki güvenlik toplantılarını da, Erdoğan'ın kriptolu telefonlarını da dinlemişlerdi. Hem de FETÖ'nün yıllarca biriktirdiği geniş arşivi, ses kayıtlarını değerlendirmek için kullandığı yollar, kayıtlar aracılığıyla gündem yaratma yeteneği çok daha gelişmişti.

Bir ayrıntı daha vardı.

O da maalesef bir kısım muhalefetin ve medyanın bu ses kayıtlarını hiç sorgulamadan kullanma eğilimiydi. Bu da kaset bekleme, kasetlerle siyaset yapma ortamını yarattı. Öyle ki, FETÖ'cülerin sızıntıları neredeyse her gün manşet olurken, Gülen'e karşı yapılan sızıntılar görülmez oldu. Bu bölümde, o günlerde hiç irdelenmeyen bu kayıtların içeriğine gireceğiz.

Bu dinlemeler kuşkusuz MİT ya da Erdoğan yanlısı devlet güçleri tarafından yapıldı. Erdoğan'ın tapelerine karşı yayımlanan kayıtlar, henüz "FETÖ" bilincinin oluşmadığı dönemde, Gülen'in bir cemaat liderinden çok bir "örgüt yöneticisi" olduğunu gösteriyordu.

FETÖ'nün yayın organları; Gülen'e dair kayıtların yasa dışı olduğunu, Ankara'nın karanlık dehlizleri tarafından yapıldığını ve montajlandığını söyleyerek durumu açıkladı. Kayıtların amacının siyasi mühendislik ve propaganda olduğunu iddia ettiler. Bu açıklamaları herhangi biri yapsa "mağdur ve samimi" olduğu düşünülebilirdi. Ancak biraz arşivlere gitmek, FETÖ'nün "mağduriyet ve samimiyet testi"nde sınıfta kalmasına neden oluyordu.

Neden mi?

FETÖ kendisini hedef alan ses kayıtları için ne dedi: "Gülen'in ses kayıtları montaj!" Peki, kendisi dinleme yaptığında ne diyordu?

Hatırlatalım, Silivri davaları tüm hızıyla sürerken FETÖ'nün yayın organı *Zaman* gazetesinin 24 Şubat 2009 tarihli haberinin başlığı şöyleydi: "'Ses kaydı montaj' diyerek kurtulma dönemi bitti."

İnternete sızdırılan ses kayıtlarına dair eleştirilerin "ilginç olduğunu" belirten *Zaman*'daki o haber, şu satırlarla bitiyordu: "Ses kaydı internete düşünce 'montaj' veya 'bana ait değil' diyerek seslerini yalanlama yoluna giden kişilerin, savcılığa başvurup bunun tespitini isteyerek aklanması mümkün."

FETÖ kendi kayıtları yayınlanınca ne dedi: "Gülen'in ses kayıtları yasa dışı yollarla elde edildi, amaç siyasi mühendislik!"

Geçtik binlerce illegal dinlemenin belgelendiğini...

Ergenekon operasyonlarının başladığı 2007'den itibaren, sadece *Zaman* gazetesinde yayımlanan yasadışı kayıtların haberleri nasıl unutulurdu?

Kimler yoktu ki *Zaman*'ın ses kaydı arşivinde: İlker Başbuğ, Işık Koşaner, İsmail Hakkı Karadayı, Dursun Çiçek, Emine Ülker Tarhan, İsa Gök, Aykut Cengiz Engin, Hamdi Yaver Aktan...

Listenin tamamını yazsak, kitap bitmez. Sadece *Zaman* değil, *STV*'nin arşivi de tüm bu insanların ses kayıtlarıyla doluydu.

FETÖ ne diyordu: "Gülen'in görüşmelerini Ankara'nın karanlık dehlizleri kaydetti, karanlık odaklar da yayınladı!"

Bakın 5 Nisan 2009 tarihinde *Zaman*'da ne yazıldı: "İnternete düşen ses kayıtlarının içerikleri 'kim kaydetti, kim sızdırdı' sorularıyla örtbas edilmek istense de konuşmalar bir döneme ışık tuttu." Aynı "haberde" bir de "Ses kayıtlarında TOP 10" diye liste yayınlanmıştı.

FETÖ'nün yayın organı *Zaman* gazetesi Genel Yayın Yönetmeni Ekrem Dumanlı'yı anmadan olmazdı. Bugün yurtdışında firari olan Dumanlı, 2 Mart 2009 tarihli köşesinde neler yazmıştı, okuyalım:

"İnternete düşen ve tüyler ürperten konuşmaları, tamamıyla 'kim kaydetti, kim sızdırdı?' sorusuna hapsetmek de başka bir yanlış. Konuşulanlar aile mahremiyetlerine dair sohbetler değil; ülkenin kaderinde payı olan bir kısım teşebbüslerden bahsediliyor. Dolayısıyla bu tip ifşaatlar karşısında meseleyi hep şeklî tartışmalara kilitlemek, bazı gerçekleri örtbas etmek anlamına geliyor. Kaldı ki bugün etik hocası kesilenlerin kariyerinde, bu ayıpları alkışlamaktan oluşan uzun bir sabıka listesi bulunuyor. Bu nedenle etik merkezli itirazları da toplum tarafından inandırıcı bulunmuyor."

Tüm bu toplamdan çıkan sonuç: "Ben ses kaydının FETÖ tarafından yapılanını, FETÖ'ye yarayanını severim!"

17-25 Aralık'tan sonra FETÖ'cülerin çıkan kayıtlarının, nedense daha sonra bir soruşturma konusu yapılmadığını hatırlatalım. AKP medyası dahi Gülen'in kayıtlarını irdelemek istemedi. Savcılar da Gülen'in bağlantılarını sorgularken bu kayıtları tarihin sayfalarına terk ettiler.

Bu kitabın bütünü bu süreci de sorguluyordu. Sahi neden Gülen'in her şeyi irdelenirken, devlet tarafından kaydedilen konuşmaları bir iddianameye girmedi? Belki de bir yerlerde konuşuldu, hesaplaşıldı da, biz göremedik!

Neyse...

Biz sizi Gülen'in devletin imkanları kullanılarak kaydedildiği açık olan ses kayıtlarına götürelim.

Evet, devletin imkânlarıyla dinlendiği de aslında bir sır değildi.

Şöyle anlatalım...

O dönemin Enerji ve Tabii Kaynaklar Bakanı Taner Yıldız, 11 Şubat 2014'te katıldığı bir televizyon programında "Eğer mesele dershaneler olsaydı, bazı arkadaşların -önemli kısmını tenzihen söylüyorum- 'Uzun adamın ölümünü üç yıldan beri istiyoruz. Ama hâlâ ölmedi' denmezdi" ifadesini kullandı.

Siyasi literatürümüze "uzun adam" ifadesini sokan bu açıklamayı, AKP'li Yıldız neye dayanarak yapıyordu? Kaynak öyle güvenilir olmalı ki, o dönem Başbakan olan Erdoğan aynı gün grup toplantısında "Ameliyatımızı bile gündem konusu yapıp 'bedduaların tutmadı' diyor" ifadeleriyle, Yıldız'ın iddiasının üstüne ekleme yaptı. Çok geçmeden, hükümetin sesi *Sabah* gazetesi merak edenler için konuya açıklık getirdi.

Erdoğan'ın önüne konan ses kayıtlarında; Gülen kendisinden "Uzun" diye bahsediyor, "3 yıldır beddua ediyorsunuz ama ölmüyor. Demek ki, halisane etmiyorsunuz. Bedduanız kabul olmuyor" ifadelerini kullanıyordu.

Kısacası Gülen'in ses kayıtları yayımlanmadan önce, "devletin arşivleri"nde yerini almıştı.

Gelelim kayıtlara...

Gülen – TUSKON sohbeti

13 Ocak 2014 tarihinde sızan ilk kayıtlarda; Fethullah Gülen'le örgütün yetkili bir ismi konuşuyordu. Kayıtların sızmasının ardından bu ismin TUSKON Genel Sekreteri Mustafa Günay olduğu, hükümet medyası tarafından dile getirildi.

Konuşmada Gülen'in işadamlarıyla ve medya patronlarıyla ilişkisi dikkat çekiyordu.

Şaşırmadık; Gülen'in en değer verdiklerinin zenginler olduğu, Gülen'e en çok selam gönderenin de zenginlerden çıktığı anlaşılıyordu.

Konuşmada örgütün ağabeyi, Gülen'e "Ali Sabancı'yla beraberdim dün hocam. Çok selamları var. Sağlığınızı sıhhatinizi sordu. En çok da o arayıp sordu bu süreçte" diyerek, Ali Sabancı'nın Gülen'e düşkünlüğünü anlatıyordu.

Bu konuşmanın gündeme düşmesi Ali Sabancı'nın hükümet medyasının hedefine girmesine yetti. *Sabah* gazetesi Ali Sabancı'yı Gülen örgütlenmesi içinde yer alan işadamları arasında sayarken, *Yeni Şafak* gazetesi ise Sabancı'nın sahibi olduğu Pegasus Havayolları'nın THY ile olan haksız rekabet davasının FETÖ tarafından mahkemeye taşındığını iddia etti.

Yine *Yeni Şafak*, Cumhurbaşkanlığı Devlet Denetleme Kurulu Raporu'nu kaynak göstererek, FETÖ'ye yakın müfettişlerin Pegasus'a ayrımcılık yaparak ceza kesmesi gereken yerde, kesmediğini iddia etti. Elbette ses kayıtları Sabancı'yı korkutmak için bir vesile de olmuştu. Söylediğimiz gibi, Sabancı tartışması yargıya taşınmadığı için bu iddiaların devamını bilemiyoruz.

Tapedeki "Ceyda Hanım"

Gülen'in tapesinin devamında kendisine rapor veren FETÖ ağabeyi şöyle devam ediyordu: "Ceyda Hanım bir mektup verdi. O da 'o şekilde telefonla olmayabilir' dedi."

Tapede Gülen'e mektup gönderen "Ceyda Hanım", Ceyda Erem'den başkası değildi. Şöyle anlatalım, CNR Fuarcılık'ın Sahibi Ceyda Erem "fuar kraliçesi" olarak anılan hırslı bir işkadınıydı. Uluslararası ticari fuarlar düzenliyor, yüz milyonlarca dolarlık bütçe yönetiyordu. Bursalı bir memurun kızı olan Erem, kendisini şöyle anlatıyordu: "Böyle bir zekâ herkese nasip olmaz. Allah bana çok cömert davranmış. Bu konuda ne kadar şükretsem azdır."

Nurcu bir aileden geldiğini söyleyen, Pensilvanya'ya giderek Gülen'i ziyaret eden işkadınları arasında yer alan Erem'in bir dönem eski Dış Ticaret Bakanı Kürşat Tüzmen'le gönül ilişkisi bulunduğu medyada yazıldı. Erem, "Aile dostuyuz. Bu söylentiler çok yanlış, çok çirkin" diyerek söylentileri yalanladı.

Kamuoyu Erem'i asıl olarak hem Nakşi tarikatının (İskenderpaşa Cemaati'nin), hem de Türk sağının akil adamlarından Nevzat Yalçıntaş'ın oğlu İstanbul Ticaret Odası Başkanı Murat Yalçıntaş'ın tutuklandığı dava sürecinde tanıdı. Murat Yalçıntaş, AKP İstanbul İl Başkan Yardımcısı iken bizzat Erdoğan'ın isteği üzerine İTO seçimlerine girmiş ve başkanlığı kazanmıştı.

İki isim arasındaki kavga İstanbul Ticaret Odası (İTO)'nın büyük hissedar olduğu İstanbul Dünya Ticaret Merkezi (İDTM) ile CNR Fuarcılık'ın sahibi Ceyda Erem arasındaki ihtilaftan kaynaklanıyordu. Kavganın konusu İstanbul Atatürk Havalimanı'nın serbest bölgesinde faaliyet gösteren fuar alanıydı. Fuar alanı 1993 yılında Erem'e tahsis edildi. Murat Yalçıntaş İTO Başkanı seçilince "Fuar alanını artık biz kullanmak istiyoruz" dedi, tahliye davası açtı ve kavga başladı.

2007 Şubat ayında konuyla ilgili olarak Ceyda Erem gözaltına alındı. Erem'in şirketine o vakit baskın yapan kurum İstanbul Mali Polisi'ydi. Suçlama, sahte belge düzenlemeyle ilgiliydi. Erem mahkemeye çıktı, tutuksuz yargılanmasına karar verildi. Yani serbest kaldı.

İstanbul Mali Polisi'ni ihbar ve şikâyetler yoluyla yönlendiren kurumun İTO yönetimi olduğu iddia ediliyordu.

Kavga sürerken Adalet Bakanlığı'na 2008 yılı Nisan ayında bir ihbar mektubu ulaştı. A. Aydın imzalı mektupta Erem'in hâkimlere ve Yargıtay üyelerine rüşvet verdiği iddia ediliyordu. Dönemin Adalet Bakanı Mehmet Ali Şahin inceleme başlattı. Adalet müfettişi rüşvetin vaki olduğunu, ancak rüşvet verenin Erem değil İTO yönetimi olduğunu tespit eden bir rapor hazırladı. Adalet Teftiş Kurulu'nun tespitleri suç duyurusuna dönüştü. Suç duyurusu ise Ankara Cumhuriyet Savcılığı'na yapıldı. Emniyet Genel Müdürlüğü teknik takip yoluyla Adalet müfettişleri ile Başbakanlık Teftiş Kurulu'nun tespitlerini delillendirdiğini söyledi. Erem'den üç yıl sonra, bu defa Yalçıntaş hâkimlere rüşvet vermekten tutuklandı.

Yalçıntaş mı rüşvet verdi, yoksa Erem mi; bilemiyoruz...

Biz konumuza geri dönerken, şunu söyleyelim: İhbar mektuplarının, Ankara-İstanbul Emniyeti çekişmesinin, savcılar arası soruşturma kavgasının, Gülenci-Nakşi mücadelesinin içinde olduğu bu kavga size de biraz tanıdık gelmedi mi?

Turgay Ciner'den Gülen'e mesaj

Tapenin devamında "örgütün ağabeyi" Mustafa Günay, rapor vermeye devam ediyordu: "Turgay Ciner Bey'e uğradık bugün. Hasan Bey'le bir köşe yazarının menfi yazı yazma durumu vardı. Onu öğrenmiştik. Kendisini aradık. Bizzat devreye girdi. 'Bu gazetede aleyhinize hiçbir şey çıkamaz' dedi. Hepsi bunların 'Hizmet Müessesesi' dedi. 'Büyüğümüzün (Fethullah Gülen) aleyhine de ben burada bir şey çıkartmam' dedi. Öyle güzel bir görüşme geçti efendim kendisiyle."

Evet, sözü edilen kişi *Habertürk*'ün sahibi Turgay Ciner'den başkası değildi.

Sızan kayıtlardaki bu sözler, 17 Aralık sonrası Erdoğan ile Ciner arasında esen rüzgarları açıklıyor gibiydi. Zira 17 Aralık sürecinde en çok akılda kalan ses kayıtları "Alo Fatih" diye anılanlardı. Erdoğan, *Habertürk*'e yerleştirdiği "hükümet komiseri" Mehmet Fatih Saraç aracılığıyla kanalın altyazılarına bile karışıyor ve hangi haberin nasıl verileceğine müdahale ediyordu. *Habertürk* bu denli Erdoğan'ın arka bahçesiyken, görülüyordu ki Ciner aynı anda Fethullah Gülen'e de oynuyordu. Ancak Gülen-Erdoğan kavgası, Ciner için bir "anneni mi, babanı mı daha çok seviyorsun" sorusuydu. Ciner'in bu soruya "paramı" diye yanıt vereceği muhakkaktı.

O kadar ki, pire için yorgan yakar gibi, Ciner bu dönemde tartışmaların odağındaki *Habertürk* gazetesini bile kapattı. Hatta, Türkiye'den ayrılarak Londra'ya yerleşti.

Öyle ya...

FETÖ'nün basın davalarında kaç tane *Habertürk* çalışanı yargılanıyordu!

Adnan Polat Gülen'in kuryesi mi?

Gülen'in konuşmalarının devamı, Türkiye siyasi hareketine yeni bir kavram hediye etti: Ananas.

Şöyle anlatalım...

Sızan tapelerde Gülen'e rapor veren FETÖ mensubu şunları söylüyordu: "Bu dostlarımıza Uganda'dan ananas falan gelmiş. İşte efendim onlara göndermiştim. Bugün teşekkür mektubu yazmış o Koç. Adamı da aradım. Yardımcısıyla görüştük. Bu iftar meselesini de orada tekrar görüşürken, Mustafa (Koç) Bey'in Adnan (Polat) Bey'in aramasından rahatsızlık duyduğunu ifade etti efendim. Ben Süleyman Abi'yle de paylaştım bunu, söyledim kendisine. Herhangi bir şey olursa ben görüştüreyim, Federasyon Başkanı'nı da tanıştırdık zaten dedim. Siz arada kalacak olursanız, bizim üstümüze atın en azından. Siz kötü olmayın Adnan Bey'le, dedim. Böyle bir şey çıktı ortaya hocam."

Gülen'in "Meseleyi çözün bence. Yumuşakça inşallah" yanıtını vermesi üzerine FETÖ mensubu şöyle devam ediyordu: "Bir de efendim, rafineri meselesini ben şeye götürmedim, Koç'a. Fatih Baltacı Bey o ortağı olan iki ayrı ülkedekilerle görüştü. İlgilenmiyorlar. Akın İpek Bey'e söyledim. O da ilgilenmiyor. Bu ayın 8'inde de müracaat etmek için son tarih. Onlara bildirelim mi bunu Koç'a. Başka bir alternatif gelmedi aklımıza."

Gülen'in "Evet olabilir bence de. Gönüllerine girmiş olursunuz" sözleriyle onaylamasıyla, rapor veren Ağabey "başüstüne hocam" yanıtıyla görüşmeyi bitiriyordu.

Konuşmada geçen iki ismin, Akın İpek ve Fatih Baltacı'nın FETÖ üyeliğinden yargılandığını; her ikisinin de yargının elinden "nasıl olduysa" kurtulduğunu ve yurtdışına kaçtığını hatırlatalım. Öyle ya FETÖ'nün işadamları örgütü TUSKON davasından yargılanan işadamı sayısı 86'ydı. Çoğunluğu tutuksuz yargılanırken, soluğu yurtdışında almışlardı.

Konuşmada dikkat çeken bir ayrıntıysa, Gülen'le yakınlığı yıllardır bilinen Adnan Polat'ın Gülen adına Mustafa Koç'u aramasından Koç'un rahatsız olmasıydı. Bir burjuva protokolü müdür, yoksa bir sermaye kavgası mıdır, bilinmez. Ancak Koç, Polat üzerinden dolaylı olarak değil, doğrudan FETÖ yetkilileriyle görüşmeyi uygun buluyordu. Bu sohbetten öğrendiğimiz bir ayrıntıysa, adı hep Fethullahçılarla anılan Adnan Polat'ın, doğrudan FETÖ adına Gülen'in bilgisi dahilinde görüşmeler yaptığıydı.

Polat'ın adının çıkması sürpriz değildi...

Eski Galatasaray Kulübü Başkanı Adnan Polat'ın Fethullah Gülen'in elini öptüğü biliniyordu. Gülen'in önünde Polat'ın eğilen görüntüleri, bir dönem en çok konuşulanlar arasındaydı.

Sadece bu kadar da değil.

"Ergenekon Örgütü"ne üye olma iddiasıyla yıllarca Silivri Cezaevi'nde kalan insanlar hakkında "en önemli delil" diye sunulan, Tuncay Güney'in anlattıklarıyla oluşturulmuş "Ergenekon Terör Örgütü Şeması"nda işadamları bölümünde onun da adı vardı. Ancak davanın savcısı Zekeriya Öz onu ifadeye bile çağırmadı. Yetmedi, Adnan Polat Zekeriya Öz'ü kendi kontenjanından bedavaya Galatasaray'a kongre üyesi yaptı. Galatasaray taraftarı TT Arena'nın açılışında o dönem FETÖ ile birlikte davranan AKP'ye tarihi bir protestoda bulunurken, Galatasaray taraftarını hükümetle birlikte eleştiren Adnan Polat'tı. Polat, protestocu taraftarın aslında "Ergenekoncu" olduğunu iddia eden Zekeriya Öz'e bilgi ve belge sağlama konusunda da elinden gelen yardımı esirgemedi.

Polat'ın bu tavrının arkasındaki ana neden böylece anlaşılmış oldu...

Sahi, FETÖ hakkındaki bildiklerini öğrenmek için hiçbir savcı Adnan Polat'ı çağırdı mı?

Dönelim tekrar tapeye...

Ananasın sırrı

Konuşmada en çok ses getiren, akıllarda kalan ayrıntı tartışmasız "ananas" oldu. Zira hükümet "ananas"ın bir şifre olduğu kanısındaydı. "Ananaslar gelip gidiyor. Bu bildiğiniz ananas değil, anlıyorsunuz. Ananas bunun kod adıdır, kod" diyen Erdoğan miting meydanlarında Gülen'in "Ananas Cumhuriyeti" kurmak istediğini söyledi. "Böyle bir ülkeye küresel sermaye gelmez" diyerek demokratik standartları eleştiren

TÜSİAD Başkanı'na karşı, "Peki ananas meselesinden niye rahatsız değilsin? Uganda'da sizlere rafineri bağlantısı kuranlardan neden rahatsız değilsin? Yargı içindeki ağır baskıdan niye rahatsız değilsiniz? Çünkü bazılarının işleri tıkır tıkır yürüyor, ananaslar gelip gidiyor. Ananas bildiğiniz ananas değil tabi" ifadelerini kullandı. Bir başka konuşmasında "sizin ananasınız ihaledir ihale" diyen Erdoğan FETÖ'ye "paralel ananas örgütü" yakıştırmasında bulunuyordu. Örgütün *Zaman* gazetesi Genel Yayın Yönetmeni Ekrem Dumanlı ise telefonda ananas kelimesini kullanan kişiyi bularak onun ağzından şu ifadeleri yazıyordu: "Ben Uganda fahri konsolosuyum, bu ananas sadece ananastır; bundan mana çıkaranlar hata yapıyor."

Mustafa Koç da Ananas'ın bir şifre olmadığını, Fethullahçıların kendisine gerçekten ananas gönderdiğini, "Bana ananas yollandı. Ben de aradım, teşekkür ettim. Bu kadar basit. Bildiğiniz ananas yani, bu arada gayet de lezzetliydi" ifadeleriyle anlattı.

Gülen'in sızan tapeleri bunlarla sınırlı değildi.

İhale dağıtıyordu

Bir başka sızan kayıtta, Gülen yine işadamlarını ilgilendirecek talimatlar veriyordu. 14 Ekim 2013 tarihli görüşmede Gülen'i arayan FETÖ mensubu yine Koç Grubu'nu ilgilendirecek şu gelişmeleri Gülen'e iletiyordu:

> "Zatıalinizle görüştükten sonra geçen gün Mustafa Bey aradı, Koç. Sizin orada başkentteydi (Washington) bir süredir. 'Aile içinde de teyit ettiler' dedi. 'Memnuniyetle biz sponsor olmak istiyoruz buna' dedi. Kendisi de bizzat bulunmak istiyor efendim. Adnan Polat Bey de kendisini aramış efendim, o görüşmeden sonra. Süleyman abi de teyit etti onu. Bu şekilde bilgi vermek istedim o konuyu."

Yine Adnan Polat'ın devreye girdiği bir ağda Koç, Gülen'in bazı organizasyonlarının sponsorluğunu üstleniyordu. Ancak konuşmada daha ilginç bir ayrıntı vardı.

Bu ayrıntı, Koç'un sponsor olurken ne aldığını da gösteriyordu.

Konuşmayı aynen aktaralım:

"Fethullah Gülen: Evet iyi olmuş. Yani onların bulunması da iyi. Vaka onlara karşı da yukarıdan bir tavır var da. Fakat mali şeyleri karışık; yoksa problem olabilecek yanları yoksa bir şey yapamazlar yani. Üzerlerine müfettişler salınsa bile bir şey yapamazlar.

- Şahıs: Rahat duruyorlar efendim.

Fethullah Gülen: Evet. Zannediyorum tedbir aldılar. Haberdardılar.

- Şahıs: Evet Efendim. Teşekkür ettiler efendim o hususta. Davetiye taslağı gibi, kendisini istişare makamında şeyler yapalım mı efendim? Temas yapalım mı bu konularda?

Fethullah Gülen: İyi olur. Ama şey, büyük patron pek bilmesin. Onunla temasımızı çok bilmesin.

- Şahıs: Başüstüne efendim. O konuda zannedersem bir takip altındayız. Bazı hususlar var. O gelen arkadaşlar, zatıâlinizin o tarafa geldiler. Geçen başıma bir vakıa geldi. Onları aktaracağım efendim. Size de gelip aktaracağım. Zannedersem o konuda takip ediyorlar, orayla alakalı.

Fethullah Gülen: Doğrudur.

- Şahıs: O gittiğimiz gün akşam bazı şeyler oldu da efendim. Telefonlar geldi. Bir de efendim, bu Uganda Devlet Başkanı'ndan haber geldi. Orada bir rafineri meselesi vardı. Uzun süredir gündemdeydi. Çıkarmamışlardı. Türkiye'den büyük bir firma getirirseniz memnun oluruz, dediler. Onlara (Koç Holding) teklif edelim mi? Onların da ilgisi var bu konuya.

Fethullah Gülen: Onların dışında başkası öyle ağır bir yükün altına girebilir mi?

- Şahıs: O yükün altına girebilecek, bizim çevremizde pek bildiğimiz bir insan yok efendim. Türkiye'dekiler de büyükler efendim, genelde içeride şeylere giriyorlar. Onlar sizin göstereceğiniz insanlarla ortaklık yapmak isteriz, gibi bir üslupları da var. İsterseniz biraz daha çalışalım. Öyle şey yapalım.

- Fethullah Gülen: Öyle yapalım. Biraz da böyle dediğimizi yapacak, diyeceğimiz şeyleri derken rahat olabileceğimiz birisi olsa, daha iyi olur. Olmazsa onları tercih ederiz."

Tapelerdeki "büyük patron"un Recep Tayyip Erdoğan olduğu malumdu. Erdoğan'ın özellikle Gezi eylemleri sürecinde hışmını çeken Koç Grubu, üç şirketinin incelenmesi için, Türkiye tarihinin en büyük Maliye müfettişleri ekibinin kurulmasıyla gündeme gelmişti.

Gülen'in "üzerlerine müfettişler de salınsa" dediği ekip, basına yansıyanlara göre 200 kişiden oluşuyordu. Ancak konuşmanın en önemli ayrıntısı bu değildi. Gülen'in "Evet. Zannediyorum tedbir aldılar. Haberdardılar" demesi ve Gülen'e rapor veren şahsın "Evet Efendim. Teşekkür ettiler efendim o hususta" diye devam etmesi, Koç'un söz konusu incelemelerden FETÖ sayesinde haberdar olduğunu gösteriyordu.

Gülen'in Koç'a verdiği tespih

Gülen tapelerinde merhum Mustafa Koç ayrı bir yer tutuyordu.

Zira daha sonra sızan ve Gülen'in TUSKON Genel Sekreteri Mustafa Günay olduğu iddia edilen kişiyle yaptığı konuşmasının merkezinde de Mustafa Koç vardı. 27 Kasım 2013 tarihinde gerçekleştiği sanılan görüşmede Gülen ile Günay, Mustafa Koç ile ilgili olarak şunları konuşuyorlardı:

"Günay: Efendim hürmet ederim. Dün sabah Mustafa Koç Bey'e gittim. O tespihi, zat-ı aliniz adına verdik. Çok beğendi, teşekkür etti. Hürmetlerini arz etmemizi istedi. Bu dershaneler ile ilgili duruşumuzu anlattık. Kendisi de takip etmiş. Zat-ı alinizin son Herkül'deki konuşmanızın *Hürriyet*'teki özetini söyledim ben. Sekreterinden istedi. 'Bunu muhakkak okuyayım' dedi. Destekliyorlar efendim. Yardımcılarıyla beraber (Koç'un) Tanzanya ve Kenya'ya gideceğiz. Bugün de Kenya Devlet Başkanı'nın özel temsilcisi bir bakan geldi. Çok memnundu, sıcaktı, rahattı efendim. İftar için 'verdiğiniz

imkândan dolayı da çok teşekkür ederim' dedi. 'Yakınlaşma-
mızın bedeli' vesaire diyorlarmış onlara gidip gelip, yardımcı-
sı söyledi. Ama 'patronlar hiç bunları takmıyor' dedi. Sıcak ve
samimiydi efendim çok selam söyledi.

Gülen: Teşekkür ederim.

Günay: Bir de (Mustafa Koç) 'Orada kaldığınızda (Pensil-
vanya) ne yapıyorsunuz? Nasıl oluyor' dedi. Ben biraz anlat-
tım. Böyle kalmak ister gibi bir arzusu vardı. Müsaade etseniz
bu geziden sonra misafir etsek?

Gülen: Olabilir."

Kayıtlar Gülen ile Koç'un ilişkisinin oldukça sıcak oldu-
ğunu gösteriyordu. Ananaslı hediyeyi, Mustafa Koç'un tes-
pih koleksiyonuna Gülen'in katkısı izliyordu. Mustafa Koç,
Pensilvanya'da Gülen'e yatılı misafir olmayı arzuluyordu.
Koç'un yardımcıları Gülen'in müritleriyle Afrika'da iş kova-
lıyordu.

Koç'un Gülen'le yakınlığı tahmin edilenin çok ötesindeydi.

Gülen'in Afrika'daki ihalelerle ilgilenmesi, bu ihaleler için
Türk işadamları bulması ve hatta beraber çalıştığı büyük ser-
maye sahiplerinin FETÖ'ye "sizin göstereceğiniz insanlarla
ortaklık yapmak isteriz" demesi, bir dini cemaatin lideri gö-
rüntüsündeki Gülen'in "biraz da böyle dediğimizi yapacak,
diyeceğimiz şeyleri derken rahat olabileceğimiz birisi olsa,
daha iyi olur" yanıtını vermesi kapitalizm üzerine yeniden
düşünmemize neden oluyor.

Biz kapitalizmi "serbest piyasa" sanıyorduk!

Neyse, tapelere geri dönelim...

Nazif Bey'i sıkı tutmak lazım

Tapelerde Gülen'in bir başka mesajı ise Zorlu Grubu'na
ilişkindi. Konuşmaya göre, Zorlu Grubu'nun alacağı ihale-
nin aracısı bizzat Gülencilerdi. Gülen'in ifadesiyle söylersek,
"Cemaat Nazif Zorlu'yu sıkı tutuyor"du.

İkili arasında konu üzerine şunlar konuşuluyordu:

"Şahıs: Efendim bu Mehmet Nazif Bey'in büyük bir işi vardı. Çinliler alacak gibiydi. Sonra başka iki işi onlara vermiş. O iş için Dışişleri Bakanı tekrar davet etti, 'bayram sonrası gelseniz bu işi alabileceğiz' dedi. O konuda nasıl yapalım? Gidelim mi Nazif Bey'le tekrar?

Fethullah Gülen: Olabilir. Nazif Bey'i de sıkı tutmak lazım.

Şahıs: Başüstüne efendim. Görüştük Hacca gitmeden."

Sabancı'dan "dur demeli" mesajı

Gülen'in ilgilendiği bir başka işadamıysa Ali Sabancı idi.

TUSKON Genel Sekreteri Mustafa Günay, Sabancı ile Fethullahçıların iş ilişkisini 27 Kasım 2013 tarihli görüşmede Gülen'e şöyle anlatıyordu:

"Ali Sabancı Bey geldi efendim. Ali Sabancı Bey'le de uzun konuştuk meseleleri, anlattık. O da, kendisi bizzat takip etmiş bütün yazılanları. Biz biraz daha açıkladık kendisine, haklı buluyor. 'Birileri çıkıp 'dur' demeli bunlara' diyor. 'Kimse bir şey diyemiyor' diyor. Mustafa Beylerle (Koç) döndükten bir hafta sonra onunla da Etiyopya, Tanzanya ve Kenya'ya gideceğiz. Detaylarını konuştuk hürmetlerini, arzetmemizi istedi kendisi."

Gülen'in adamları, Ali Sabancı'yı Afrika'da ihalelere götürüyordu. Sabancı da Hükümet'e karşı safını, en azından kapı arkasında FETÖ'den yana seçiyordu. TUSKON Genel Sekreteri'ne Hükümet için "birileri çıkıp,'dur' demeli bunlara" ifadelerini kullanıyordu.

TUSKON nasıl çalışıyordu

Peki TUSKON olarak bilinen FETÖ'nün işadamları örgütü nasıl çalışıyordu? Örneğin, örgütle ilişkisi olmayan kimseyi ihalelere dahil ediyorlar mıydı?

Sizi 27 Kasım 2013 tarihinde Gülen'in TUSKON Genel Sekreteri Günay'la yaptığı o sohbete yeniden götürelim:

"Gülen: Toplantınız sizin açınızdan, TUSKON açısından isabetli oldu değil mi?

Günay: Elhamdülillah çok bereketli oldu hocam. Ben onu söyleyecektim. Dualarınızın bereketi gerçekten, bütün arkadaşlar çok ciddi iş yaptılar. 'Bugüne kadar olmadığı kadar seviyeli grup geldi' dedi arkadaşlarımız, 1400'e yakın geldi. Uganda Devlet Başkanı'nın kardeşiyle beraberiz. Nazif Günal Bey'in oğluyla birlikte onlarla orada büyük iş kalmıştı, o da hallolacak.

Gülen: Sizin dışınızdaki insanlar, iktidarın da araya sokmak istediği insanlar var mı?

Günay: Yok efendim, biz sistemi ona göre kurduk. Müracaat edenleri ona göre eliyoruz. Sadece ilgilendiğimiz dostlarımız olursa, bu diyalog çerçevesinde onları aldık efendim. Dışarıdan hiç kimseyi almadık, bir de büyük olanları sisteme yazmadık kendimiz dışarıda birebir eşleştirdik onları derneklerle, bölgelerle"

TUSKON yöneticisi Günay'ın da açıkça ifade ettiği gibi; FETÖ ağını kurarken sadece "dostları"nı sürece dahil ediyordu. Muhafazakâr da olsa, kendilerinden olmayanı ihalelere almıyorlardı.

Devam edelim...

Sızan tapeler arasında önemli ayrıntılardan biriyse Bank Asya sohbetiydi.

"Bir lokma bir hırka" yaşadığı söylenen, hayatını yalnızca dini meselelerle geçirdiğini iddia eden Gülen, yardımcısı Osman aracılığıyla milyonlarca dolarlık bir sermayeye ilişkin talimatlar veriyordu. İkili arasında geçen sohbette, THY'nin Bank Asya'dan paralarını çekmesine dair endişeler ele alınıyordu.

Buna çözüm olaraksa "10 büyük işadamının 300 Milyon TL kadar mevduatı Bank Asya'ya getirmesi" önerisi ele alınıyor ve Gülen bu öneriye olumlu yanıt veriyordu. Böylece hükümetin elindeki şirketler aracılığıyla Bank Asya'dan paralarını çekmesi ve bankayı zor durumda bırakması önlenmiş olacaktı. Konuşmada, BDDK'da bu süreçte FETÖ'ye yardımcı olacak Yönetim Kurulu'ndan Zafer ve teknik konularda uzman Ahmet diye iki isimden söz ediliyordu.

Hükümet'in Bank Asya'ya karşı stratejisini boşa düşürmek için atılan adım, FETÖ adına mantıklı görünüyordu. Ses kaydında, örgütün 2001'de de aynısını yaptığı dile getiriliyordu. Öyle anlaşılıyor ki, Türkiye'nin büyük ekonomik kriz yaşadığı ve birçok bankanın battığı 2001 yılında da FETÖ aynı stratejiyle bankalarını kurtarmıştı.

Wall Street Journal'ın rakamlarına göre, FETÖ'nün bankası olarak bilinen Bank Asya'da, 17 Aralık operasyonu sonrası ilk üç ayda 4,5 milyar liralık mevduat çıkışı yaşanmıştı. 30 Mart 2014 seçimlerinin ardından FETÖ şirketlerinin hisselerinin neredeyse tamamında düşüş vardı.

Seçimlerden sonra ise FETÖ sermayesinde hareket daha da arttı. *Zaman, Today's Zaman, Cihan Haber Ajansı, Irmak TV* ve *Aksiyon* yayınlarını bünyesinde barındıran Feza Gazetecilik Anonim Şirketi'nin yüzde 25 ortağı ve imtiyaz sahibi Ali Akbulut, şirketteki hissesinin tamamını devrederek sıfırladı.[38]"Örgütün kasası" olarak bilinen Akbulut aynı zamanda Bank Asya'nın da ortağıydı.

---

38 Aynı dönemde, gizemli patron Ahmet Çalık da Sabah Grubu'nu elden çıkardı. Peki Akbulut ile Çalık'ın ne ilişkisi vardı? Akbulut, Çalık'ın ablası Şükran Hanım'ın eşi, yani eniştesi. Bir akraba evliliği. Zira Ahmet Çalık ile Ali Akbulut aynı zamanda teyze çocukları. Sadece ideolojik, sadece akrabalık bağı değildi... Ali Akbulut bir de Çalık Grubu şirketlerinin önemli bölümünde yönetim kurulu üyesiydi. Çalık Enerji Sanayi ve Ticaret Anonim Şirketi'nde, Gap Güneydoğu Tekstil Sanayi ve Ticaret Anonim Şirketi'nde, GAP İplik Sanayi ve Ticaret Anonim Şirketi ile GAP inşaat Yatırım ve Dış Ticaret Anonim Şirketi'nde ve daha birçok Çalık grubu şirketinde Ali Akbulut, Çalık'ın eski yönetim kurulu üyesi olarak görülüyordu. Bir tuhaflıktan daha söz edelim. Fettah Tamince ile Ahmet Çalık arasındaki ilişkiler bu dönemde hep tartışma konusu oldu. İki işadamının yakın ilişkisi "Çalık'ın Tamince adına TMSF Başkanı'ndan randevu istediği" haberlerine kadar uzanmış, Çalık'ın Sabah Grubu'nu alırken Tamince tarafından desteklendiği yorumlarına neden olmuştu. Tamince'nin 17-25 Aralık'tan hemen sonra Ali Akbulut'tan Zaman gazetesi hisselerini aldığını okudunuz. 2 hafta içinde AKP medyasında Çalık'ın sattığı, FETÖ medyasında Tamince'nin aldığı ve FETÖ'nün kasası Ali Akbulut'un bu işin tam ortasında olduğu durum "neler oluyor" dedirtecek cinsten. Sabah-Atv'yi 17-25 Aralık'ın ortasında satınca, Çalık adı Türkiye'de oldukça az duyulur oldu. Sahi, Çalık FETÖ hakkında bildiklerini yargıya anlattı mı?

Nihayetinde bu hareketlerle FETÖ, olası bir operasyonda bankasını ve medyasını kurtarmak istiyordu.

Bunu Bank Asya'nın stratejik ortaklık tesisi için finansal danışman olarak Goldman Sachs'ı yetkilendirmesi izledi. Böylece bankanın satışı için ilk adım atılmıştı. Birçok şirkette iştiraki olan Banka, Tuna Gayrimenkul, Nil Yönetim Hizmetleri gibi sermayesinin olduğu şirketleri satarak kurtulma operasyonunu fiilen başlattı.

Ancak sonunda ne bankasını ne gazetesini kurtardı. İkisine de, içi boşaltılsa da el kondu.

Burada sorulmayan bir soruyu bizzat biz soralım: Bir kamu kuruluşu olan THY'nin parası neden devlet bankalarında değil de Bank Asya'da tutulmuştu? Ya da neden köprüden geçişlerde bile pek çok kamu geliri Bank Asya üzerinden sisteme aktarılırdı? Kuşkusuz bu soruyu, en güzel Erdoğan "ne istedilerse verdik" diyerek yanıtladı.

Zafer Çağlayan'a yaklaşan Fethullahçılar

Tapelerde Gülen'in siyasetçilerle ilgisine dair çarpıcı bir bölüm vardı.

Kendisine yakın vekiller bir yana Gülen, yolsuzluk operasyonunun hedefindeki AKP'li Bakan Zafer Çağlayan'ı uzun süre kazanmaya çalışmıştı. 27 Kasım 2013 tarihinde Gülen'in TUSKON Genel Sekreteri Mustafa Günay'la yaptığı görüşmede, konu Zafer Çağlayan'dı. Konuşmada FETÖ'nün işadamları kuruluşu TUSKON'un 25 Kasım 2013 tarihli Türkiye-Dünya Ticaret Köprüsü (TDKD) etkinliğine dair bilgiler Fethullah Gülen'le paylaşılıyordu.

Çarpıcı olan taraf, organizasyonun açılış kurdelesini Ekonomi Bakanı Zafer Çağlayan'ın kesmesiydi. Yolsuzluk operasyonu kapsamında oğlu tutuklanan ve bakanlıktan istifa eden AKP'li Çağlayan için Fethullah Gülen çarpıcı sözler söylüyordu.

Konuşmanın yapıldığı iddia edilen tarihin, 17 Aralık operasyonundan kısa süre öncesine ait olduğunu düşündüğümüzde Gülen'in telefonda söylediği şu sözler önemliydi:

"Zafer Bey sizi destekliyor gibi bir tavrı var. Dershanelerin kapatılması mevzusunda büyük ağaya karşı, bunun yanında değil. Sizin bunu belli etmeden münasebetlerinizi sıkı tutmanızda yarar var. Büsbütün o tarafa kaymasına meydan vermemek lazım."

Sohbetten anlaşılan, FETÖ Erdoğan'ı Çağlayan'a şikayet etmişti. Çağlayan ise ikili oynamaya çalışmıştı. Sonunda, taraf olamayan Çağlayan, 17 Aralık operasyonuyla bertaraf olmuştu. Kuşkusuz safını FETÖ'den yana seçseydi, ne kolundaki saati ne de Reza Zarrab'la ilişkilerini bilecektik!

İkili arasındaki görüşmeyi tam aktaralım:

"Fethullah Gülen: Size mahrem bir şey söyleyeceğim de... Zafer Bey sizi destekliyor gibi bir tavrı var da... Dershanelerin kapatılması mevzusunda Büyük Ağa'ya karşı bunun yanında değil. Sizin bunu belli etmeden, münasebetlerinizi sıkı tutmanızda yarar var.

- Başüstüne efendim.

Fethullah Gülen: Büsbütün o tarafa kaymasına meydan vermemek lazım.

- Başüstüne efendim. Biz uzunca anlattık, kendisine çok hürmet ettik. Yani benim buraya gelmem bile, dedi; bir destektir falan dedi böyle... O da sanki, her iki tarafı da idare ediyor gibi geldi bize efendim.

Fethullah Gülen: Çoğunda şu anda o var, yani her iki tarafı idare etme, yazarlarda da var."

Aydın Doğan: Gerçek demokratlığı Hocaefendi temsil ediyor

Gülen'in ses kayıtları içerisinde en çok konuşulanlardan biri de Doğan Grubu'na dair olandı.

Önce 24 Eylül 2013 tarihli o konuşmayı aktaralım:

"Şahıs: Hocam müsadenizle bir iki husus vardı arz edebilir miyim?

Fethullah Gülen: Buyurun.

Şahıs: Bugün Aydın (Doğan) Bey'le yemek yedik, selam ve hürmetleri var.

Fethullah Gülen: Teşekkür ederim, sağ olsun.

Şahıs: Beni 'Cemaat'in yanında' diye göstererek, farklı bir noktaya getirmeye çalıştılar, dedi. O öyle deyince, ben de şey dedim... Serhat'ın koordine ettiği adamlar var, onlara gidiyorlar, 'Cemaat aleyhine yazın' diye baskı yapıyorlar; ondan bahsettim. 'Bize de geldiler' dedi. 'Şu anda gerçek olarak demokratlığı Hocaefendi temsil ediyor' dedi. Bir ara dedi; 'Ben de artık Başbakan'ın karşısına geçeyim dedim.' Uzun uzun diğer konuları da konuştuk efendim. Özellikle sizin ilgilendiğiniz 2 tane husus noktasında çok memnun oldu. Akşamüzerinde de damadı geldi, onunla da konuştuk. Onu biraz diğer taraf etkilemeye çalışıyordu. Bunlardan bahsedince, o da rahatlamış oldu. 'Hocamın ellerinden öpüyorum' dedi.

Fethullah Gülen: Allah razı olsun. (Damat derken) Mehmet Ali (Yalçındağ) Bey'den bahsediyorsun değil mi?

Şahıs: Evet efendim, önce Aydın Bey'le yemek yedik, akşam da damadı ile."[39]

Konuşmadan anlaşılan Aydın Doğan, Erdoğan-Gülen savaşında iki güç arasında kalmıştı. Kalbi "gerçek demokratlığı temsil ettiği"ni söylediği Gülen'e yakınken, aklı siyasi gücü temsil eden Erdoğan'dan yanaydı. Zira Erdoğan, Aydın Doğan'a kestiği tarihi vergi borcuyla neler yapabileceğini Aydın Doğan'a göstermişti.

En ilginci ise, Doğan'ın damadı Mehmet Ali Yalçındağ'ın "hocamın ellerinden öpüyorum" demesiydi. Zira, 17-25 Aralık'tan sonra Doğan Holding'de Erdoğan'a en yakın görünen, hatta medya grubunun başına geçince "AKP'nin kayyımı" muamelesi yapılan Yalçındağ, öyle görülüyor ki, Gülen

---

39 Aydın Doğan söz konusu konuşmayla ilgili olarak bir açıklama yaptı. Doğan açıklamasında şunları söyledi: "Sayın Fethullah Gülen ile görsel medyadan bir yönetici arasında geçen bir telefon konuşmasına aittir. Bu görüşmede bana atfedilen bazı ifadeleri tam olarak hatırlamıyorum. Ancak bu ifadelerin benim üslubumu yansıtmadığını rahatlıkla söyleyebilirim."

kartını da oynuyordu. Yalçındağ'ın bugün Cumhurbaşkanlığı Sarayı'nda resmi görevli olduğunu söylemiştik.

Devam edelim...

Söz konusu ses kayıtları yayımlanmadan önce haberdar olan Erdoğan, miting meydanlarından hem Doğan'ı hem de Ciner'i hedef aldı. Erdoğan, Doğan Grubu'na özetle "safını seç" çağrısı yaparken, Yenikapı'daki seçim mitinginde ilginç bir iddia da bulunuyordu:

> "Şu medya başta Doğan Grubu, Ciner Grubu olmak üzere, diğerlerinin isimlerini vermeyeceğim... Utanmadan sıkılmadan, bize karşı yapılan bu haksızlıkları hâlâ savunuyorlar. Bu ülkenin başbakanına bu hakaretler yapılırken, siz nasıl olur da bunları savunursunuz... Haaa söyleyeyim! Çünkü Pensilvanya'nın onlarla ilgili kasetleri de var! Şantaj var, onlarla ilgili şantaj! 'Yeri geldiğinde onu da açıklarız' diyorlar. Geçenlerde bir tane açıklandı. Diğeriyle ilgili de açıklandı. Şimdi korkuyorlar, daha ne var. Çünkü batmışlar bataklığa, batmışlar. Bundan çekiniyorlar."

Erdoğan'ın hedefindeki Doğan Grubu'nun direnci 2014 yılındaki Cumhurbaşkanlığı seçimlerine kadar sürdü. *Hürriyet*, Cumhurbaşkanlığı seçiminin aşağı yukarı belli olduğu günlerde, Fethullahçılarla ilişkileri hep tartışılan genel yayın yönetmeni Enis Berberoğlu ile yolları ayırdı.

Berberoğlu'nun gidişinden sadece iki gün önce Erdoğan "Doğan Grubu'nun nereye hizmet ettiğini öğrenin. Tabii ki Doğan Grubu Tayyip Erdoğan ile iyi geçinemez" diyerek grubun iplerini iyice germişti.

Gülen'in ses kayıtlarında "Hocamın ellerinden öpüyorum" mesajı gönderen Aydın Doğan'ın damadı Mehmet Ali Yalçındağ ise aynı günlerde, kuşkusuz herkese "hadi canım" dedirtecek şekilde Erdoğan'la ilgili olarak şunları söylüyordu: "Ben AK Parti iktidarı döneminde de medyada yöneticilik yaptım ve daha tek bir gün olsun en ufak bir baskı ya da müdahale görmedim."

Ses kasetlerine göre "kafası karışık" olan Yalçındağ, 2015 yılının sonunda Doğan Medya Grubu'nun başına geçti. Herhalde "kafa karışıklığı" bir süre sonra geçmişti.

FETÖ operasyonlarında tutuklanan polislerin Aydın Doğan'ı ve ailesini dinlediğinin de bu dönemde ortaya çıkması, "her akıllı işadamı" gibi, yapılması gerekeni Aydın Doğan'a yaptırdı. *Hürriyet* dümenini "mecburi gördüğü" istikamete, Erdoğan'a kırdı. Yine de Doğan Grubu hiçbir zaman Erdoğan'ı tatmin etmedi. Doğan Grubu, 2018 yılında ise tamamen teslim bayrağını çekerek, medyadan Demirören lehine çekildi.

GülenGate'den devam edelim...

CHP adayını önceden biliyor

Kayıtlarda, CHP adına tartışma yaratacak bir örnek de vardı.

Samanyolu Yayın Kurulu Başkanı Hidayet Karaca ile Fethullah Gülen'in 25 Ekim 2013 tarihli telefon görüşmesi...

CHP Parti Meclisi daha kararını vermeden 2 ay önce, CHP'nin 2014 yılı seçimlerinde İstanbul Büyükşehir Belediye Başkan Adayı olan Mustafa Sarıgül'ün adının Fethullah Gülen'e bildirildiği görülüyordu.

Yani Gülen hem toplumdan hem de CHP örgütünden önce, CHP'nin adayının kim olacağını biliyordu! Konuşmada Karaca, Gülen'e şunları aktarıyordu:

> "Aydın Ayaydın geldi. O Genel Başkan Yardımcısı CHP'de. Selam ve hürmetlerini iletti. Geçmiş olsun dileklerini iletti. Ve ayrıca Mustafa Sarıgül'ün adaylığı ile ilgili 'Sarıgül başvurusunu yaptı, Genel Başkan'ın cebinde' dedi. 'Ayın 3'ünde de adaylığı parti meclisine gelecek, kabul edilecek. Adaylığı kesin' dedi. 'Gürsel Tekin değil' dedi. 'Öyle ortalıkta dolaşan iddialar doğru değil' dedi. 'Kesinlikle Mustafa Sarıgül İstanbul adayı olacak' dedi. 'Bir problem yok' dedi. Böyle bir bilgi söyledi, konuşurken."

CHP yönetiminden bazı kişiler ile Fethullahçılar arasında, partinin tabanına rağmen kurulan örtülü ittifak kamuoyu önünde hep inkâr edilse de, ortaya çıkan ses kaydı söz konusu irtibatın somut delilleri olduğunu gösteriyordu.

Ortaya çıkan ses kaydı, CHP'de karar alma sürecinin nerelerden geçtiğini gösteren ilginç bir örnek olarak tarihe geçti.[40] Zira, Aydın Ayaydın'ın da aralarında olduğu Beykoz Konakları ekolünün CHP'yi bir proje partisine dönüştürdüğü, her seçimde bu yönde planlamalar yaptığı konuşuluyordu. İddia odur ki, "Beykoz Konakları" olarak anılan büyük sermaye ile CHP'nin merkez-liberal isimlerini buluşturan yapı, parti kurullarından daha derin bir güce sahipti. Söz konusu ses kaydı da bu algıyı besleyen olgulardan biri oldu.

Melih Gökçek Gülen'e yalvarıyor

Bölümün başında belirttik.

Gülen kayıtlarından biri Türkiye siyasi tarihine Erdoğan'la ilgili bir terim de armağan etti: "Uzun Adam."

Aslında terimi ilk kez Enerji Bakanı Taner Yıldız gündeme getirdi. "Uzun Adam'ın ölmesini üç yıldan beri bekliyoruz' diyorlar" sözleriyle, FETÖ'nün Erdoğan için "Uzun Adam" ifadesini kullanmasını gündeme getiren Yıldız'ın istihbaratının kaynağı, öyle anlaşılıyor ki telefon dinlemeleriydi. Ancak dinlemeler toplumun önüne sonradan geldi.

30 Ağustos 2013 tarihinde Hidayet Karaca ile Gülen arasında geçen görüşmede, Melih Gökçek'in oğlunun televizyonunda yayınlanacak "Erdoğan Belgeseli" konu ediliyor-

---

40 CHP'nin sağdan gelen, ancak partinin "Beykoz Konakları Kanadı"nın sembol ismi olan Aydın Ayaydın yaptığı açıklamayla Hidayet Karaca'yla görüşmesini kabul etti. Ayaydın "Samanyolu televizyonuna bir program için gitmiştim. Biraz erken gittim. Erken gittiğim için de Samanyolu TV'nin üst düzey yöneticisi de nezaket gösterip beni odasına aldı, program saatini bekleyinceye kadar... Gazetelerde Sayın Fethullah Gülen'in bir rahatsızlık geçirdiğini ve onunla ilgili teşekkür ilanını gazetede gördüm. Ben de Fethullah Gülen'in bu rahatsızlığını öğrendiğim için orada o yayın grubunun temsilcisine 'geçmiş olsun' dileklerimi ilettim" ifadelerini kullandı.

du. Görülen o ki, FETÖ ile AKP bağlarının kopmaması için mücadele eden Melih Gökçek, bu belgeselde Gülen'den birkaç cümle alarak barışmayı sağlamaya çalışıyordu.

Karaca, Gülen'e projeyi "Melih Gökçek'le beraberdik. O da arıyormuş. Uzun uzun, yalvarırcasına bir talepte bulundu. Bunlar bir belgesel hazırlıyorlar, Usta'nın Hayatı diye... Oğlunun televizyonunda yayınlayacaklar. Ne olur diyor, bu fitne fesat da biter diyor. Hocam, birkaç kelime bir şey söylese diyor" ifadeleriyle aktarırken, Melih Gökçek'in kendisine yalvardığını şöyle anlatıyordu:

> "Çok yalvardı. Hocamın yanında bir parça hatırım varsa, ben gideyim dedi, oraya gideyim dedi, ben telefon açayım dedi. Böyle bir talepte bulundu."

Asıl haberse Gülen'in yanıtındaydı:

> "O kadar çok hainlik yaptı ki, hâlâ da yapıyor. Tarih karşısında ne deriz? Üst üste gelen falsolar karşısında ne deriz? Evet. Bir de böyle ortaya bir şey çıkmadan, ne diyeyim ki ben bununla alakalı!"

Gülen görüşmede Erdoğan'dan "Uzun" diye bahsederken, Melih Gökçek'in Fethullahçılardan kopmamak için gösterdiği çaba dikkat çekiciydi. Gerçekten de Gökçek, dananın kuyruğu kopana kadar Fethullahçıları karşısına almamaya çalıştı. AKP'nin önde gelenleri içinde FETÖ aleyhinde en son söz söyleyen kişi o oldu. Gökçek'in Fethullahçılarla bu ilişkisi, AKP içinde bile sert dalgalar yarattı. AKP'nin eski Hükümet Sözcüsü Bülent Arınç'ın "Gökçek bu yapıya Ankara'yı parsel parsel satmıştır" sözleri, bu konuda akılda en çok kalan söz oldu.

Nitekim Gökçek de...

Kuşkusuz bu güvensizlik dalgasının sonunda, Ankara'da belediyeden tasfiyeye uğradı, zorla istifa ettirildi.

Bitirirsek...

Şunu rahatlıkla söyleyebiliriz ki, söz konusu ses kayıtları bizzat devlet imkânları kullanılarak kaydedildi ve devletin arşivinde bulunuyor.

Erdoğan ve AKP söylemi gösteriyor ki, Gülen'e karşı açılan savaşta söz konusu kayıtlar önemli bir ikna malzemesi oldu. Daha ne kadar kayıt var, bilmiyoruz.

Ama bu kadarı bile, Gülen'in örgütünün her ayrıntısına hâkim bir lider, sermayesini yöneten bir tüccar, siyasi entrikalarda pek mahir bir politikacı olduğunu ortaya koyuyor. Bol ihaleli bu konuşmalarda nedense "Allah" sesi pek az duyuluyor!

Diyaloglar en çok da FETÖ sermayesinin işleyişine dair ipuçları veriyor. Bir örgüt lideri olarak Gülen, şirketlerini ihalelere sokarken özellikle bir noktaya dikkat ediyor: Gülen'in zenginleri, TÜSİAD sermayesi olarak bilinen İstanbullu sermaye ile ortak olmaya, onların partnerliğini yapmaya çabalıyor. İstanbul sermayesi de Gülen'in kitabının olmasa da kılıcının önünde eğiliyor. Eğilmenin ödülü, kimi zaman ananas kimi zaman tespih, kimi zaman Afrika'da enerji ihalesi olarak geri dönüyor.

Bu savaş züğürdün çenesini yorabilir.

Zira unutmamamız gereken, Gülen'in önünde eğilen zenginler bir savcının önünde eğilmek zorunda kalmadılar.

Bu da AKP'nin temsil ettiği sınıfı bize hatırlatıyor.

Son

"Oğlum bize parayla satın alınamayacak bir şey verdi. Şerefi, onuru, gururu hediye etti bize."

Tarkan Ecebalın, 15 Temmuz'da Saraçhane'deki İstanbul Büyükşehir Belediyesi önünde şehit olan oğlu Tolga'nın bıraktığı mirası böyle özetliyordu. İki çocuk babası, 27 yaşındaki Tolga Ecebalın o gece darbecilerin ateşiyle şehit oldu.

Bugün, o tetiğe basan FETÖ'nün para babalarının parayla özgür olduğunu konuşuyorsak, başımızı iki elimizin arasına alıp düşünmeliyiz: "Nerede hata yapılıyor?"

İşte bu kitap, bu sorunun yanıtını gözler önüne sermek için yazıldı. Şehitler verdiğimiz, büyük bedeller ödediğimiz, Türkiye'nin bütün birikimine düşman bir terör örgütüyle mücadelenin böylesi ziyan edilmesine sessiz kalmayı içimize sindiremedik.

Kuşku yok ki, devlet içinde FETÖ ile mücadelede canını ortaya koyan, evrensel hukuk çizgisinden ayrılmayan ve dahası tehlikenin farkında olan binlerce vatansever var. Zaten, bugün halen bu örgüt darbeler yiyorsa, işte o elini taşın altına koyanlar sayesinde oluyor.

Ve hatırlayalım...

Cumhurbaşkanı Recep Tayyip Erdoğan, 3 Ağustos 2016'da Olağanüstü Din Şurası'nda konuştu ve şöyle dedi:

"Fethullahçı terör örgütü kendisini eğitim öğretim hizmetinde yer alan bir kuruluş gibi göstermiştir. Bu örgütün, 40 yıldır kanserli bir hücre gibi büyümesi dini değerleri öne çıkaran kimliği sayesinde mümkün olmuştur. Milletimiz meşrebi ne olursa olsun, Allah diyen, peygamber diyen, en azından böyle gözüken herkesi desteklemiştir. Rahmetli Özal, Demirel, Ecevit, hatta biz bu yapıya destek olduk. Ben de katılmadığım pek çok yönleri olmasına rağmen bunlara yardımcı oldum. Allah dedikleri için müsamaha gösterdik. Ortak bir yanımız var, dedik. Ama inanın bana, aynı menzile giden farklı yollardan biri gördüğümüz yapının, sinsi emellerin örtüsü olduğunu uzun süre göremedik. Bu hain örgütün gerçek yüzünü çok daha önceden ortaya dökememiş olmanın üzüntüsü içerisindeyim. Bundan dolayı hem Rabbimize, hem de milletimize verecek hesabımız olduğunu biliyorum. Rabbim de, milletim de bizi affetsin."

Peki...

Erdoğan'ın bu konuşması bir yol haritası oldu mu?

Yani bugün, tıpkı dün gibi "Allah" dedikleri için müsamaha gösterilenler yok mu? "Aynı menzile farklı yollardan gidiyoruz" inancıyla yeni FETÖ'lere destek olunmuyor mu? Hukuk içinde imtiyazlılar düzeni yeniden kurulmuyor mu? Geçmiş dönemin günahlarına en çok bulaşanlar bugün en tepelere çıkmıyor mu?

Bu soruların yanıtlarını, bütün kitap boyunca okudunuz. Artık yanıtını biliyorsunuz.

Türkiye Cumhuriyeti'ni, her biri kendi egemenlik alanını kurmuş tarikatlere teslim edersek asla hukuk düzenine varamayacağız. Suçun peşinde koşan polise, suçluyu cezalandıran yargıya, ülkeyi ilerleten bürokrasiye ulaşamayacağız.

Türkiye, dün nasıl FETÖ düzeniyle hesaplaştıysa yarın da bugünkü düzenle hesaplaşacak.

Umarız bu hesaplaşma hukukla, akılla ve en sancısız yolla olur.

Yol, hepimizin yolu olsun.

-Bitti-

Ad Dizini